可靠性技术丛书

航空装备海洋大气环境工程与数字应用

（理论实践篇）

工业和信息化部电子第五研究所　组编

胡湘洪　张博　王春辉　卢海涛　主编

编写组成员：尚　进　王荣祥　龚雨荷　邓俊豪

刘丽红　杨延格　宋东东　王金龙

崔常京　苏力燕　李坤兰　李长虹

李　骞　张洪彬　张少锋　唐庆云

电子工业出版社

Publishing House of Electronics Industry

北京·BEIJING

内 容 简 介

本书面向高端装备数字化转型和高质量发展的需要，从理论分析、试验实践、数字化应用三个角度系统论述航空装备环境适应性问题及其解决方案。本书分为两册，包括理论实践篇和数字工程篇。理论实践篇中，理论篇重点论述航空装备典型海洋大气环境损伤，阐述内在因素、外在因素、保障因素对腐蚀行为的影响，量化南海、东海、黄海等典型海域环境因素作用强度、作用时间、作用次数及所占比例；实践篇重点论述多元耦合工况环境试验与评价方法、南海大气腐蚀加速试验方法，分析典型航空结构材料在外场大气环境和内场加速环境下的腐蚀行为与机理，构建加速试验典型当量与相关性关系。数字工程篇重点论述典型航空材料腐蚀数值分析、建模、仿真预计、数字工程/数字孪生技术进展、仿真模型的验证及确认。

本书可供从事航空装备、环境工程、腐蚀防护的工程技术人员参考，也可作为高等学校相关专业的教学参考资料。

图书在版编目（CIP）数据

航空装备海洋大气环境工程与数字应用．理论实践篇 / 工业和信息化部电子第五研究所组编；胡湘洪等主编．—北京：电子工业出版社，2022.3
（可靠性技术丛书）

ISBN 978-7-121-42600-1

Ⅰ．①航… Ⅱ．①工… ②胡… Ⅲ．①海洋环境—影响—装备保障—可靠性 Ⅳ．①E145.6

中国版本图书馆 CIP 数据核字（2022）第 020409 号

责任编辑：牛平月　　　　特约编辑：田学清
印　　刷：三河市鑫金马印装有限公司
装　　订：三河市鑫金马印装有限公司
出版发行：电子工业出版社
　　　　　北京市海淀区万寿路 173 信箱　　　邮编：100036
开　　本：720×1000　1/16　印张：12.25　字数：254 千字
版　　次：2022 年 3 月第 1 版
印　　次：2022 年 3 月第 1 次印刷
定　　价：78.00 元

凡所购买电子工业出版社图书有缺损问题，请向购买书店调换。若书店售缺，请与本社发行部联系，联系及邮购电话：(010)88254888，88258888。

质量投诉请发邮件至 zlts@phei.com.cn，盗版侵权举报请发邮件至 dbqq@phei.com.cn。

本书咨询联系方式：niupy@phei.com.cn。

前言

装备环境适应性工作是一项系统工程，所涉及的是装备"多种材料、多种指标、多种环境、使用寿命"之间的交互关系，以及全寿命期内装备环境适应性影响因素识别与分析、环境数据观测与采集、环境试验与评价方法、环境效应分析、数据挖掘与应用、环境工程管理等多学科多门类问题。

特别是进入新时代以来，随着我国战略重心调整，武器装备在南海、远海、沙漠、高原、高寒等地区服役激增，材料、性能、环境、寿命交互作用复杂，环境适应性问题显著。各类关系与问题交互作用复杂，亟需通过体系化建设，探明装备材料与性能、性能与指标、指标与时间、材料与环境、环境与环境、指标与环境、性能与环境，以及它们多者之间的映射关系，从更深层次采集与挖掘装备环境适应性信息与价值。建立从电化学微尺度到介观（介于宏观与微观之间）环境因素再到宏观现象之间的关系，构建底层数据湖，利用现代化信息技术，将装备环境适应性领域知识、数据、业务流程等转化为统一的知识库、模型库、数据库，把隐性知识、数据转化为显性可配置、自动化的软件执行过程，达到知识的凝聚与复用的目的。通过技术体系的解耦、分化、再封装，构建新技术体系。本书贯穿数据采集、数据传输、数据分析、数据决策，使装备环境工程专业从传统的理论推理（观察、抽象、数学）、试验验证（假设、试验、归纳）向仿真预计（数值模型、机理模型）、智能决策（优选、预防、维修）方向转变。

本书围绕上述主旨，同时面向高端装备数字化转型和高质量发展的需要，从理论分析、试验实践、数字化应用三个角度系统论述航空装备环境适应性问题及其解决方案。作者将本书分为理论实践篇和数字工程篇两部分，见表 0-1。理论实践篇中，理论篇重点论述航空装备典型海洋大气环境损伤，阐述内在因素、外在因素、保障因素对腐蚀行为的影响，量化南海、东海、黄海等典型海域环境因素作用强度、作用时间、作用次数及所占比例；实践篇重点论述多元耦合工况环境试验与评价方法、南海大气腐蚀加速试验方法，分析典型航空结构材料在外场大气环境和内场加速环境下的腐蚀行为与机理，构建加速试验典型当量与相关性关系。数字工程篇重点论述典型航空材料腐蚀数据分析、建模、仿真预计、数字工程/数字孪生技术进展、仿真模型的验证及确认。

表 0-1　章节涵盖内容及相互关联

序号	篇		章	设置思路
1	理论实践篇	理论篇	第1章 航空装备海洋大气环境损伤 第2章 航空装备海洋大气腐蚀因素识别与分析 第3章 典型海区环境谱编制与量化分析	理论基础，只有摸清装备环境损伤薄弱环节、各因素影响特点、典型海区环境条件，才能有针对性地开展环境试验、加速试验、腐蚀控制、体系建设等工作
		实践篇	第4章 典型航空材料海洋大气环境试验 第5章 典型航空材料腐蚀加速试验 第6章 当量关系构建与相关性分析 第7章 典型航空材料海洋大环境腐蚀数值模型	技术核心，以试验技术为研究核心，论述海洋大气、大气—力学、大气—热等多元耦合环境试验技术，揭示典型航空结构材料环境损伤行为与机理，构建内外场当量关系，分析相关性
2	数字工程篇		第1章 典型航空装备腐蚀仿真技术应用 第2章 航空装备腐蚀数字工程建设 第3章 航空装备腐蚀数字孪生 第4章 航空装备腐蚀数字模型验证及确认	体系拓展，立足"数据+算法"，构建"感知、物联、移动、智慧"系统，实现海量、复杂、多维、高度互联数据的解析分析、仿真预计与智慧决策，将模型 V&V 技术贯穿仿真建模过程中，通过工业软件技术进行代码化封装，形成系统解决方案

本书主创团队包括胡湘洪、张博、王春辉、卢海涛、尚进、王荣祥、龚雨荷、邓俊豪、刘丽红、杨延格、宋东东、王金龙、崔常京、苏少燕、李坤兰、李长虹、李骞、张洪彬、张少锋、唐庆云。

感谢编辑牛平月的悉心关照。在本书编写过程中，新技术还在不断发展之中，同时由于作者水平有限，书中难免存在不足和疏漏之处，恳请读者批评指正。

本书受到中华人民共和国工业和信息化部（MJ-2017-J-99），×××项目管理中心（XZK20700010）科研项目的资助。

目录

第二篇　实践篇

第一篇　理论篇

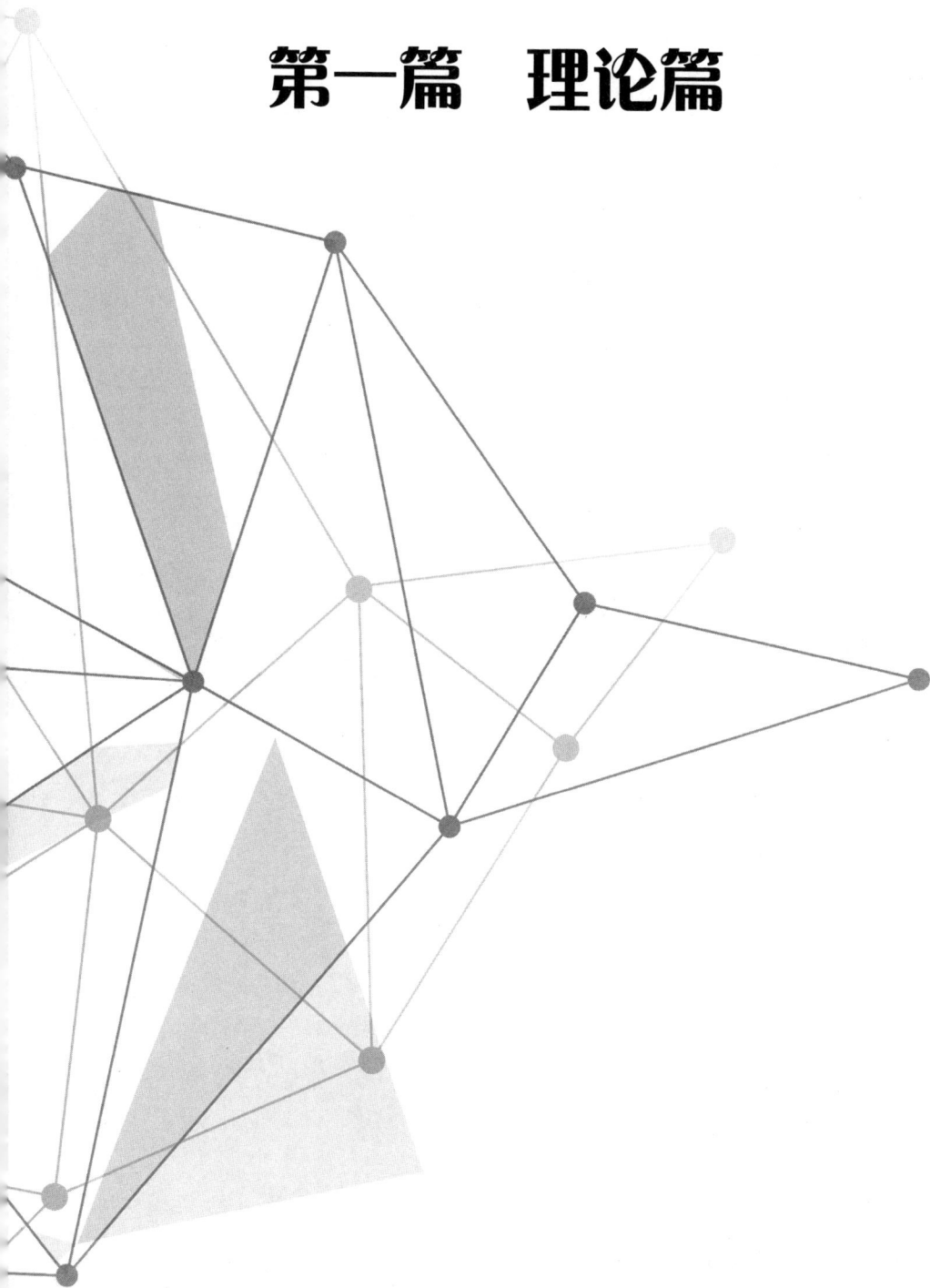

第 1 章

航空装备海洋大气环境损伤

近年来，随着我国战略重心调整，我国对南海等热带海洋性高腐蚀区域（高温、高湿、高盐雾、强太阳辐射）服役飞机需求激增，航空装备在新的服役环境下暴露了许多以往未曾或较少出现过的环境适应性问题，严重影响了航空装备使用寿命和使用安全。在已暴露的航空装备海洋环境适应性案例中，腐蚀已成为影响和制约航空装备长效、安全使用的关键问题。本章将从飞机、结构、起落架、发动机、电子系统角度，论述典型航空装备海洋环境适应性问题，并归类分析相关原因。

1.1 典型飞机环境损伤

某型飞机服役于典型热带海洋地区，使用 1 年后，对飞机部位进行系统检查（含电气部分），发现腐蚀部位 87 处。对腐蚀部位进行统计分析（见图 1-1），发现其腐蚀分布有以下特点。

（1）机体外部及敞开、半敞开区域腐蚀较内部区域严重，主起落架纵梁上缘条（厚度为 20mm）出现大面积腐蚀，最大腐蚀面积约为 70mm×25mm，深度达 8mm。

（2）发动机舱腐蚀多发。

（3）腐蚀主要发生在紧固件、卡箍、线缆插头、管接头、搭铁线等部位。

（4）飞机附件漆层大面积脱落。

（5）处于敞开、半敞开区域的电连接器壳体及插针出现多处腐蚀。

某型飞机机队在沿海、热带海洋地区已累计使用约 6.7 万小时，在此期间用户反馈信息 2678 条，作者对其进行了梳理分析，对腐蚀部位进行统计（不含电气部分）（见图 1-2），发现其腐蚀分布有以下特点。

（1）机体结构（含机身、机翼、尾翼）和起落架腐蚀损伤是主要腐蚀问题，主要表现为掉漆、连接件锈蚀等，占腐蚀问题总数量的 79%。

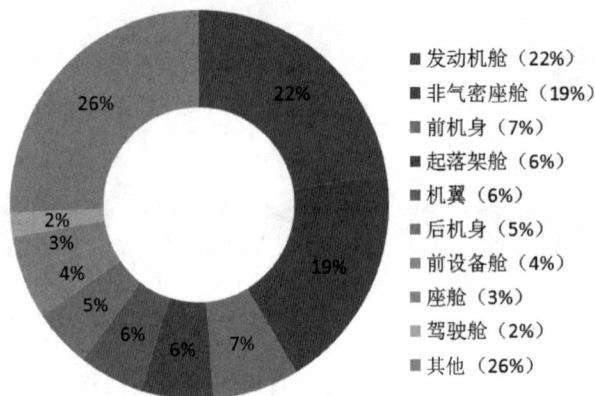

发动机舱（22%）
非气密座舱（19%）
前机身（7%）
起落架舱（6%）
机翼（6%）
后机身（5%）
前设备舱（4%）
座舱（3%）
驾驶舱（2%）
其他（26%）

图 1-1　某型飞机腐蚀故障位置统计

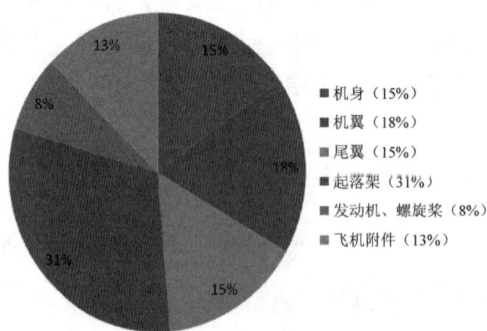

机身（15%）
机翼（18%）
尾翼（15%）
起落架（31%）
发动机、螺旋桨（8%）
飞机附件（13%）

（a）各部位腐蚀占比

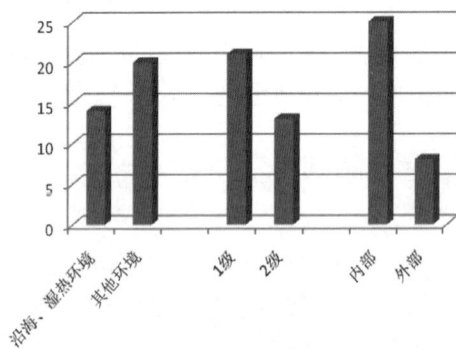

（b）腐蚀分类比较

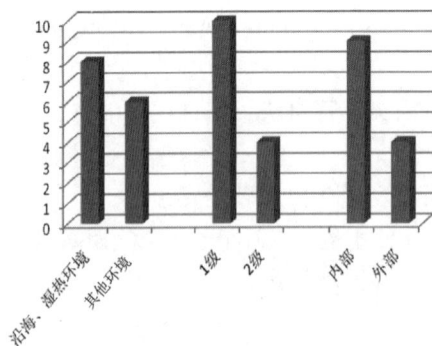

（c）机体结构腐蚀分类比较

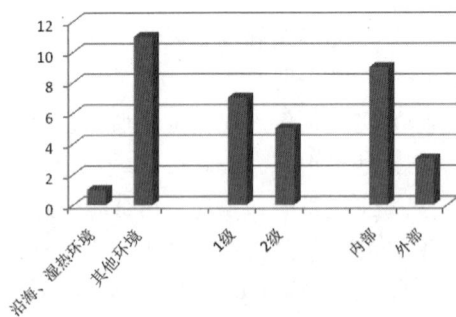

（d）起落架腐蚀分类比较

图 1-2　某型飞机腐蚀故障统计结果

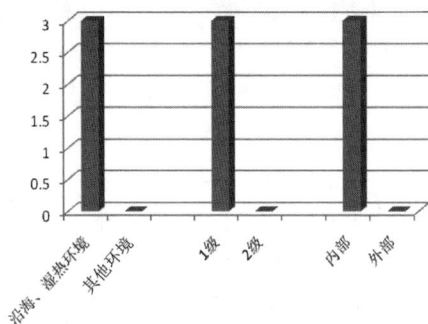

（e）发动机腐蚀分类比较　　　　　　　（f）附件、管路腐蚀分类比较

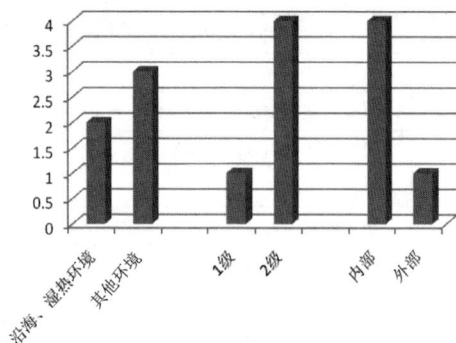

图 1-2　某型飞机腐蚀故障统计结果（续）

（2）起落架的腐蚀损伤，主要表现为以下两类。

① 外表面漆膜脱落为轻微腐蚀问题，易处理，不影响安全。

② 孔蚀问题，较难处理。超出允许损伤后，只能针对问题制订修理方案，修复难度大、维修周期长、成本高，是腐蚀控制的重点。

（3）附件、管路腐蚀损伤发生隐蔽，应在检查周期、防护措施上加以控制。

（4）发动机的腐蚀损伤全部发生在飞机服役于典型热带海洋地区时。

1.2　典型飞机结构环境损伤

某型飞机既在沿海地区被使用，又在热带海洋地区被使用。经多次结构修理后发现，腐蚀修理占到结构非例行工卡任务的一半以上，给机务维修工作带来了较大负担。飞机的主要结构腐蚀问题包括：飞机迎风面漆膜破损，蒙皮、隔框、地板、油箱腐蚀等。在腐蚀类型上，大部分维修工时中处理的是金属腐蚀问题，复材分层、变黏、橡胶老化等问题偶有发生，但相对较少。不同航线环境飞机腐蚀维修工作量区别较大，其中，南海热带海洋地区飞机腐蚀维修比常规沿海地区飞机腐蚀维修多出 30%～50% 的工作量。飞机结构典型海区主要腐蚀故障情况如表 1-1 所示。

表 1-1　飞机结构典型海区主要腐蚀故障情况

序号	故障部位	故障出现时间及表现形式	主要问题
1	货舱地板系留桩处纵梁腐蚀	首翻期出现次数少；二翻期明显增多	腐蚀
2	机身蒙皮内表面腐蚀	首翻期出现次数少；二翻期明显增多	腐蚀
3	电瓶舱桁条腐蚀	首翻期出现次数少；二翻期明显增多	腐蚀
4	厕所周边地板腐蚀	首翻期出现次数少；二翻期明显增多	腐蚀

续表

序号	故障部位	故障出现时间及表现形式	主要问题
5	机翼上壁板埋头螺栓周围腐蚀	首翻期出现次数少；二翻期明显增多	腐蚀
6	机翼后梁下壁板油泵电缆槽处腐蚀	首翻期出现次数少；二翻期明显增多	腐蚀
7	机组应急舱门骨架（铸镁合金）内表面腐蚀	首翻期出现次数少；二翻期明显增多	腐蚀
8	机翼油箱口盖（铝锂合金）腐蚀	首翻期出现次数少；二翻期明显增多	腐蚀
9	扰流板、减速板前梁腐蚀	首翻期出现次数少；二翻期明显增多	腐蚀
10	金属蜂窝结构	蜂窝腐蚀严重	腐蚀
11	舱门、舱盖橡胶型材老化龟裂	大修必换件	老化
12	飞机迎风面（如各机翼前缘、前机头部分）涂层破损严重	该部位在飞行过程中受空气中尘埃的冲击作用强，据统计，所有进厂翻修的飞机该部位都有不同程度的损坏	尘埃冲刷

1.3 典型飞机起落架环境损伤

某型飞机在热带海洋地区被使用 1 年后，经检查发现刹车组件、右主起落架减震支柱内筒轴颈、飞机右主起落架下撑杆、卞起落架外筒严重腐蚀，已穿孔，起落架典型腐蚀情况如图 1-3 所示。

(a) 内筒轴颈腐蚀 1

(b) 内筒轴颈腐蚀 2

(c) 右主起落架减震支柱内筒轴颈腐蚀 1

(d) 右主起落架减震支柱内筒轴颈腐蚀 2

图 1-3 起落架典型腐蚀情况

1.4 典型发动机环境损伤

某型涡桨发动机在热带海洋环境地区被使用后，发现在压气机叶片、叶盆、涡轮叶片部位有大量腐蚀损伤。许多镀银件、铸件（疏松孔）也有明显腐蚀。某型涡轴发动机在热带海洋环境地区被使用 1 个寿命期后，滑油进口接头、中介机匣引气接头、管路外套螺母、测振支架等多处位置严重腐蚀。同型同期服役在近海的发动机，被使用 2 个寿命期后，仅有个别管子、外套螺母、卡箍轻微锈蚀。某型涡轴发动机在定检时，发动机叶片根部腐蚀断裂，主要原因是第 10 级整流器静子叶片在钎焊区与叶片基体过渡区严重腐蚀，导致第 10 级静子叶片在空中断裂，打伤第 10 级静子叶片及第 11、12 级转子叶片，引起发动机喘振，飞行员被迫关车。某型涡扇发动机在热带海洋环境地区被使用 1 个寿命期后，在同一批次中，20%发动机涡轮后机匣上关节轴承螺纹锈蚀；10%发动机涡轮后机匣外封严环组合件锈蚀；80%发动机低压涡轮导内环焊接组件后排非工作面锈蚀；10%发动机滑油箱焊缝锈蚀；80%发动机可调叶片叶身腐蚀深度超标，单台叶片全部腐蚀；39%发动机低压涡轮转子叶片涂层凸起、鼓泡。

1.5 典型电子系统环境损伤

经外场调研发现，各型电子设备及附件腐蚀比较严重，某型航空电子装备雷达罩涂层脱落、鼓泡多发，机身下表面电台天线前缘迎风面透波漆脱落严重。插头、开关、氧气系统导管、空调管路、电磁阀、电缆卡箍等部位是腐蚀损伤薄弱环节。垂直天线锈蚀严重，电缆插头［见图 1-4（c）］常见发白、结合面腐蚀、插针断裂、内部积水、通电报故障；开关、数字计算机故障多发；传感器接线柱腐蚀；部分电路系统因焊点腐蚀，软故障较多。机身上个别负线和搭铁线已锈蚀，无法起到接地作用，多机左起落架舱压力信号传感器插头出现外表腐蚀。统计分析 200 余套电子设备 3 年间的故障数据，发现沿海地区机载电子部附件故障率是内陆的 2～3 倍，同一机型的同一种导航设备，沿海故障率是内陆故障率的 3 倍。

电子系统及附件本身种类繁多且性能不统一，在实施控制中有局限性，外场侧重结构监管，对于腐蚀高发的线缆、电子、附件难处理。按 SJ 20985—2008《军用电子整机腐蚀防护工艺设计与控制指南》对整机电子装备进行划分，电子装备可分为机箱机柜、印制电路板组件、电接点和电连接件、屏蔽盒单元电路组件、波导及微波电路组件、紧固件与紧固组件、电源及高压组件、天线/伺服/馈线系统等部分；按电子失效机制划分，主要有电磁性能失效、电子线路金属腐蚀、金属电迁移、金属晶相变异。

（a）门载开关插针腐蚀断裂　　（b）前起压缩位置终点开关插针腐蚀　　（c）设备舱电缆插头外表腐蚀

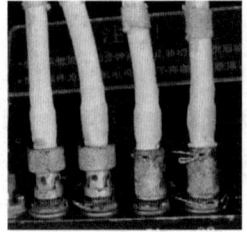

图 1-4　航空电子装备典型腐蚀案例

（1）电磁性能失效。航空电子装备装联密度高，大规模集成电路及高阻抗和高放大率器件对轻微腐蚀、变质而形成的"噪音""频率漂移""动能下降"等故障更为敏感；氧化使金属导电率降低，接点间打火；两个导体之间会因凝露、吸潮、盐雾起短路；因吸潮使带状天线内造成损耗，在东南沿海、远海地区服役的雷达天线，伺服、馈电系统都曾因高湿度、高盐雾的恶劣环境而引起故障和早期失效。

（2）电子线路金属腐蚀。电子部件和印制电路板上多用铜、银、锡、金等金属材料作为导电材料。这些材料在沿海、远海高温、高湿、高盐雾的气候条件下，具有很强的腐蚀倾向。例如，锡在海洋大气环境中的 20 年平均腐蚀速率为 2.8 微米/年；银在高湿、高盐雾的空气中会很快变色、发黑和腐蚀；铜在潮湿空气中会生成碱式碳酸铜。现代电子设备装联密度愈来愈高，这些金属在线路结构中厚度通常都很薄，一定的腐蚀就足以对电子设备性能造成致命影响。

（3）金属电迁移。为保证信号平稳传输和电接触良好，在许多电子部件（如波导管、部分印制电路板）上采用银镀层。在高湿度空气环境中，银会在电场作用下沿绝缘材料表面迁移或向某些高分子材料内部渗透，俗称"银迁"。"银迁"极大降低了电子线路器件之间的绝缘性能，引起线路内部短路或短接故障。

（4）金属晶相变异。锡、锌、镉等金属如果在加工过程中造成内应力，那么在高温、潮湿和相对封闭条件下金属会发生晶相变异，能长成晶须，俗称"长毛"。小型化电子元器件有可能产生晶须短路。"二次"大战中，美军在太平洋战场因对电子设备在这种高湿、潮湿环境下的适应性预计不足，线路中焊接用锡发生"长毛"，使设备故障率居高不下，影响部队战斗力发挥。

1.6 问题分析

1.6.1 问题梳理

通过对航空装备典型腐蚀问题梳理发现，恶劣海洋环境下航空装备腐蚀呈现出"早、快、广、深"的特点，即发生早，发展快，范围广，程度深。腐蚀问题主要集中在表面涂层（防护功能失效、涂层受损或防护不到位）、封闭/半封闭舱室区域（制造死角和易积水或排水条件差，维护困难）、连接区域（紧固件和紧固孔周围）、搭接结构（异种金属接触）、活动部位（存在结构缝隙）、电气部位、多因素工况耦合部位（热、力、磁）等。主要问题可以归纳如下。

（1）腐蚀防护涂层体系弱化或老化。由于飞机设计生产时未考虑恶劣海洋环境下飞机的服役情况，并且受技术和成本等各种因素限制，在恶劣海洋环境下，飞机腐蚀防护涂层体系的老化现象普遍存在于其他各型飞机中，尤其是服役时间较长的飞机，蒙皮涂层在高温、高湿、高盐雾、高紫外线环境下容易发脆，涂层龟裂、剥落和掉块现象较为严重，其中迎风面（直升机的旋翼面、固定翼飞机的进气道唇口、垂尾、机翼前缘等）漆层脱落严重，甚至部分区域底漆也出现脱落，露出结构基体。由于表面防护体系的防护能力下降，如果不采取及时修复措施，那么机体很快出现腐蚀。

（2）起落架结构及舱室腐蚀。起落架结构本身是金属材料，对于高温、高湿环境非常敏感，飞机地面停放时由于起落架直接暴露于外部环境，高温、高湿气体最先容易影响到结构材料，同时起落架结构又处于最低端，因此机体表面积水、污染物等都容易在此聚积，这些都会加速起落架结构的腐蚀。起落架舱室是半密闭式结构，高温、高湿气体不容易流通出去，因此舱室内的附件、导管等也容易产生腐蚀现象。

（3）螺（铆）钉电偶搭接部位锈蚀。恶劣海洋环境下，所有机型不同程度上都存在螺（铆）钉的锈蚀现象，螺（铆）钉锈蚀多数是由于异种金属接触在潮湿环境下造成的，锈蚀会造成螺（铆）钉强度下降，飞行中在气动力作用下容易出现松动、变形甚至断裂，从而引起蒙皮变形或结构承力条件恶化，造成飞行安全隐患。

（4）金属卡箍、管夹腐蚀。金属卡箍、管夹的腐蚀在所有机型中也是普遍存在的，由于金属管夹多是异种金属接触的形式，且多位于舱室内部，排水和降温不畅，容易造成腐蚀的环境。此外，冷气导管和电气接头处的腐蚀问题明显要多于液压导管，这也与其工作环境有直接关系。

（5）结构件下表面腐蚀比上表面严重。沿海机场相对湿度大，机体下表面离地面比较近，受地面潮气影响大。结构件内部积聚的水分一般在下表面，不易蒸发，所以结构件下表面容易出现缝隙腐蚀，而且比上表面严重。

（6）机载设备、电子电路系统腐蚀比较严重。各种电子电器插头及电缆防护套易腐蚀、长霉，主要是舱内插头、机构插头、接盒插头等；开关、计算机安装架、天线罩等出现锈蚀等。

（7）发动机热带海洋环境下腐蚀损伤显著。压气机叶片、涡轮叶片、涡轮盘、机匣连接接头、紧固连接件、衬套、组合件接合面、外部管路、卡箍、排气管、整流罩、喷嘴管、油管接头、固定销、焊缝、螺钉锁片、电磁活门、调速蜗杆等自身结构复杂且需要承受恶劣海洋环境与复杂工况环境共同作用的部位是腐蚀损伤易于发生的薄弱环节。

1.6.2　问题归纳

1）缺少专门机构和科学的管理制度

腐蚀防护与控制是一项复杂的系统工程，涵盖选材、设计、制造、试验验证、修理、使用维护等全寿命期的各个阶段。目前航空装备腐蚀防护与控制在管理方面主要存在以下 3 个方面的问题。

一是，没有设置专门的航空装备腐蚀防护与控制的组织机构和科学的管理制度，缺少对口管理的机构，相关部门职责不明确。

二是，缺少由管理部门牵头、腐蚀防护专家参与制定的航空装备腐蚀防护与控制大纲等顶层文件。

三是，缺少航空装备腐蚀防护与控制长期规划，在相关计划和项目安排方面针对性不强。

2）缺少配套、完整的技术文件和管理措施

针对恶劣海洋环境条件下使用的航空装备，缺少配套、完整的腐蚀防护与控制技术文件和相关的管理措施，包括研制阶段的腐蚀防护与控制指南、制造中防腐工艺细则或工艺规程、腐蚀修理大纲与技术要求、试验考核验证等。目前，虽然有些也涉及腐蚀防护方面的内容，但设计之初由于技术继承性和成本等各种因素限制并未考虑到在严酷环境下使用，整机及各系统防腐体系总体技术状态较差。

3）缺少综合治理腐蚀"短板"问题的策略和方案

航空装备腐蚀是一个涉及多类结构、多种系统和多个阶段的复杂问题，各类结构、系统和阶段既相对独立，又相互影响。一方面，结构材料及形式种类繁多，各系统及各类机载设备复杂多样，但它们受环境腐蚀影响的模式、程度、规律及结果有很大差异，也就是说各类结构和系统的抗环境腐蚀能力有明显差异；另一方面，腐蚀防护与控制涉及选材、抗腐蚀细节设计、制造工艺、试验验证、修理和使用维护等不同阶段，各阶段对环节腐蚀防护与控制的侧重点、方法、要求和措施也各不相同。

4）航空装备抗腐蚀品质"先天不足"

在研制阶段虽然在腐蚀防护与控制方面采取了一些针对性的技术和措施，但在选材、抗腐蚀设计和制造工艺中存在明显缺陷和不足，导致航空装备抗腐蚀品质"先天不足"的问题没有得到根本解决，主要体现在以下 5 个方面。

一是，在设计选材方面，材料抗腐蚀、抗老化性能指标不全面，试验数据不充分；橡胶垫、密封件的严重老化失效问题非常普遍和突出。

二是，航空装备表面防腐涂层抗环境腐蚀老化性能较差，使用寿命较短，在严酷环境下结构表面涂层普遍存在粉化、鼓包、开裂和剥落现象，尤其是连接部位、迎风面涂层更容易失效。

三是，结构抗腐蚀细节设计缺陷普遍存在。例如，紧固件、搭铁线等连接部位没有采取有效的电绝缘隔离措施，容易聚集腐蚀介质，很容易发生电偶腐蚀问题。

四是，密封防水设计和工艺措施缺陷普遍存在，雨水、潮湿空气很容易渗入结构缝隙或死角，这些部位往往不可达或通风、排水不畅，腐蚀介质长期积留或处于干湿交替的状态，局部环境更加恶劣，腐蚀问题更加突出。

五是，电子产品内外结构易出现呼吸效应，各种电缆及电子电器插头、接头等电连接部位容易渗入雨水或潮湿空气而腐蚀，霉变现象导致电性能下降或丧失功能，同时引起焊接、连接强度极大降低，电缆接头接触松弛或断针现象普遍，严重时导致故障频繁发生，引起短路或断路故障。

5）环境试验方法不合理，试验验证不充分

一是，标准方法不合理。目前还没有建立恶劣海洋环境下的评定方法和标准，现有的评定方法及考核验证试验主要是针对一般环境条件制定的，或者引用的国外的一些标准，不适用于航空装备恶劣海洋腐蚀问题。

二是，试验件或试验样品不合理。现有的评定试验，多采用材料级或元件级试样，不能全面反映结构特征、不同材料耦合效应、尺寸效应、载荷作用等情况的影响。

三是，采用单一因素的环境试验代替多因素耦合的环境试验，不能综合考虑多元环境/载荷耦合的影响，试验结果往往不能准确反映航空装备结构或机载设备的失效特征、机理和规律。

6）航空装备修理中腐蚀修理技术滞后

目前修理技术基本上是针对一般环境而非恶劣环境下使用的航空装备，主要存在以下 3 个方面的问题。

一是，缺少严酷环境下的腐蚀修理技术标准，尤其是缺少航空装备在恶劣海洋环境下，发生腐蚀后的修理标准和工艺或应对措施。

二是，腐蚀修理受条件限制，腐蚀修理标准难以掌握，修理手段欠缺，修复效果较差。在发现腐蚀后，在时间紧、任务急的情况下，只能利用现有的油漆进行简单的刷涂，甚至用快速修复漆，修补后漆层黏附力不足，防护性能难以达到标准要求。

三是，腐蚀修理标准和工艺更新速度慢。飞机送厂修理时，受技术水平或成本的限制，腐蚀修理标准、工艺及防腐改进措施更新不及时。

7）腐蚀防护与控制缺少有效的技术措施

采取合理的干燥除湿技术、清洁等措施可有效缓解或控制恶劣海洋环境下的腐蚀问题。目前我国航空装备腐蚀防护与控制的具体问题可归纳为以下 4 个方面的问题。

一是，认识上存在局限性，绝大多数不可达内部或不可检结构、系统或机载设备基本上未采取有效防护措施。

二是，标准、规范缺项多。目前标准、规范多是一些顶层设计规范和通用要求，而不针对具体机型，尤其缺乏外场维护的操作规程，使用阶段难以有效开展腐蚀维护工作。

三是，防腐设备、产品及工艺不规范。目前，外场清洗采购抹布、拖把等清洗工具和用品，使用普通塑料桶将清洗剂稀释后，依靠人工擦洗、手工打磨，工作效率低。在进行刷漆、涂抹油脂等表面防护时，处理工艺不规范，效果较差，容易留下腐蚀隐患。

四是，缺少腐蚀防护专业的技术人才。缺少腐蚀防护人才培训规划、机制及配套措施，没有经过专业化培训的腐蚀防护和修理人才队伍，严重制约了飞机腐蚀防护工作的有效开展。

1.6.3　对策分析

1）加强恶劣环境地区的环境及腐蚀数据采集与应用

环境数据采集：针对航空装备腐蚀故障高发的地区，应加强系统收集大气、航空装备局部区域气象环境因素及介质环境因素数据，按环境因素对装备作用强度、作用时间统计分析，建立各区域气象环境因子、介质环境因子数学模型或函数关系，编制局部腐蚀环境谱，为航空装备腐蚀防护论证、指标设计提供真实有效输入。

腐蚀数据采集：采集恶劣外场试验数据，包括航空装备结构、附件、电子系统及发动机上使用的材料及涂覆层，如结构钢、铝合金、复合材料、橡胶、塑料、隐身涂层、防护涂层、密封剂、镀层等；典型结构件，如承力部件、紧固连接件、油箱、机箱、机柜、半封闭构件、传感器、插接件等。补充部分试验，对数据统计分析，总结腐蚀规律，为腐蚀损伤容限及腐蚀控制方案的制定提供数据与工作基础。同时，应特别注意航空装备的多元工况使用特点，加强对工况—环境耦合/组合效应的效应研究。

2）修改、完善航空装备恶劣环境试验鉴定方法、标准

多型航空装备按现有 GB、GJB、DO 及适航相关标准在航空装备定型前开展过环境试验鉴定（如盐雾、湿热、太阳辐射等），但依然在短时间内（特别是南海地区）故障频发，亟需针对特殊腐蚀环境特点，完善现有试验鉴定体系，包括结构、电子设备及附件、发动机抗腐蚀评定等部分。根据航空装备任务特点、安装位置及主要腐蚀因素，以装机状态或相应关键部件模拟件开展实验室综合试验、外场自然环境试验及仿真试验，评价航空装备能够满足恶劣腐蚀环境适应性指标。

3）验证腐蚀维护方案及配套产品的有效性及寿命期

现有大部分腐蚀维护方案及耗材（材料、工艺、清洗、缓蚀等）未经有效腐蚀试验验证就投入使用，其防护效能及寿命无法得到保障，影响航空装备使用效能。应针对航空装备（结构、电子、发动机）用清洗、缓蚀、干燥除湿、原位修理等外场耗材及效果进行有效验证，选出一批在恶劣腐蚀环境下好用、管用、安全，综合性能优异、技术成熟度高，且能达到运营要求的腐蚀防护方案及配套产品，并进一步形成航空装备运营腐蚀维护规范、标准，支撑实施工作卡片，指导航空装备用户腐蚀维护、使用。

4）改进航空装备腐蚀检查、修理技术

现有腐蚀信息监控多以目视检查，并归档照片及文字档案，修理厂一般也只采用目视检查及无损检测两项方法，应增加腐蚀检查手段，修订原有腐蚀修理标准及工艺方法，补充完善航空装备修理大纲等技术文件。此外，现有阶段腐蚀监控侧重结构监管，应加强对腐蚀高发的发动机、线缆、管路、电子设备、附件等部位的检查监管力度。

5）完善航空装备腐蚀防护设计及管理体系

在全面梳理现有技术文件的基础上，组织编写、修订航空装备腐蚀防护与控制的相关大纲、标准、规范、手册、指南等技术文件，形成内容涵盖全面、完善的技术文件体系。加强机务人员腐蚀防护专业知识与技能培训，提高对腐蚀防护与腐蚀问题处理能力，设置专门腐蚀防护控制管理办公室；针对具体机型，制定操作规程和工艺卡片等，加强清洗、通风、干燥、除湿等工作；配齐防腐设备及相关产品；加强地面保障设备腐蚀预防工作，制定地面保障设备的有效措施。

6）建设航空装备腐蚀防护数字工程体系

立足"数据+算法"，构建"感知、物联、移动、智慧"系统，开展环境与腐蚀在线监测，建立航空装备材料、涂镀层、紧固件、连接件、电路线缆、插接件、天线、外露传感器、密封橡胶等腐蚀共性部位的失效模型，科学制定腐蚀维修时间、周期和方案。使装备环境工程数据采集、数据传输、数据分析、数据决策过程，从传统的理论推理（观察、抽象、数学）、试验验证（假设、试验、归纳）向模拟择优（样本数据、机理模型）、大数据分析（海量数据、大数据分析模型）转变。将航空装备腐蚀防护知识、数据、业务流程等转化为统一的知识库、模型库、数据库，把隐性知识、数据转化为显性可配置、自动化的软件执行过程，达到知识的凝聚与复用的目的，体系化解决问题。

第 2 章

航空装备海洋大气环境腐蚀因素识别与分析

航空装备海洋环境适应性影响因素众多，按影响因素性质进行划分，可分为三大类：内在因素、外在因素、保障因素。内在因素包括航空装备材料、工艺、结构；外在因素包括载荷、环境；保障因素包括保养、维修。本章在航空装备环境适应性损伤分析工作的基础上，从航空装备内在因素、外在因素和保障因素三个角度，对航空装备海洋大气环境腐蚀影响因素进行分析，阐述各因素对航空装备海洋大气环境腐蚀行为的影响。

2.1 内在因素的识别与分析

材料、工艺和结构是影响航空装备在海洋大气环境下腐蚀行为的重要因素，是航空装备在设计和制造过程中主要考虑的因素。

2.1.1 材料因素

材料是航空装备的物质基础，对其功能和性能的实现起支撑作用，是影响航空装备在海洋大气环境下腐蚀行为最为重要的因素。材料因素会直接影响航空装备的耐久性和损伤容限特性，所以在选材过程中，设计者通常需要综合考虑材料的静强度、抗疲劳性能、抗腐蚀性能、裂纹扩展性能及材料加工后的性能，并用于恰当的结构部位。对于具体某类材料而言，不同的化学成分、加工工艺和组织结构也会决定同种材料的不同性能。例如，当金属中杂质含量相对较多时，其耐蚀性能，尤其是耐应力腐蚀性能会明显下降。合理考虑材料因素是控制航空装备安全服役的重要手段。

出于经济、安全考虑，采用先进材料是改进航空装备耐久性和损伤容限特性的主要手段，这对减轻重量、改善维修性/维护性能、降低使用成本等方面有着至关重要的作用。随着材料科学的不断进步，除了铝合金、结构钢、不锈钢、钛合金等传统结构材料，铝锂合金、碳环氧复合材料、GLARE 混杂复合材料等新型复合材料在现代航空装备中的应用占比在不断增多。典型结构材料在现代航空装备中的应用占比统计结果如图 2-1 所示。

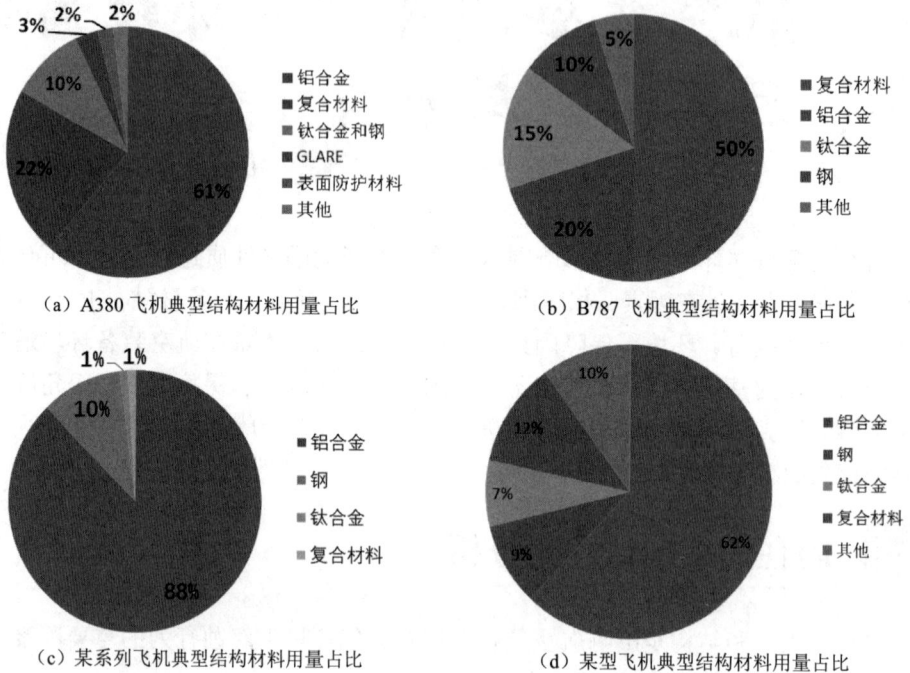

（a）A380 飞机典型结构材料用量占比　　　　（b）B787 飞机典型结构材料用量占比

（c）某系列飞机典型结构材料用量占比　　　　（d）某型飞机典型结构材料用量占比

图 2-1　典型结构材料在现代航空装备中的应用占比统计结果

1）A380 飞机、A350 飞机和 A320 飞机

A380 飞机铝合金用量占比达 61%，其在主地板横梁上采用了先进的铝锂合金挤压件；在机翼大梁和翼肋上选择了新型 7085 合金，其在很薄的板材和大锻件上性能优于普通高强度合金；在挂架上采用 Ti-6Al-4V 全钛设计，起落架上部分采用钛合金、机翼和挂架之间连接件采用 VST55531 钛合金，钛合金整体及少部分钢材用量占比达到 10%。在复合材料方面，A380 飞机机翼、翼肋、外侧襟翼、上地板梁、垂尾、尾锥、非承压机身、平尾、发动机整流罩、后压力隔框、襟翼移动板、起落架舱门、中央翼盒等部位均使用了一定的复合材料，如中央翼盒重 8.8 吨，其中 5.3 吨是碳纤维增强塑料复合材料、机翼固定前缘为热塑性复合材料、机翼后缘移动面/上机翼蒙皮采用了 CFRP 复合材料。此外，A350 飞机主要采用 2024、7010、7175 铝合金；A320 飞机机体结构主要以铝合金等传统材料为主，典型材料应用概况如表 2-1 所示。

表2-1　A320飞机各部位典型材料应用概况

序号	部件	位置	形式	材料	热处理
1	外翼翼盒	上蒙皮、上部长桁	厚板、挤压件	7150	T651
2		下蒙皮、下部长桁	厚板、挤压件	2024	T351
3		梁和肋	厚板	7010	T7651
4	起落架接头	主起支撑肋	锻件	2014	T7652
5		销轴接头、吊挂连接接头	锻件	TA13	T7652
6		侧杆、收放作动筒接头	锻件	7010	
7	吊挂连接接头	—	锻件	TA13	
8	铰链和作动筒接头	—	厚板、锻件	2024、7175	T73xx、T3
9	襟翼支架结构	—	挤压件、锻件	7150、Ti6Al4V	
10	襟翼滑轨	—	锻件	TA51	
11	缝翼滑轨	—	锻件	MMS211	
12	缝翼	蒙皮	薄板	2024	T42
13		肋和梁	薄板或厚板	2024、2618	T42、T73651、T851
14	襟翼接头	—	铸件、棒料、厚板	A357、7075、Ti6Al4V	T6、T7351
15	旅客/服务门	止动器接头	锻件	TA13	T73x
16		窗框	锻件	7175	T42
17		外蒙皮、内蒙皮	薄板	2024	T42、T7351
18		立边元件、上部元件、下部元件	厚板	7475	T42
19		垂直交叉元件	薄板	2024	T7351
20		水平梁	厚板	7475	—
21	后机身蒙皮	—	薄板	2024	T3/T42/T351
22	后机身长桁	上部长桁	薄板	2024	T3/T42
23		侧部、下部长桁	挤压件	7075	T3511
24	普通框	—	薄板	2024	T42
25	门框	—	厚板	7075	T73
26	地板横梁	—	挤压件	7075	T6511
27	客窗窗框	—	锻件	7175	T73
28	止裂带	—	薄板	Ti6Al4V	—

2）B787 飞机和 B777 飞机

B787 飞机的复合材料用量占比达 50%、铝合金 20%、钛合金 15%、钢 10%，其机翼、机身主承力结构主要采用 BMS 8-276-177C 固化增韧环氧树脂/中模量碳纤维；垂尾、平尾、地板梁、整流罩、舱门等次承力结构主要采用 BMS 8-256-177C 固化环氧树脂/标准模量碳纤维、BMS 8-139-177C 固化环氧树脂/玻璃纤维等，可减重将近总重的 20%。B777 飞机主要采用 7055、7150、2324、2323 等铝合金。

3）某系列飞机

某系列飞机主结构材料选用主要有铝合金、钛合金、钢、复合材料等。其中，铝合金用量占比达 88%，钢用量占比达 10%，钛合金用量占比达 1%，复合材料用量占比达 1%。

4）某型飞机

某型飞机前/中机身/中央翼材料中的金属薄板/挤压型材基本材料主要选用 2198、2196 铝锂合金；龙骨梁、中央翼盒上/下蒙皮壁板，以及长桁、前/后梁、窗框、气动力整流包皮、机轮收置槽、机轮舱整流罩基本材料主要采用 CFRP；舱门蒙皮采用 2024 铝合金、舱门框采用 7075 铝合金、舱门接头采用 7050 铝合金。

下面以材料因素中选材为例，介绍典型材料特点及其在航空装备中的应用情况。

1）铝合金

铝合金是航空结构使用最广泛的材料。航空铝合金主要以铸造铝合金和变形铝合金为主。铝合金具有高比强度、比刚度、塑性好和易于成形的特点，是现役航空装备中最为普遍的材料。飞机上常用的铝合金材料有 2024、2124、2219、6061、7050、7075、7475 等，主要用于机身蒙皮、机身桁条、机身框架/隔框、机翼上蒙皮、机翼上桁条、机翼下壁板、翼肋、翼梁、尾翼等部位。结构用铝合金不断推出革新的材料，主要调整材料合金成分和合金含量，使新材料有新的性能，如 2000 系材料推出了 2324、2224、2524 等；7000 系材料推出了 7055、7150；6000 系材料推出了 6012 等。此外，新型铝锂合金等第三代铝合金结构材料在民机中的应用也越来越广泛。航空装备典型铝合金应用概况如表 2-2 所示。

表 2-2　航空装备典型铝合金应用概况

序号	牌号	应用
1	2024	飞机结构最常用的铝合金，静强度中等，塑性、韧性较好，在现役及老型民机中有广泛应用
2	2224、2324	在 2024 基础上，通过提高铝锭纯度，优化合金成分，降低杂质含量的改进型合金，现已在波音 757、767、747-400、737-3000 等飞机上使用
3	2524	代替 2024 的新型铝合金，两者静强度、耐蚀性相当，但韧性比 2024 高 20%～25%，在飞机蒙皮中应用广泛

续表

序号	牌号	应用
4	2219、2618	铝铜系合金，相当于国内 LD7 合金，具有中等强度，耐应力腐蚀性能良好，在航空发动机的汽缸头和活塞、飞机表面蒙皮上使用
5	7010	Al-Zn-Mg-Cu-Zr 系铝合金，强度高，耐应力腐蚀开裂性能好，断裂韧性好，国内无对应牌号，在欧洲国家用量较多
6	7175	高纯、高强 Al-Zn-Mg-Cu 系合金，强度高、韧性好，在飞机中大量被使用
7	7050	Al-Zn-Mg-Cu-Zr 系合金，它具有 7010 合金相似的成分特点，具有较高的强度，但缺少韧性和耐腐蚀性，在飞机中得到广泛应用
8	7150	7050 的改进型合金，但耐腐蚀性有明显提高，强度提高 10%，在飞机中得到广泛应用
9	7055	7055 静强度 650MPa，比 7150 高 5%，屈服强度高 10%，抗应力腐蚀性能相对于 7075-T6、7150-T61 有明显提高，已用于波音 777 上翼面蒙皮和长桁
10	铝锂合金等	铝锂合金是目前最吸引人的轻合金，它比传统铝合金密度低 6%，屈服极限高 20%，模量高 10%，疲劳强度高 40%，主要用作飞机上的结构材料

铝合金的腐蚀产物为白色到灰色的粉状物质（氧化铝或氢氧化铝），铝与大多数金属接触时为阳极，易发生电偶腐蚀。铝合金易发生点蚀、晶间腐蚀、晶间应力腐蚀开裂和腐蚀疲劳。在一些情况下，与铝接触金属的腐蚀产物对铝有腐蚀性。由于纯铝耐蚀性更好，且电位比大多数合金的更低，铝合金薄板通常包覆一层纯铝。当包铝完好时，表面快速形成一层防护氧化层，耐蚀性较好；如果包铝破坏较小，包铝就会作为牺牲阳极保护铝合金。在这样的区域，化学氧化膜、漆和缓蚀剂非常重要。在海洋环境下，所有铝表面都要进行有效防护。

2）结构钢

航空装备结构钢主要以合金结构钢为主，包括高强度钢、低合金高强度钢、超高强度钢等。这些合金结构钢具有较高的比强度、良好的抗疲劳性能，飞机上的钢材料主要有 4130、4140、4340、300M 等，主要用于制造航空装备受力结构件、紧固件、高强度连接件、轴类零件及地面支撑设备等部件。例如，航空装备起落架、平尾大轴等位置所用材料多为合金结构钢。结构钢在海洋环境下易发生腐蚀。结构件或装配件的钢表面通常进行涂层或镀覆防护。钢腐蚀容易辨认，其腐蚀产物为红锈。钢腐蚀时，开始为黑色腐蚀产物，当湿气存在时，转化为红锈，红锈吸附空气中的湿气促进更大程度的腐蚀。

3）不锈钢

航空装备中使用的不锈钢主要以奥氏体不锈钢、马氏体不锈钢为主，具有较高的强度、良好的韧性和优良的耐蚀性能，包括 301、302、303、321、17-4PH、17-7PH等，主要用于航空装备翼梁、机翼、机身、尾翼、轴承、发动机短舱、吊挂、反推力装置等位置，在盥洗设备及内饰上也有少量使用。良好的耐腐蚀性和耐热性是航空结构中选用不锈钢的主要因素，但是在恶劣海洋环境下，一些不锈钢表面氧化膜层会迅速被破坏，其对缝隙/浓差电池腐蚀和应力腐蚀开裂非常敏感。在不密封和不防护情况下，不锈钢与其所接触的大部分金属易发生电偶腐蚀。

4）钛合金

钛合金特点是比强度高、中温性能好、耐腐蚀。在大气环境中，钛合金表面易形成稳定性远高于铝合金和不锈钢的钝化膜，这层钝化膜有很高的自愈力，在海洋大气环境中具有较高的耐蚀性。飞机上使用的钛合金材料主要有纯钛、Ti-6A1-4V、Ti-4Al-4Mo、Ti-6Al-6V-2Sn、Ti-13V-l1Cr-3A1 等，钛合金整体锻件被广泛用于航空装备机翼、后机身部位、起落架和接头等部位，如机身承力框锻件、机翼隔框锻件、主起落架轮毂、热空气管、受热蒙皮、压气机叶片等。但钛合金与电位较负的铝合金、合金钢接触时，易形成异金属电偶对，产生电偶腐蚀，导致局部位置损伤失效。一定条件下，氯和一些含氯溶剂还会诱导钛合金发生应力腐蚀开裂。

5）复合材料

复合材料具有高比强度、比模量、各向异性、可设计性、良好抗疲劳性、尺寸稳定性等特性，其耐环境稳定性较好，对酸、碱、盐溶液抵抗力较强，在现代航空装备中得到了越来越广泛的应用，如碳环氧复合材料（CFRP）、GLARE 混杂复合材料、蜂窝复合材料等。但是，长期暴露在高温、高湿、高太阳辐射环境下的复合材料，会因综合环境效应的累积损伤作用而快速老化，导致性能下降。

6）高温合金

高温合金主要用于发动机结构中，我国航空发动机中常用的高温合金材料有GH4169、GH2132、K417、DD5、DD6 等，主要应用在发动机叶片、机匣、紧固件等关键部位，我国航空材料手册相关高温合金材料种类如表 2-3 所示。

表 2-3　我国航空材料手册相关高温合金材料种类

序号	牌号	类型	应用	温度
1	GH2132	铁基	适合制造在 650℃以下长期工作的航空发动机高温承力部件,如涡轮盘、压气机盘、转子叶片和紧固件等。 优质 GH2132 用于压气机叶片和高温紧固件	650℃以下
2	GH4033	镍基	用于发动机转子零件,如涡轮工作叶片、涡轮盘及其他高温承力部件	750℃以下
3	GH4133	镍基	适合制造温度在 750℃以下航空发动机的涡轮盘和工作叶片等重要承力件	750℃以下
4	GH4169	镍基	盘、环、叶片、轴、紧固件、弹性元件、板材结构件、机匣	700℃以下
5	GH738	镍基	具有较高的耐燃气腐蚀能力,广泛用于发动机转动部件	815℃以下
6	K423	镍基	适合制造 1000℃以下工作的燃气涡轮空心和实心导向叶片。用于涡扇发动机二、三级导向叶片	1000℃以下

序号	牌号	类型	应用	温度
7	K4169	镍基	制造650℃以下工作发动机叶片、机匣及其他结构件	—
8	GH1015	铁基	燃烧室板材结构件	950℃以下
9	GH1016	铁基	燃烧室板材结构件	950℃以下
10	GH1035	铁基	燃烧室及涡轮外环、排气装置等	900℃以下
11	GH2150	铁基	适用于700℃以下工作的喷气发动机板材焊接承力结构件和600℃以下工作的燃气轮机转子和压气机叶片	700℃以下
12	GH2696	铁基	适合制造650℃以下工作的涡轮和压气机紧固件、盘件、工作叶片、涡轮壳体、环形零件	650℃以下

在材料因素对航空装备环境适应性影响效应方面，作者团队在整理以往研究成果的基础上，举例分析了典型飞机、发动机材料对航空装备海洋环境适应性的影响，如图 2-2 和图 2-3 所示。

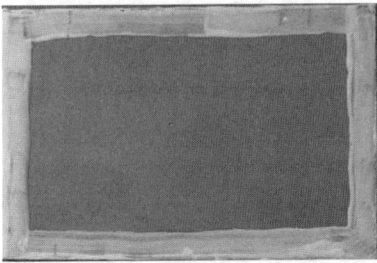

（a）钛合金—试验前

（b）钛合金—3 年海洋大气户外试验

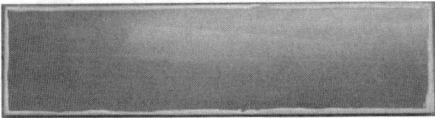

（c）高强钢—试验前

（d）高强钢—3 年海洋大气户外试验

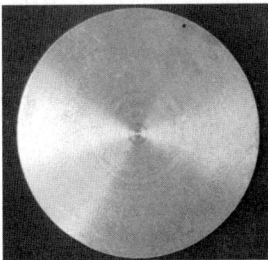

（e）铝合金—试验前

（f）铝合金—3 个月海洋大气户外试验

图 2-2　航空结构材料对航空装备海洋环境适应性的影响

从图 2-2 中，可以看到，钛合金经 3 年试验后表面状态基本保持完好，未有明显点蚀锈斑；高强钢经 3 年试验后表面分布着大量的红锈蚀点，样件腐蚀损伤严重；铝合金仅经 3 个月试验后表面即出现大量点蚀斑点。上述三种材料将对航空装备的使用安全产生不同程度的影响，对于航空装备中的钛合金构件，在航空装备使用过程中不需要投入过多维修、保障人力，重点关注钛合金构件与异金属构件连接的电偶腐蚀即可。而对于高强钢构件，则需要定期采用清洗、涂油等保障手段进行重点维护，监测该材料的蚀孔深度变化情况。对于铝合金表面需要进行涂装有效防护，以保障航空装备使用安全。

（a）高温合金—试验前　　　　　　（b）高温合金—3 个月海洋大气户外试验

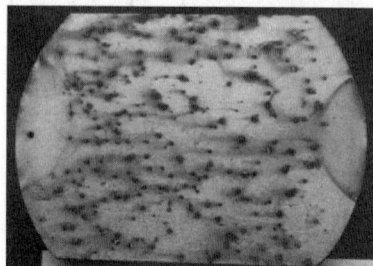

（c）马氏体热强钢—试验前　　　　（d）马氏体热强钢—3 个月海洋大气户外试验

图 2-3　两种发动机结构材料对航空装备海洋环境适应性的影响

从图 2-3 中，可以看到，高温合金经 3 个月海洋大气户外试验后，表面分布较多小浅棕色锈斑，海洋环境适应性较差。马氏体热强钢样件在试验仅 1 周后，样件表面即分布着大量点蚀坑，3 个月后，蚀坑面积明显扩大，海洋环境适应性较差。应定期采用清洗、涂油等保障手段进行重点维护，监测该材料的蚀孔深度变化情况，以保障航空装备使用安全。

2.1.2　工艺因素

表面防护工艺是航空装备抵抗大气腐蚀的有效手段。例如，飞机零部件在组装储存期间会受到储存环境温度、湿度的影响；在服役期间会受到部署地区气候、化学、生物因素的影响。当航空装备的腐蚀发展到一定程度后将导致其功能特点的丧失，从而造成不可挽回的后果。因此，需要对航空装备暴露在大气环境下的材料进行表面防护处理，以控制大气腐蚀的发生与发展，其防护工艺的优劣将直接影响到航空装备的使用安全和使用寿命。

常用航空装备的表面防护工艺有涂装、电镀、化学转化、微弧氧化、物理气相沉积、化学气相沉积等。航空装备的防护体系通常是由多种防护工艺的优势互补组成的。例如，航空装备中常用的铝合金基材经淬火处理后，其表面一般要经过表面阳极化+重铬酸盐填充+底漆涂覆+中间漆涂覆+面漆涂覆等工艺贯序处理，这些工艺共同组成了航空装备的防护体系，各层间相互配合，达到良好的防护效果。一般来说，只有当表面防护体系失效后，基体金属才会发生腐蚀。

对机体结构而言，涂层涂覆是表面防护工艺中最经济、有效、易操作且普遍实施的方法，在航空装备中有着广泛的应用。涂层可实现外部介质与内部基材的隔离，对航空装备起到主要保护作用。在涂层防护设计过程中，设计者需要根据基材的性能、涂料的功能、底漆与基材的配套性、底漆与（中间漆）面漆的配套性及使用环境条件等因素合理选择涂料种类和涂覆工艺。GB/T 2705—2003《涂料产品分类、命名和型号》中规定，按成膜物质种类进行划分，涂料可分为 17 大类。除耐蚀性能外，飞机涂层还需要兼顾装饰、伪装和其他功能作用（如吸波、阻尼等）。此外，涂层的防护性能也与施工时基体金属的表面状态（金属表面粗糙度）、表面预处理质量（除油、除锈、除酯等）、施工环境（温度、湿度、粉尘、化学介质等）有直接关系。在开展机体结构日历寿命管理与控制工作时，除需要选择适宜的防护体系外，还应提高施工工艺质量，加强工艺的规范性与合理性。我国航空装备结构常用的蒙皮、雷达罩、铝合金零部件、钛合金零部件、钢铁零部件及复合材料零部件部分涂装体系如表 2-4 所示。

表 2-4 航空装备结构典型涂装体系

序号	类型	表面准备	涂层系统
1	蒙皮涂层系统	阳极化处理或阿罗丁1200S 处理	（1）喷涂 1 层 S06-101H 聚氨酯底漆
			（2）喷涂 2 层 S04-112H 各色聚氨酯磁漆
		阳极化处理或阿罗丁1200S 处理	（1）喷涂 1 层 TB06-9 锌黄丙烯酸聚氨酯底漆
			（2）喷涂 2 层 TS70-1 各色聚氨酯无光磁漆
		阳极化处理或阿罗丁1200S 处理	（1）喷涂 1 层 H06-101H 锌黄丙烯酸聚氨酯底漆
			（2）喷涂 2 层 TS70-1 各色聚氨酯无光磁漆
		阳极化处理或阿罗丁1200S 处理	（1）喷涂 1 层 TB06-9 锌黄丙烯酸聚氨酯底漆
			（2）喷涂 2 层 TB04-16 各色聚氨酯磁漆
		阳极化处理或阿罗丁1200S 处理或磷化底漆	（1）喷涂 1 层 H06-1012H 环氧底漆
			（2）喷涂 2 层 S04-101H 各色丙烯酸聚氨酯磁漆

序号	类型	表面准备	涂层系统
1	蒙皮涂层系统	阳极化处理	（1）喷涂 1 层 W06-2 有机硅聚氨酯底漆
			（2）喷涂 2 层 W04-89 各色有机硅聚氨酯无光磁漆
			（3）喷涂 W86-70 各色有机硅聚氨酯标志漆
		阳极化处理或阿罗丁 1200S 处理或磷化底漆	（1）喷涂 1 层 H06-2 锶黄环氧底漆或 H06-1012H 环氧底漆
			（2）喷涂 2 层 S04-20 丙烯酸聚氨酯磁漆
		阳极化处理或阿罗丁 1200S 处理或磷化底漆	（1）喷涂 1 层 H06-2 锶黄环氧底漆或 H06-1012H 环氧底漆
			（2）喷涂 2 层 S04-80 丙烯酸聚氨酯磁漆或 S01-20 丙烯酸聚氨酯清漆
		阳极化处理	（1）喷涂 1 层 H06-25 锶黄环氧底漆
			（2）喷涂 1 层 H06-26 环氧聚酰胺底漆
			（3）喷涂 2 层 S04-21 或 S04-81 各色聚氨酯磁漆
		阳极化处理	（1）喷涂 1 层 H06-101H 锌黄丙烯酸聚氨酯底漆
			（2）喷涂 2 层 S04-101H 丙烯酸聚氨酯磁漆
		阳极化处理	（1）喷涂 1 层 H06-101H 锌黄环氧底漆
			（2）喷涂 2 层 S04-103H 聚氨酯磁漆
2	雷达罩涂层系统	打磨或吹砂，清洗表面水膜连续，烘干，室温冷却	（1）喷涂 1 层 H01-101H 环氧聚氨酯清漆
			（2）喷涂 2~4 层 S04-9501HY 抗雨蚀涂料
			（3）喷涂 2~3 层 S99-101H 聚氨酯抗静电涂料
		打磨或吹砂，清洗表面水膜连续，烘干，室温冷却	（1）喷涂 1 层 H01-101H 环氧聚酰胺清漆
			（2）喷涂 2~4 层 S04-9501HY 抗雨蚀涂料
			（3）喷涂 2~3 层 S04-9502HD 抗静电涂料
		打磨或吹砂，清洗表面水膜连续，烘干，室温冷却	（1）喷涂 1 层 H01-101H 环氧聚酰胺清漆
			（2）喷涂 4 层 S04-9501HY 抗雨蚀涂料
			（3）喷涂 2 层 S04-9101H 聚氨酯磁漆
		细砂纸打磨	（1）喷涂 1 层 S04-89 抗雨蚀底漆
			（2）喷涂 2 层 S55-49 抗雨蚀涂料
			（3）喷涂 2 层 S99-49 抗静电涂料
		打磨，乙醇清洗	（1）刷 1 层 H01-101H 环氧聚酰胺清漆
			（2）喷涂 2 层 H04-1 绿色环氧磁漆
3	铝合金零部件涂层系统	化学氧化或阳极化	喷涂 1 层 H0602 锌黄环氧酯底漆
		化学氧化或阳极化	（1）喷涂 1 层 H06-2 锌黄环氧酯底漆
			（2）喷涂 H04-2 环氧硝基磁漆
		化学氧化或阳极化	（1）喷涂 1 层 H06-2 锌黄环氧酯底漆
			（2）喷涂 H04-80 环氧硝基无光磁漆
		化学氧化或阳极化	（1）喷涂 1 层 H06-2 锌黄环氧酯底漆（或不涂底漆）
			（2）B04-50 聚氨酯磁漆

续表

序号	类型	表面准备	涂层系统
3	铝合金零部件涂层系统	化学氧化或阳极化	（1）喷涂 1 层 H06-2 锌黄环氧酯底漆（或不涂底漆）
			（2）喷 B04-103H 灰色丙烯酸氨基半光磁漆
		化学氧化或阳极化	（1）喷涂 1 层 H06-2 锌黄环氧酯底漆（或不涂底漆）
			（2）喷 B16-101H 各色丙烯酸基锤纹漆
		化学氧化或阳极化	（1）喷涂 1 层 H06-2 锌黄环氧酯底漆（或不涂底漆）
			（2）喷 A16-102H 各色聚氨酯基橘型漆
		化学氧化或阳极化	喷涂 H61-1 环氧有机硅耐热漆
		铬酸阳极化	（1）喷涂 1 层 A13-90 天蓝氨基醇酸水溶底漆
			（2）喷涂 2 层 A13-75 酞菁蓝氨基醇酸水溶无光磁漆
		阳极化	（1）喷涂 1 层 H06-25 锶黄环氧聚氨酯底漆
			（2）喷涂 1 层 H06-26 环氧聚氨酯底漆
		阳极化	（1）喷涂 1 层 KH-550 表面处理剂
			（2）涂刮 XM-60 防雨密封剂
			（3）涂刷 HL04-1025H 隔离涂料
4	钛合金零部件涂层系统	吹砂、酸洗处理	喷涂 1 层 H06-2 锌黄环氧酯底漆
		吹砂、酸洗处理	（1）喷涂 1 层 H06-2 锌黄环氧酯底漆
			（2）喷涂 1 层 H04-2 环氧硝基磁漆
		吹砂、酸洗处理	（1）喷涂 1 层 H06-2 锌黄环氧酯底漆
			（2）喷涂 1 层 S04-101H 丙烯酸聚氨酯磁漆
		吹砂、酸洗处理	（1）喷涂 1 层 H06-2 锌黄环氧酯底漆
			（2）喷涂 1 层 B04-103H 丙烯酸氨基半光磁漆
		吹砂、酸洗处理	喷涂 1 层 H61-1 铝色环氧有机硅耐热漆
5	钢铁零部件涂层系统	磷化	（1）喷涂 1 层 H06-38 锌黄环氧烘干底漆
			（2）喷涂 1 层 H06-48 铝粉环氧 2 道底漆
			（3）喷涂 2 层 H04-51 浅色环氧烘干磁漆
		吹砂、磷化处理	（1）喷涂 1 层 H06-2 铁红环氧酯底漆
			（2）喷涂 H04-2 各色环氧硝基磁漆
		吹砂、磷化处理	（1）喷涂 1 层 H06-2 铁红环氧酯底漆
			（2）喷涂 A04-60 各色氨基半光烘干磁漆
		吹砂、磷化处理	（1）喷涂 1 层 H-06-2 铁红环氧酯底漆
			（2）喷涂 B04-50 各色丙烯酸聚氨酯磁漆
		吹砂、磷化处理	（1）喷涂 1 层 H06-2 铁红环氧酯底漆
			（2）喷涂 B01-103H 灰丙烯酸氨基半光磁漆
		吹砂、磷化处理	（1）喷涂 1 层 H06-2 铁红环氧酯底漆
			（2）喷涂 B16-101H 各色丙烯酸氨基锤纹漆

续表

序号	类型	表面准备	涂层系统
5	钢铁零部件涂层系统	吹砂、磷化处理	（1）喷涂 1 层 H06-2 铁红环氧酯底漆
			（2）喷涂 A16-102H 各色聚氨酯基橘型漆
		吹砂、磷化处理	喷涂 H61-1 铝色环氧有机硅聚酰胺耐热漆
		吹砂、磷化、氧化处理	喷涂 1 层 W01-101H 乙基含氢硅油
6	复合材料零部件涂层系统	打磨或吹砂，清洗表面水膜连续，烘干，室温冷却	（1）喷涂 1 层 H01-101H 环氧聚酰胺清漆封闭
			（2）可再喷涂 2 层 H06-1012H 环氧底漆
		打磨或吹砂，清洗表面水膜连续，烘干，室温冷却	（1）喷涂 1 层 H01-101H 环氧聚酰胺清漆封闭
			（2）喷涂 1 层 H06-1012H 环氧底漆
			（3）喷涂 2 层 S04-101H 聚氨酯磁漆
		打磨或吹砂，清洗表面水膜连续，烘干，室温冷却	（1）喷涂 1 层 H01-101H 环氧聚酰胺清漆封闭
			（2）喷涂 2 层以上的 S04-9501HY 抗雨蚀涂料
			（3）喷涂 2 层 S04-101H 聚氨酯磁漆
		打磨或吹砂，清洗表面水膜连续，烘干，室温冷却	（1）喷铝
			（2）涂刷表面处理剂
			（3）涂刷 2 层 H01-103H 环氧封孔剂
			（4）喷涂 1 层 H06-1012H 环氧底漆
			（5）喷涂 2 层 S04-101H 聚氨酯面漆
		打磨或吹砂，清洗表面水膜连续，烘干，室温冷却	（1）喷涂 1 层 H01-101H 环氧聚酰胺清漆封闭
			（2）喷涂至少 2 层 H06-1010HD 环氧抗静电涂料
		打磨或吹砂，清洗表面水膜连续，烘干，室温冷却	（1）喷涂 1 层 H01-101H 环氧聚酰胺清漆封闭
			（2）喷涂 2 层 H06-1020HD 环氧抗静电涂料
			（3）刷 XM59 密封剂
			（4）刷涂 HL04-1019HD 环氧聚硫抗静电涂料
		细砂纸打磨	（1）喷涂 1 层 S02-12 白色聚氨酯底漆
			（2）Z07-14 白色聚酯腻子
			（3）喷涂 1 层 S06-12 聚氨酯底漆
			（4）喷涂 2 层 S04-21 或 S04-61 或 S04-81 各色聚氨酯磁漆
		细砂纸打磨	（1）刮涂 H07-2 粉红环氧聚氨酯腻子
			（2）喷涂 1 层 H06-25 锶黄环氧聚氨酯底漆
			（3）喷涂 2 层 S04-61 灰半光聚氨酯磁漆
		细砂纸打磨	（1）刮涂 H07-1 浅灰环氧聚氨酯腻子
			（2）喷涂 2 层 S15-30 灰聚氨酯花岗岩纹漆

续表

序号	类型	表面准备	涂层系统
6	复合材料零部件涂层系统	打磨或吹砂，清洗表面水膜连续，烘干，室温冷却	（1）刷 1 层 H01-101H 环氧聚酰胺清洗
			（2）刮 1 层环氧聚酰胺腻子
			（3）喷涂 1 层 H06-1012H 环氧底漆
			（4）喷涂 2～3 层 B04-50 丙烯酸聚氨酯磁漆

对发动机而言，航空发动机表面防护一般以热防护及耐磨、耐燃气冲刷等功能性防护为主，而对恶劣海洋大气环境的防护一般考虑较少。发动机及耐热部件典型涂装体系如表 2-5 所示。

表 2-5　发动机及耐热部件典型涂装体系

序号	类型	表面准备	涂层系统
1	发动机涂层系统	不锈钢叶片喷丸，铝合金叶片喷丸后阳极化	（1）喷涂 1 层 H06-105H 铁红环氧缩醛底漆
			（2）喷涂 2 层 S04-109H 聚氨酯磁漆
		钢叶片喷丸或吹砂	（1）喷涂 1 层 5%KH550 乙醇溶液
			（2）喷涂 2～3 层 J04-101H 氟橡胶叶片漆
		铝合金叶片铬酸阳极化后再喷丸，再铬酸阳极化	喷涂 2 层含 1.5 铝粉浆的 H04-1 铝色环氧磁漆
		钢管经除油打磨；铝管经阳极化	（1）喷涂 1 层 H06-107H 底漆
			（2）喷涂 2 层 H04-103H 磁漆
		吹砂、清洗	喷涂 4 层 W04-101H 有机硅憎水涂料
		打磨或吹砂	喷涂 HWD63-3500K 高温涂料
2	耐热零部件涂层系统	铝合金阳极化；钢铁吹砂、磷化	（1）H61-1 铝色环氧有机硅聚酰胺耐热漆
			（2）喷涂第 2 层 H61-1 耐热漆
		钢铁零件磷化处理	（1）喷涂 1 层 W61-22 铝粉有机硅烘干耐热漆
			（2）喷涂第 2 层 W61-55 耐热漆
		铝合金阳极化或化学氧化	（1）喷涂 1 层 H06-2 锌黄或铁红环氧酯底漆（钢铁零件用铁红漆）
			（2）喷涂 1 层 W61-55 铝粉有机硅烘干耐热漆
		铝合金阳极化；钢铁零件吹砂、磷化	（1）喷涂 1 层 H06-2 锌黄或铁红环氧有机硅聚酰胺底漆
			（2）喷涂 2 层 H61-32 环氧有机硅聚氨酯磁漆
		铝合金阳极化；钢铁零件吹砂、磷化	（1）喷涂 1 层 H61-83 锌黄或铁红环氧有机硅聚酰胺底漆
			（2）喷涂 2 层 H61-1 铝色环氧有机硅聚酰胺耐热漆
		钢铁零件吹砂、磷化	喷涂 1～2 层 W61-101H 或 W61-102H 或 W61-103H 有机硅耐高温漆
		钢铁零件吹砂、磷化	喷涂 1～2 层 TW61-64 高温防腐蚀漆

叶片是为航空发动机提供推动力和支持力的核心部件，其按主要功能可分为两类：压气机叶片、涡轮叶片。压气机叶片主要将进入压气机的外界空气压缩为一定

比例的高温高压气体，并送入燃烧室参与燃烧；涡轮叶片主要将燃烧的高温高能气体能量转换成涡轮转子的动能，带动压气机持续工作。发动机叶片工况环境十分复杂，涉及腐蚀老化、高温氧化、燃气腐蚀、振动疲劳、碰撞磨损、恒载应力、维护保养等多种复杂因素的耦合或交替作用，不同部位叶片的使用防护往往差异较大。典型航空发动机叶片防护工艺如下。

1）抗氧化涂层

抗氧化涂层广泛应用于发动机叶片关键部位，其涂层类型主要包括热扩散方法形成的单一铝化物涂层、改性铝化物涂层、MCrAlY 型包覆涂层及热障涂层等。目前，就国内发动机而言，MCrAlY 涂层（见表 2-6）广泛应用于高温合金防护层或者热障涂层黏结层。对于第四代热障涂层而言，典型的热障涂层由两部分组成，即黏结层和陶瓷层。黏结层通常为 MCrAlY 金属层，厚度大约为 100μm，主要作用是抗高温氧化和抗热腐蚀。陶瓷层通常是质量分数一般为 7%～8% Y_2O_3 部分稳定的 ZrO_2（YSZ），厚度为 200～300μm，其主要作用是隔热。

表 2-6　典型 MCrAlY 涂层类型及应用条件

类型	应用条件
NiCrAlY	抗氧化和腐蚀性很强，对 Ni 基合金的内扩散为很小，能承受 1253K 的高温，适用于燃气腐蚀环境不太恶劣的涡轮机构件
NiCoCrAlY	塑性极好，具有很强的抗氧化性、抗腐蚀性，适用于采用 NiCrAlY 抗燃气腐蚀性不够的涡轮机构件，添加 Si、Ta、W、Hf、Co、Mo 改善力学性能和抗腐蚀、抗氧化性能
CoCrAlY	抗含 S 燃气腐蚀性能好，抗氧化性能比 NiCrAlY 抗氧化性能差，最高只能承受 1173K 的温度
FeCrAlY	适用于含 S 气体，同大多数高温合金存在较高的内扩散，能承受 973K 的高温

在功能退化失效方面，MCrAlY 涂层中主要起抗高温氧化作用的是 Al 元素，Al 含量的下降会导致涂层抗氧化性能降低。通常，Al 含量的下降有两种途径：第一，向外扩散与 O 结合生成 Al_2O_3（TGO 层），刚生成的 TGO 与涂层表面结合良好，可随着氧化时间的不断延长，TGO 层变厚，在界面会产生裂纹。当裂纹连通时，氧化膜就会发生剥落，从而降低涂层 NiAl 相中 Al 的含量，同时，Ni 元素的富集导致 β-NiAl 相转变为 γ'-Ni3Al 相，与 β-NiAl 相相比，γ'-Ni3Al 相抗氧化性能差很多。第二，由于高温下各元素的扩散能力强，涂层与基体之间也会发生合金的互扩散，而涂层中 Al 的含量要比基体的高，Ni 含量要比基体低，在这浓度梯度的驱动下，涂层中的 Al 元素向基体扩散，基体中的 Ni 元素向涂层扩散，同样导致了 β-NiAl 相转变为 γ'-Ni3Al 相。随着 Al 元素的不断消耗，Al 元素的含量不断降低，当 Al 含量降低到临界值以下时，涂层就无法完成自动修复作用了，这也标志着涂层发生了退化而最终导致涂层失效。

2）抗冲蚀涂层技术

例如，法国某型战机的一、二级压气机叶片使用 TiN 涂层；苏联使用 TiN、CrC、ZrN 涂层叶片，将 TiN 涂层应用于某型直升机的发动机引擎螺旋桨及压气机转子叶片；美国将 TiN 涂层用于某型运输直升机的引擎螺旋桨叶片，以提高叶片抗冲蚀磨损能力。目前，发动机叶片常用抗冲蚀涂层主要有渗铝—硅酸盐涂层、ZrN/TiN 多层纳米涂层、Al/AlN、Ti/TiN、Cr/CrN 涂层等。

3）防钛火涂层

钛合金在航空发动机中有较多应用，然而，随着高压压气机的工作温度、压强和气流速度越来越高，加上对磨件之间的摩擦，常导致钛合金燃烧。因此，重要部位钛合金表面一般涂覆防钛火涂层，如 EJ-200 HP 压气机机匣采用氧化锆隔热底层和含膨润土可磨耗封严层。

本书以某高强度铝合金模拟连接件涂层工艺（见图 2-4）、某型航空装备襟翼滑轨涂层的失效（见图 2-5）、风扇涂层（见图 2-6）为例，说明表面防护工艺对航空装备海洋大气环境适应性的影响。

1）某高强度铝合金模拟连接件涂层工艺

从图 2-4 中可以看出，经 2 年试验后，板材涂层基本保持完好，未发现明显涂层起泡、开裂、发霉、剥落、粉化、腐蚀现象，涂层失效主要集中在螺栓部位，出现了一定程度的涂层剥落、金属腐蚀，伴有深褐色腐蚀产物。

2）某型航空装备襟翼滑轨涂层的失效

航空装备紧固连接部位涂层工艺的合理性应引起重视，其涂覆实施相对复杂，有孔、螺纹等几何过渡不均匀结构存在，几何形状效应明显，涂装时漆膜很难涂覆均匀，漆膜相对较薄，易成为损伤源头，加之受缝隙、电偶、应力等其他因素的影响，导致该部位过早失效。同时，这类涂层工艺局部效应问题也在某型航空装备襟翼滑轨涂层失效案例中得到了印证（见图 2-5），涂层工艺边角位置易于失效。因此，在航空装备的设计、使用过程中，应重点对这类涂层部位进行重点关注，合理设计涂层工艺，并加强保障、维护工作。

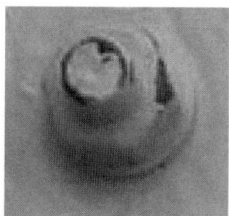

图 2-4 模拟连接件 2 年海洋大气试验

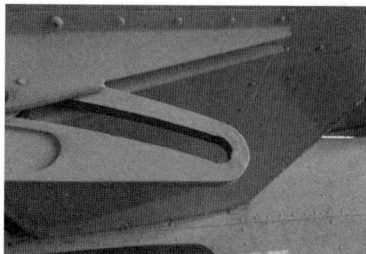

图 2-5 某型航空装备襟翼滑轨涂层的失效

3）风扇涂层

海洋大气试验后，涂层色差、光泽明显变暗（见图 2-6）。样件 0.01Hz 电化学阻抗模值$|Z|_{0.01Hz}$从 10^{11} 数量级变化到 10^6 数量级，短时间内涂层防护性能大幅下降，说明该防护体系不适用于恶劣南海海洋环境，在开展航空装备防腐蚀设计时，应优先替换该类涂层，优选适宜工艺，并加强保障、维护工作。

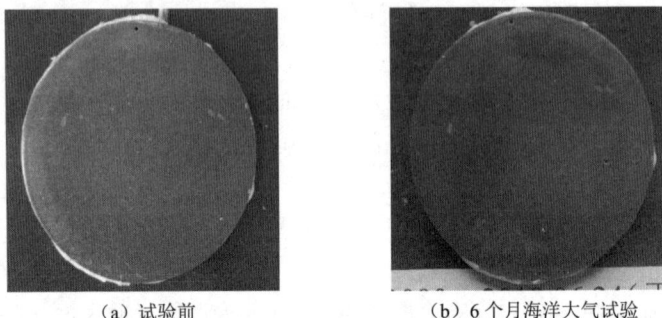

（a）试验前　　　　　　　　　　　（b）6 个月海洋大气试验

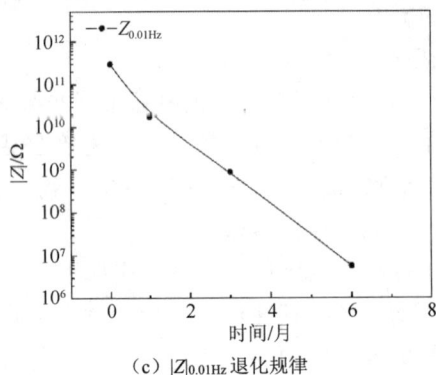

（c）$|Z|_{0.01Hz}$ 退化规律

图 2-6　风扇叶片涂层失效

2.1.3　结构因素

结构是材料实现指定功能的有效手段。不同的结构对航空装备耐蚀性的影响也是不同的。本书以结构设计（开放、半封闭、封闭）和电偶搭接两个方面来分析结构因素对航空装备在海洋大气环境下腐蚀行为的影响。

1）结构设计

a．开放结构。

暴露在海洋大气环境下的结构（如机身、机翼、尾翼外表面等）可看作开放结构。开放结构通常要承受外部环境因素的直接作用，如日照、降雨、风吹等。因此，在结构设计上，开放结构应尽量避免积水，合理消除沟槽、缝隙等，以防液体、灰尘、盐雾滞留，并在几何形状方面也应简单设计、过渡光滑合理，尽量避免结构因素导致的应力集中、温度集中、影响防护工艺完整性、不利于检查维护等问题。

b. 封闭结构。

与外部环境相对封闭的内部结构（如机身内表面等）可看作封闭结构。封闭结构受外部环境因素的影响相对较小。但是，封闭结构通常会由于"呼吸效应"产生凝露或积水，即当外界温度发生较快变化时（如中午—黄昏—夜晚），封闭结构温度变化速率往往是不同的，存在一定温度差，温度差也会导致结构内外形成一定压力差。白天封闭结构由于受到日晒而增加压力"呼出"气体，夜晚气温下降"吸入"湿气，循环往复封闭结构会不断有水汽凝露并产生积水，长期作用将出现较为严重的腐蚀失效。此外，内部燃油、润滑油等液体也易于在内部结构积聚，从而导致腐蚀的发生。

c. 半封闭结构。

半封闭结构特点及其影响效应介于开放结构与封闭结构之间。

本书以某型号后机身内舱连接接头组件（见图2-7）失效为例，说明结构因素对航空装备环境适应性的影响。从图2-7中可以看到，位于航空装备后机身内舱连接接头组件失效。后机身内舱属于封闭环境，与外部环境相比，该部位环境条件相对较好，不直接接触环境因素作用，但由于封闭结构"呼吸效应"，其内部相对湿度较高，且飞机为达到减重目的，内部防护相对较弱，所以易于出现腐蚀失效。因此，在开展航空装备环境适应性工作时，应对结构因素复杂部位的设计、保障工作投入足够的重视，制订定期检查计划。

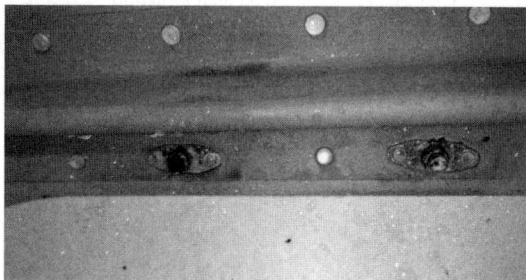

图 2-7　某航空装备后机身内舱连接接头组件失效

2）电偶搭接

结构电偶腐蚀影响因素众多，包括材料电偶序、材料极化特性、阴阳极面积比等要素信息。一般来说，腐蚀体系的电偶电位和电流自腐蚀电位差越大，电偶腐蚀越严重，且随着电位差的继续增大，电偶电流会趋于一个极限值。阴阳极面积比越大，阳极腐蚀速度越大，常温下腐蚀速率与阴阳极面积比呈线性关系。

本书以航空装备的机身蒙皮铝合金为例，初步说明结构搭接电偶腐蚀因素对航空装备海洋环境适应性的影响。图 2-8 中的高强铝合金—钛合金模拟连接件工艺如下：板材 1 为 7000 系高强度铝合金、板材 2 为 α 型钛合金、螺栓为镀镉合金结构钢、垫片为 2000 系铝合金。海洋大气试验 2 年后，铝合金板材与钛合金板材接触部位有明显涂层鼓泡、剥落，伴有铝合金基材腐蚀现象；紧固件镀镉合金结构钢锈蚀严重，表面布满红锈。由此可见，海洋大气环境下航空装备结构电偶搭接部位的腐蚀防护问题应引起足够重视，综合采用结构搭接设计、材料选取、外场维护措施进行改进。

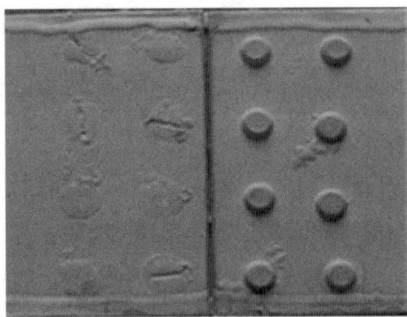

图 2-8　机身蒙皮铝合金南海海洋电偶腐蚀失效示例

2.2　外在因素的识别与分析

材料、工艺、结构是影响航空装备环境适应性的重要因素，是航空装备在设计和制造过程中涉及的内在因素。一旦飞机制造完成、交付用户使用，航空装备便绝大部分取决于其在未来使用和维护过程中所涉及的外在因素和保障因素的影响。其中，外在因素主要包括载荷因素和环境因素。

2.2.1　载荷因素

按载荷性质划分，航空装备所承受的载荷可分为静、动、疲劳、热四大类。

1）静载荷

静载荷是指构件所承受的外力不随时间变化而变化，而构件本身各点的状态也不随时间而改变，即构件各质点没有加速度。当航空装备的承载能力低于其外部静载荷量值时，就会发生静强度失效，如构件变形、屈服、断裂等。除因单纯载荷作用失效外，静载荷对航空装备的影响还体现在静载应力与环境的协同作用上。静载应力往往会加速基体金属的腐蚀失效进程，并在某些特定情况下发生应力腐蚀开裂，造成严重事故灾难。同时，载荷存在也会影响航空装备表面工艺的完整性。

对发动机而言，在特定状态下，发动机叶片指定部位的离心力也可看成是一种特殊的静载荷。离心力是一种体积力，它与质量及其所处半径成正比，与转速平方成正比。离心力主要使叶片产生径向拉应力，对于扭转叶片，则同时产生扭转应力。由于叶型各截面、缘板、榫头质心通常不在同一条过转子旋转中心的直线上，离心力还会产生弯曲应力。在转子叶片设计中，一般用离心弯曲应力与气动弯曲应力互相抵消来降低叶片应力，并在设计上尽可能采取等强度设计，使叶片材料得到充分利用。

2）动载荷

动载荷是物体在运动过程中受到振动、环境等因素影响下所受的载荷。航空装备在使用过程中常见的动载荷主要是飞行过程中产生的振动、冲击、摇摆、噪声等，其通常伴有动态位移发生。当动载荷超过航空装备的承受能力时会造成航空装备动载荷强度失效，除此之外，动载荷还会对航空装备产生许多力学损伤效应，如摩擦、磨损、疲劳等。这些损伤效应在与腐蚀效应协同作用时，会对航空装备造成更为严重的损伤，如腐蚀磨损，将加速航空装备失效，缩短其使用寿命，降低使用安全性。动载荷易导致航空装备导线磨损、电气短路、密封失效、断续的电气接触和元器件失效等诸多问题。

对发动机来说，发动机叶片也会承受动载荷（气动力和机械振动）的作用。气动力是一种表面分布压力，作用在叶片各个表面，沿叶高方向和叶宽方向不均匀分布。转子和静子叶片都处在流量大、流速高的气流中，尤其是转子叶片驱动空气，受到很大的横向气体力作用在叶片上，使叶片受到气动弯矩，产生弯曲应力，并引起扭转应力。

3）疲劳载荷

疲劳载荷是指大小、方向随时间做周期性或不规则的改变的载荷。航空装备疲劳载荷的来源主要有两种：外界来源，如飞行大气紊流、摇摆等；内部来源，如机动操作等。航空装备在疲劳载荷的作用下会产生疲劳损伤，疲劳损伤与环境腐蚀效应具有相互促进的关系，一方面腐蚀效应会降低航空装备的抗疲劳性能；另一方面疲劳载荷也会破坏航空装备表面工艺的完整性，降低航空装备的耐腐蚀性能，两者的协同作用会对航空装备的使用安全产生较大影响。

对发动机来说，叶片与盘的榫或销连接部位不仅要承受以叶片离心力为主的低周疲劳载荷作用，还要承受叶片或盘/叶耦合振动产生的高周疲劳载荷作用。在两种疲劳载荷的某些组合条件下，将加速裂纹的萌生和扩展，降低榫或销连接部位的抗疲劳性能，缩短其疲劳寿命，导致叶片失效。此外，叶片连接部位还存在着较为严重的微动磨损问题。

4）热载荷

热载荷的来源主要有两种：外界来源，如航空装备在高速飞行过程中因空气阻力作用而产生的热；内部来源，某些局部组件工作发热。在热载荷与外载应力的相互作用下，部分结构会因金属蠕变而产生较大形变，从而导致结构失效。同时，热载荷是发动机的主要载荷，其引起的热氧化和热疲劳也是影响航空装备、发动机在大气环境下腐蚀行为的关键因素。此外，发动机还会额外承受燃气冲击载荷的作用，在燃气流冲刷作用下，硫酸盐类腐蚀性物质与金属发生化学反应，形成硫化物、氧化物。由于 S 在金属中扩展速率高于 O，形成 S 扩散在前而 O 扩散在后的姿态，当 O 供给量不足时，在硫化带与氧化层之间形成半氧化层。最外层的 S 逐渐被 O 取代而成为氧化物层。随着发动机工作时间的增加，热腐蚀现象越来越严重，最后导致叶片失效。

本书利用团队以往成果，以恒载拉应力因素（见图 2-9）、疲劳载荷因素（见图 2-10）、热因素（见图 2-14）为例，说明载荷因素对航空装备环境适应性及腐蚀对航空装备耐久性能的影响。

a. 恒载拉应力。

图 2-9 所示为 10CrSiNiCu 合金钢在无载荷、500N 恒载拉应力载荷下的腐蚀测试结果。可以看到，随着恒载拉应力的增大，样件阻抗模值整体显著下降，耐蚀能力变差。一般来说，外载应力会使样件表面金属活性增强，当应力达到一定程度后，甚至会产生局部塑性变形，从而增大腐蚀倾向性，加大腐蚀速率。

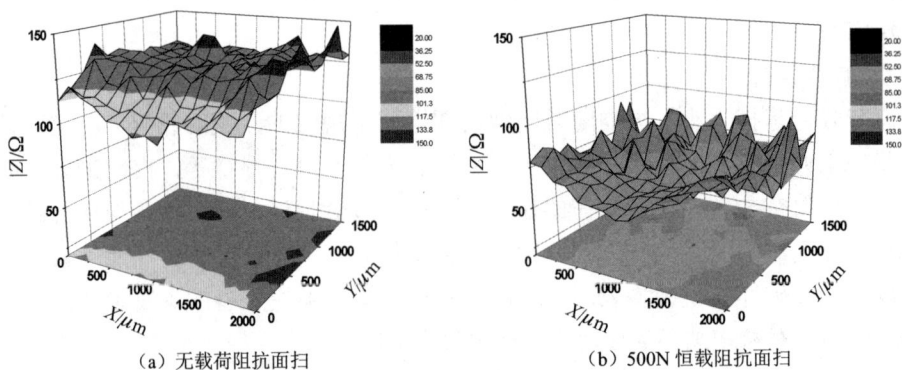

（a）无载荷阻抗面扫　　　　　　　　（b）500N 恒载阻抗面扫

图 2-9　恒载拉应力对 LEIS 腐蚀测试的影响

b. 疲劳载荷。

图 2-10 所示为机翼上壁板模拟件海洋大气试验 1 年的结果，样件共计 30 件。其中，15 件定期进行疲劳加载，另外 15 件作为对照组不加载，加载周期 1 年 1 次。统计对照组、疲劳组螺栓初始失效时间和失效个数，可以发现，对照组螺栓涂层约在户外试验 4 个月时开始发生破损，疲劳组螺栓涂层约在户外试验 3 个月时开始发生破损。户外试验 4 个月时，对照组螺栓共计破损 4 个，疲劳组螺栓共计破损 8 个；户外试验 7 个月时，对照组螺栓共计破损 44 个，疲劳组螺栓共计破损 46 个；户外试验 12 个月时，对照组、疲劳组螺栓涂层已全部破损。疲劳载荷会使螺栓初始失效时间变短，失效个数变多。

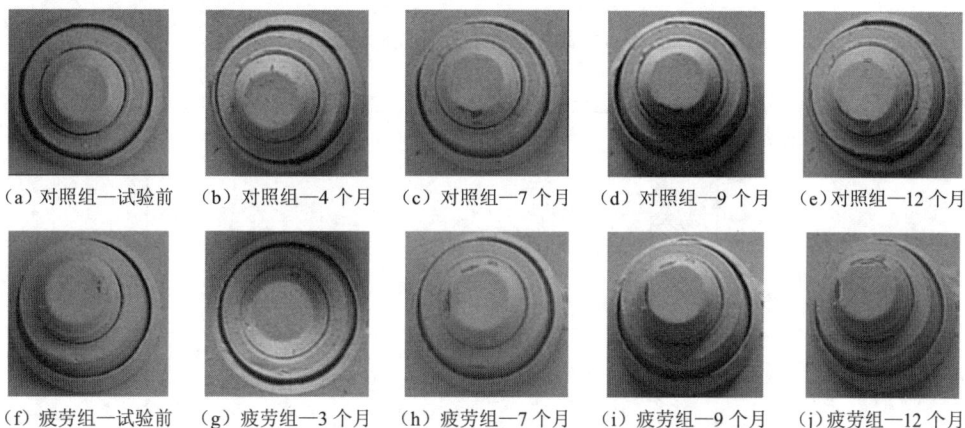

| (a) 对照组—试验前 | (b) 对照组—4 个月 | (c) 对照组—7 个月 | (d) 对照组—9 个月 | (e) 对照组—12 个月 |

| (f) 疲劳组—试验前 | (g) 疲劳组—3 个月 | (h) 疲劳组—7 个月 | (i) 疲劳组—9 个月 | (j) 疲劳组—12 个月 |

图 2-10　机翼上壁板模拟件海洋大气试验 1 年的结果

此外，在涂层色差、光泽度测试结果中（见图 2-11），可以看出，在光泽度方面，疲劳组、对照组螺栓涂层失光率变化情况较为一致，在数值上也比较接近，1 年试验后，疲劳组螺栓涂层失光率比对照组略高。在色差方面，5 个月试验后，疲劳组螺栓色差值比对照组高，1 年试验后，对照组螺栓颜色变化等级为 1 级，属于很轻微变色，疲劳组螺栓颜色变化等级为 2 级，属于轻微变色。疲劳加载在一定程度上也会加速涂层失光、变色。

图 2-12 所示为某型航空装备下机翼结构在不同预腐蚀处理后的疲劳试验结果，采用等效载荷谱模拟某航空装备下机翼结构的工况加载，图中表明，在无腐蚀情况下，机翼能历时飞行 50000 多小时。一旦出现点蚀，且没有厚度损失的条件下，其预期寿命小于一半，只有 18200h。当材料剪薄 30% 时，寿命进一步降低到 4150h。由此可见，腐蚀对机体结构疲劳寿命的明显影响。

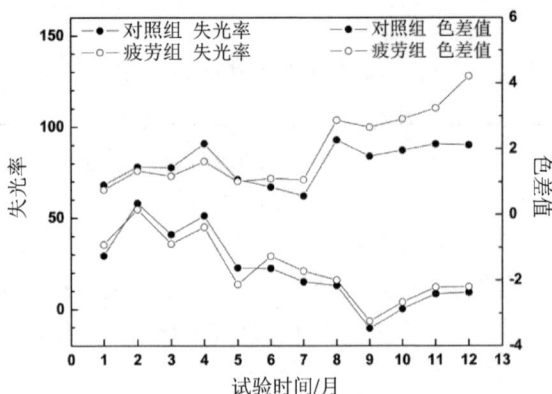

图 2-11 涂层色差、光泽度测试结果

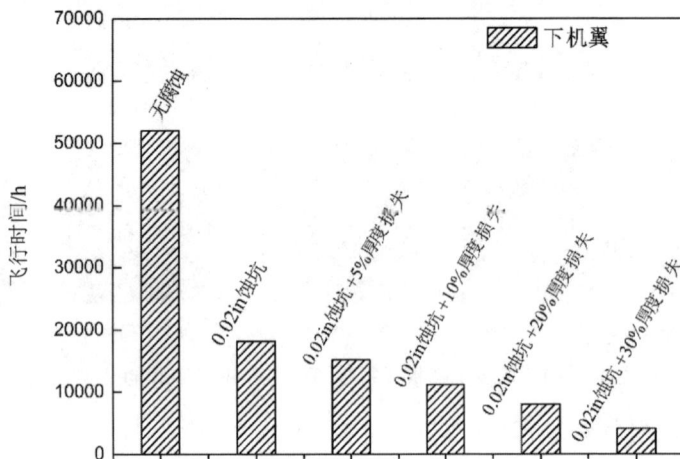

图 2-12 某型航空装备下机翼结构在不同预腐蚀处理后的疲劳试验结果

c. 热因素。

图 2-13、图 2-14 所示为某高温合金材料海洋大气—热和热试验氧化动力学曲线和典型的截面形貌。可以看到，对于该型高温合金材料，海洋大气腐蚀对其高温氧化有着明显的促进作用，主要原因是海洋大气环境中的 Cl⁻ 会破坏高温环境下生成的 Cr_2O_3 膜层的致密性和完整性，加速了外层氧化镍的生成，导致镍基高温合金材料在南海大气—热环境下生成的氧化膜厚度要大于纯高温热环境。同样，高温氧化对镍基高温合金材料的耐海洋大气性能有着明显的恶化作用（见图 2-15），主要原因是高温氧化膜的致密性要远低于镍基高温合金材料本身钝化膜的致密性。

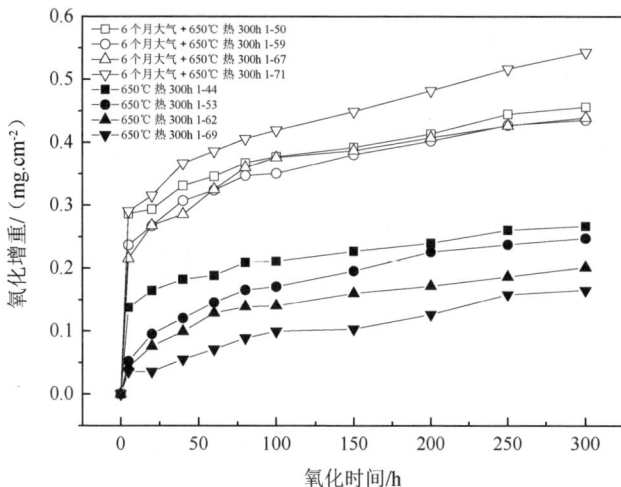

图 2-13　某高温合金材料海洋大气—热和热试验氧化动力学曲线

（a）大气 6 个月+热 1 次（650℃，20h）

（b）热 1 次（650℃，20h）

（c）大气 6 个月+热 1 次（650℃，300h）

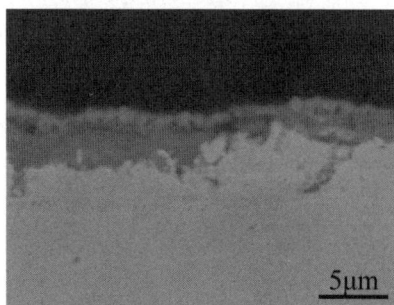

（d）热 1 次（650℃，300h）

图 2-14　某高温合金材料海洋大气—热和热试验典型的截面形貌

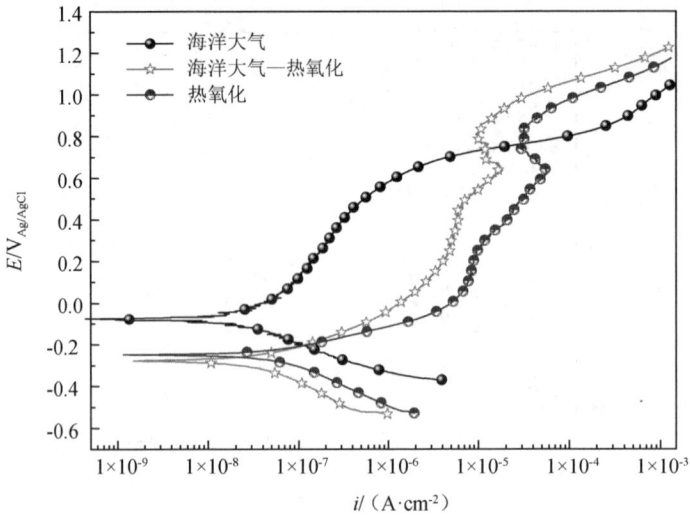

图 2-15　某高温合金材料海洋大气—热和热试验后的动电位极化曲线

2.2.2　环境因素

航空装备的结构、部附件在温度、相对湿度、日照等大气环境因素作用下会发生腐蚀、老化，产生环境损伤，如蚀坑、锈斑，涂层失光、变色、粉化、起泡、开裂、剥落等，从而导致航空装备的使用性能下降，使用安全性降低。

1）温度

温度是影响航空装备腐蚀/老化的重要因素，温度升高会加快腐蚀介质与机体之间的反应速率，增加腐蚀/老化总量。对金属而言，在一定温度范围内，按化学反应理论计算，温度每增加 10℃，腐蚀速度约增加 1 倍。当航空装备在高温环境下使用时，很容易出现典型高温环境效应。典型高温环境效应包括：不同材料膨胀不一致，使得零件相互咬死；材料尺寸全部或局部变化；润滑剂黏度变低及外流造成连接处润滑剂减少；不同材料的热膨胀系数差异使电子线路的稳定性发生变化；固定电阻阻值变化；变压器和机电部件过热；继电器及磁驱动或热驱动装置的吸合/释放范围变化；使用寿命缩短；有机材料褪色、裂解或龟裂；合成材料挥发；外罩和密封条变形或损坏；衬垫发生永久性硬化。

2）相对湿度

在大气环境下，航空装备出现使用寿命损伤的原因有很多，电化学腐蚀是其中最为广泛的一种。大气腐蚀是一种电化学腐蚀，电化学腐蚀的先决条件是要有连续电解质液膜的存在，只有在电解质溶液中，阳极金属失去的电荷才能迁移到阴极金属表面，被去极化剂吸收。电荷在电解质溶液中迁移并伴随物质交换的过程即航空装备大气腐蚀的基本过程。

干燥空气中的航空装备结构及部附件不会发生电化学腐蚀，只有当空气相对湿度达到一定量值，能够在基材表面形成连续液膜时，才会有电化学腐蚀现象的发生。金属表面形成液膜所需要的相对湿度临界值称为腐蚀临界湿度值，其润湿时间决定了航空装备腐蚀损伤的持续时间。一般来说，腐蚀速率会随着空气中相对湿度的增大而增大。航空装备中常用材料（结构钢、铝合金等）的临界相对湿度为 60%～80%。有关资料表明，当空气中相对湿度超过 65%时，铝合金表面产生 0.001～0.012mm 厚的水膜。同时，航空装备结构表面状态、表面粗糙度也会影响临界相对湿度值及水膜厚度的大小。一般来说，金属表面粗糙度越高，其临界相对湿度值越低；金属表面越不洁净（如灰尘或盐类、腐蚀产物等），临界相对湿度值越低。

此外，相对湿度与温度、日照、风等因素的协同作用还会引起航空装备部件的干湿交替，干湿应力对表面涂层体系及复合材料会产生较大影响。以涂层、复合材料为例，涂层、复合材料在吸湿过程中会产生溶胀应力，在干燥过程中释放应力，内应力反复作用达到某一量级时即会导致开裂，形成微裂纹，导致航空装备使用寿命损伤。这种损伤效应在湿度、温度、日照、风力等因素的协同及交互作用下表现更为明显，将产生更大的破坏作用。大气相对湿度对航空装备海洋环境适应性的影响如表 2-7 所示。

表 2-7　大气相对湿度对航空装备海洋环境适应性的影响

类别	描述	影响效应
高于临界湿度	表面形成薄液膜，发生电化学腐蚀	金属腐蚀，性能下降
	表面润湿时间决定腐蚀总量	
	干湿交替，产生溶胀应力	产生微裂纹，结构完整性破坏
低于临界湿度	干湿交替，产生溶胀应力	产生微裂纹，结构完整性破坏
	金属表面状态影响临界湿度值，在一些局部位置可满足临界条件，发生局部腐蚀	局部腐蚀，裂纹源

3）日照

日照时数和日照强度决定了航空装备承受太阳辐射的量值，太阳辐射对航空装备表面高分子涂层和复合材料老化有重要影响。对于高分子材料，太阳辐射量值越高，材料老化速率越快；对于金属材料，太阳辐射量值越高，金属表面薄液膜蒸发速率越快，金属腐蚀总量越低。此外，太阳辐射的热效应还会影响航空装备表面温度和温变速率。一般来说，白天航空装备受日照作用，温度上升速率高于周围大气升温率，航空装备的温度会高于大气温度；夜晚金属散热快，温度下降速率高于大气降温率，从而会引发一定的环境效应，如凝露、热胀冷缩等。

4）风速、风向

风速对航空装备表面水膜蒸发有一定影响，会改变干湿交替频率，影响材料失效类型和失效速率。风向会影响空气中盐雾和污染介质的传播方向，改变腐蚀/老化类型。此外，细砂粒、尘土微粒等固体颗粒也会因风吹而击打航空装备表面，擦伤并产生小凹坑，这些局部缺陷易于沉积雨水或腐蚀介质，成为航空装备腐蚀或疲劳裂纹萌生的源头。

5）降雨

降雨对航空装备使用寿命的影响较为复杂，主要体现在两个方面：一个是降雨会直接在航空装备表面形成连续液膜，影响航空装备的电化学腐蚀，并在随后时间内增大空气相对湿度，增加金属表面润湿时间，增大腐蚀总量；另一个是降雨会对航空装备表面起到冲刷作用，冲掉结构表面沉积的腐蚀性介质（如 Cl⁻）和灰尘，降低介质浓度，减缓腐蚀。同时，降雨会冲掉腐蚀产物，腐蚀产物的剥离将会使裸露新鲜金属增加，加速航空装备的腐蚀。

6）盐雾

海水是由多组分盐类组成的强电解质溶液，含有多种侵蚀性介质（如 Cl⁻、Br⁻等），具有很强的侵蚀性。受海浪、潮汐、大风等因素的影响，海洋大气中含有较多的盐雾颗粒和盐雾液滴，沉降到航空装备表面会加速涂层的失效和机体金属的腐蚀。同时，沉积的盐雾颗粒也易使飞机表面形成更厚水膜，产生更持久损伤作用。一般来说，空气中盐雾含量受风向风速、海岸距离、地形地貌影响较大。离海岸线距离越远，空气中盐雾含量越低，金属腐蚀速率越小（见图 2-16）。研究资料表明，距离海岸线 40m 处碳钢腐蚀速率比距离海岸线 240m 处碳钢腐蚀速率高 12 倍。

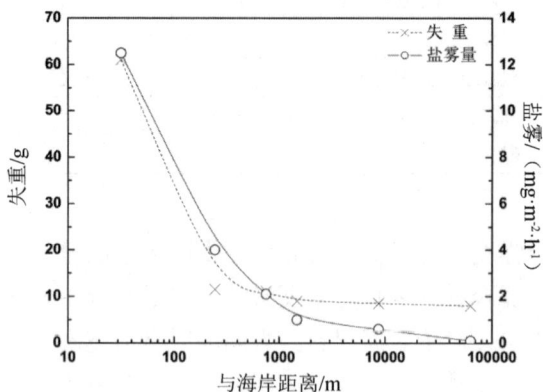

图 2-16 空气中 Cl⁻含量与腐蚀失重之间的关系

盐雾影响效应如下。

（a）腐蚀影响：电化学反应引起腐蚀；加速应力腐蚀；盐在水中电离后形成酸/

碱溶液；

（b）电气影响：由于盐沉积引起电子设备损坏；导电层产生；绝缘材料和金属腐蚀；

（c）物理影响：机械部件和组件活动部分阻塞或黏接；由电解作用导致漆层起泡。

7）化学污染物

大气环境中常见的工业化学污染物有含硫化合物（SO_2、SO_3、H_2S）、含氯化合物（Cl_2、HCl）、含氮化合物（NO、NO_2、NO_x、NH_3、HNO_3）、含碳化合物（CO、CO_2）、有机化合物等，这些化学介质会显著影响航空装备的腐蚀速率和腐蚀类型。例如，硫化物与水作用后，会产生硫酸、亚硫酸，使腐蚀电解质溶液呈现酸性，阴极腐蚀类型由吸氧反应转变为析氢反应或吸氧析氢混合反应，加速腐蚀发生。同时，酸性环境也会向金属充氢，引发氢损伤，对航空装备中的高强度材料影响极为显著。

8）固体颗粒

固体颗粒也会影响航空装备的使用寿命。大气固体颗粒组成十分复杂，除海盐颗粒外，还包括硅酸盐、碳化物、氧化物、铵盐等。固体颗粒对航空装备使用寿命的影响可分为三类：一是固体颗粒本身具有腐蚀性，如铵盐，能溶入水中形成腐蚀电解质溶液，加速航空装备的腐蚀；二是固体颗粒本身无腐蚀作用，如某些氧化物、硅酸盐，但能吸附腐蚀性物质或水汽，影响表面润湿时间；三是固体颗粒既无腐蚀性，也无吸附性，如尘埃粒子 SiO_2、$CaCO_3$ 等，但沉降到飞机表面的尘埃粒子与基体界面存在缝隙，易形成缝隙腐蚀，诱发局部位置失效。此外，大量砂尘还会使航空装备表面磨蚀、磨损；密封渗漏；电路性能降级；活动部件卡死/阻碍；热传导性降低；干扰光学特性；由于通风或冷却受限引起过热和着火等危害。

9）生物因素

在热带海洋地区，持续的高温和高湿，在阴天、背光或夜晚期间，特别适合霉菌、微生物的生长和繁殖。航空装备生物腐蚀现象一般发生在半封闭结构、发动机燃油系统、电子系统等部位。例如，半封闭结构在雨天或者湿度较大天气，潮湿空气及生物孢子容易渗入，但是又很难排出，导致长期处于潮湿环境中而引起腐蚀、霉变；燃油系统中富含微生物繁殖所需的营养，在油量泡沫、油箱底部及燃油相关扩散部位易发生微生物腐蚀；电子设备中常使用有机高分子材料（含增塑剂、油脂类化合物、含脂肪酸结构等）作为功能组件，容易被霉菌、微生物分解利用，导致有机材料劣化及金属微生物腐蚀加速。同时，电子系统相对密闭，生物繁殖隐蔽不易被发现。据统计，霉菌、微生物腐蚀/老化在金属和装备材料的腐蚀破坏中占 20%左右。

霉菌生长会改变航空装备的物理性能，因而影响航空装备的功能或使用，其主要作用如下。

（a）对材料的直接侵蚀。不抗霉材料容易被霉菌分解并作为食物而直接受到破坏。不抗霉材料有天然材料（如皮革、天然纺织品）、合成材料（如含聚氯乙烯组分、某些聚氨酯类、含有容易长霉组分的颜料和油漆）。

（b）对材料的间接侵蚀。生长在积有灰尘、油脂、汗渍和其他污染物表面的霉菌能够损坏底材，甚至可能通过底材直接侵蚀抗霉材料；由霉菌分泌代谢的产物（有机酸）腐蚀金属、蚀刻玻璃、引起塑料或其他材料的发暗或降解；与容易长霉材料相邻的霉菌的生长物会侵蚀抗霉材料。

（c）可能出现的物理影响。直接或间接侵蚀均可导致电气或电子系统损坏（霉菌生长能越过绝缘材料形成不希望有的电气通路，如它能对关键调整电路的电气特性产生有害影响）；长霉能影响光线通过光学系统的传输，阻塞精密活动件，将不潮湿表面变为潮湿表面。

在 GB4797.3《电工电子产品自然环境条件 生物》中，根据地面环境条件与有害生物的分布及其对电子设备危害程度，以及温度、湿度条件，对我国在自然环境条件下危害电子设备的生物环境条件作为区域划分。将全国划分为四个区域（见表 2-8）。以霉菌为例，温度是霉菌生长与存活的重要条件之一。适宜各种霉菌生长的温度范围是不同的，霉菌生长范围很广，已知的微生物在-10℃～95℃均可生长。但每一种菌种只在一定温度范围内生长，典型霉菌生长温度如表 2-9 所示、典型装备菌种收集分离结果如表 2-10 所示、典型菌种对金属的腐蚀效果如表 2-11 所示。某南海地区最低温度为 20℃（3 月份），月最高温度为 36℃（6 月份），月平均温度为 28℃，月均相对湿度处于 90%以上。温湿度全年均处于较高水平，且温差较小，属于高温高湿状态。在该种环境下微生物极易生长繁殖，并产生破坏性作用。此外，飞鸟也是影响航空装备海洋环境适应性最普遍，也是最危险的一种。在南海地区，海鸟随着季节更替而不断迁徙，每年冬春（3～5 月）、秋冬（9～11 月）换季期间，时值候鸟大规模迁徙，飞机在起降、飞行期间遭遇鸟击概率变大，将对航空装备使用安全产生较大影响。

表 2-8　我国地面环境条件与有害生物分布

区域	环境条件	有害生物分布
B1 区	本区气候条件复杂，虽为南温带、中温带或高原气候区，但多为干旱地区	主要有鼠类危害
B2 区	全年月平均相对湿度大于 70%，同时月平均温度大于或等于 18℃的月份达 1～2 个月。年平均相对湿度大于 60%，年平均温度达 0～5℃	霉菌，鼠类

区域	环境条件	有害生物分布
B3 区	全年月平均相对湿度大于 70%，同时月平均温度大于或等于 18℃的月份达 3~4 个月。年平均相对湿度大于 60%，年平均温度达 10~15℃	本区生物活动较为频繁，存在霉菌、鼠类、蚊类、鸟类等主要生物的危害
B4 区	全年月平均相对湿度大于 70%，同时月平均温度大于或等于 18℃的月份达 5 个月以上。年平均相对湿度大于 70%以上的月份达 10 个月，全年多雨季达 2~3 个月	本区生物活动频繁，存在各种生物的危害

表 2-9　典型霉菌生长温度

霉菌	生长温度/℃		
	最低	最佳	最高
黑曲霉	14	30~35	40
葡萄曲霉	6	30	—
灰绿青霉	1	25~27	31~36
青　霉	—	17~19	30
分枝毛霉	4	20~25	31
多孢霉	0	27~32	40

表 2-10　典型装备菌种收集分离结果

部门	菌种数	材料种类	结果（按活性排序）
航空	12	12	黑曲霉、黄曲霉、土曲霉、宛氏拟青霉、绳状青霉、短柄帚霉、绿色木霉、杂色曲霉、球毛壳霉
电子	7	8	黑曲霉、杂色曲霉、黄曲霉、球毛壳霉
船舶	31	16	黑曲霉、杂色曲霉、黄曲霉、球毛壳霉、绳状青霉

表 2-11　典型菌种对金属的腐蚀效果

菌种	金属（直径/mm）		
	钢（0.415）	铜（0.070）	铝（0.420）
葡萄状穗霉属	无作用	无作用	无作用
球毛壳霉	无作用	无作用	无作用
黑曲霉	不定形碎	强度降低 80%	破裂
安氏曲霉	破裂	减弱	减弱
圆弧青霉	破裂	减弱	减弱
短密青霉	破裂	减弱	减弱
宛氏拟青霉	强度严重降低	减弱	减弱

10）海洋大气综合环境效应

本节详细阐述了各大气环境因素对航空装备环境适应性的影响，但飞机在实际使用过程中受到的是多种因素共同作用的结果，各因素并不单独存在，同时或部分同时作用在航空装备上，且处在不断变化中。这种综合环境影响效应很难通过简化手段进行分析，需要尽可能针对各因素特点进行综合或组合考虑，大气环境因素组合作用对航空装备海洋环境适应性影响如表 2-12 所示。

表 2-12　大气环境因素组合作用对航空装备海洋环境适应性影响

大气环境因素		影响效应
湿度	降雨	增加空气中的相对湿度，增加航空装备表面润湿时间
	温度	改变表面液膜的凝露与蒸发，影响腐蚀总量
	温度	改变湿气对材料的渗透率，影响涂层体系失效速率
	温度、营养物质	微生物繁殖，微生物腐蚀
	温度、日照	改变高分子材料老化速率，影响涂层、复合材料失效速度
	温度、日照	改变涂层、复合材料等在吸湿过程中的溶胀应力，影响涂层的附着力、复合材料裂纹数量
	温度、日照、风向风速	改变干湿交替频率，航空装备结构及其防护体系造成综合损伤
盐雾、化学介质等	湿度	改变电解质溶液浓度，影响腐蚀速率和腐蚀持续时间
	降雨	冲刷航空装备表面腐蚀性介质，降低腐蚀介质浓度，减缓腐蚀
	湿度、温度	改变电解质溶液的侵蚀性，影响腐蚀速率
	风向、风速	改变盐雾、化学介质在空气中的含量，影响腐蚀类型和腐蚀速率
日照	温度	改变结构膨胀或收缩速率，影响航空装备结构与表面防护体系的结合力
	温度、湿度	改变涂层、复合材料老化速率
	温度、湿度、盐雾	对航空装备结构及其防护体系起到综合破坏作用
固体颗粒	湿度	尘埃粒子（SiO_2 或 $CaCO_3$ 等）落到金属表面易形成缝隙腐蚀，局部位置腐蚀失效
	风向、风速	细砂粒和尘土微粒等固体颗粒会因风吹而击打飞机表面，易擦伤表面结构并产生小凹坑成为腐蚀和疲劳裂纹萌生的源头

2.3　保障因素的识别与分析

综合保障是保证航空装备使用安全的重要手段。一般来说，航空装备的腐蚀防护以预防性措施为主，以补救性措施为辅。从设计阶段开始就根据将来可能遭遇的环境和功能损伤制定控制方案，并采取合适的保障措施来保障航空装备的使用安全。

然而，即使在设计和制造阶段采取了大量的控制措施，航空装备在使用过程中还是会发生一定程度的腐蚀失效，必须重视日常保养、维护维修等保障因素对航空装备在海洋大气环境下腐蚀行为的影响。

2.3.1　保养因素

在日常保养方面，清洗、缓蚀是航空装备主要日常保养手段。航空装备在停放或使用过程中，机体及部附件会附着一定量腐蚀性介质（如 Cl⁻）、灰尘、金属碎屑或残留油污（变质机械油、润滑油）等各种有害物质。对航空装备进行清洗、缓蚀的方法、频次在一定程度上会影响航空装备环境适应性，所选清洗剂、缓蚀剂、清洗频率和缓蚀频率需要合理选择确定。

1）清洗

航空装备的清洗剂主要用于机身外表面或机舱内部某些部位的清洗。针对其表面污垢、位置的情况，可选用不同类型的清洗剂。用于航空装备表面的清洗剂主要有三大类：水、溶剂型清洗剂和水基清洗剂（分为通用型和重污型）。此外，还有一些特种清洗剂，如有研磨作用的含研磨剂的清洗剂，不会划伤清洗表面的含特种橡胶微粒清洗剂等，对于航空装备内、外表面某些部件上的顽固性污垢有较好地去除效果。

水虽然廉价易得，但清洗效果有限，仅能清洗部分可溶的盐。溶剂型清洗剂清洗能力最强，除油速度也很快。但因为溶剂型清洗剂含有芳香烃溶剂易燃，并且容易污染环境，所以在使用前必须考虑环境和废水处理等问题，禁止在通风不畅的地方使用溶剂型清洗剂。

水基清洗剂是应用范围最广的清洗剂，具有无污染、操作安全、运输方便的优点，不仅可清洗可溶的盐，对油类污垢也有相当的清洗能力，广泛用于航空装备内、外表面一般污垢的清洗，特别是受通风条件限制无法使用的位置（如驾驶舱、舱底、设备舱等）。

国外波音、空客等飞机制造公司在各自的飞机维护修理手册中，均严格规定了符合要求可供选用的飞机表面清洗剂材料牌号，包括 Ardrox 6025、Aerow ash、Gee-Bee 280、B&B C-717、B&B 2020 Plus、B&B 713 Jet、Gee-Bee A-13、Gee-Bee A-693、Gee-Bee A-694 等。部分国外航空装备清洗剂信息如表 2-13 所示。

表 2-13　部分国外航空装备清洗剂信息

清洗剂	适用标准	类型	清洗部位	产品
飞机外表面清洗剂	MIL-PRF-85570	Type I 半水基型	涂漆外表面	Calla Solve120
		Type II 水基型		Calla 855

续表

清洗剂	适用标准	类型	清洗部位	产品
飞机外表面清洗剂	MIL-PRF-85570	Type III 溶剂型	未涂漆外表面难以清洗的污垢	Turco 6709、Turco 6226
		Type IV 溶剂型		
		Type V 溶剂型		
座舱盖外表面清洗剂	P-P-560 TT-N-95	溶剂型	清洗座舱罩和挡风玻璃	石脑油
发动机清洗剂	MIL-C-85074	水基浓缩、溶剂乳化型	发动机离线清洗	Turco 5884
电子元器件	MIL-PRF-29608	溶剂型	电气插头、接头和开关的清洗	LPS NoFlash
干洗脱脂剂	MIL-PRF-680	溶剂型	设备零部件的维护，也用于飞机舱底区域、起落架和轮舱、控制电缆的脱脂清洗	CO43

在清洗过程中，根据清洗区域的污染程度，按照表面清洗剂的使用说明书，将其兑水稀释为合适浓度的清洗剂，波音公司飞机维护手册中推荐了清洗剂的用水量，如表 2-14 所示。

表 2-14　波音公司飞机维护手册部分清洗剂推荐用水量

序号	清洗剂	轻度污染	中度污染	重度污染
1	Super Bee 210 cleaner, B50114	10	4	2
2	Ardrox 6025 aircraft cleaner, B01023	9	5	1
3	Metaclean AC solvent, B00434	10	4	2
4	Dubois C-1102 cleaner, B00013	10	4	3
5	Calla 301 cleaner, B00014	10	4	3
6	Turco JetClean E cleaner, B00325	10	5	3

近年来，国内相关科研单位也研制了多种类型的飞机及发动机清洗剂产品，其性能与国外同类水平相当。大多数研制的清洗剂为水基清洗剂，也包含一部分溶剂型清洗剂。

a. AHC-1 和 AHC-5。

AHC-1 飞机表面水基清洗剂和 AHC-5 飞机表面水基乳化型清洗剂是参照美国标准 MIL-C-85570B 及 MIL-PRF-85570D 的技术指标研制的。AHC-1 清洗剂的类型为通用型，对飞机表面普通型油污去污效果良好。AHC-5 清洗剂的类型为重污型，对飞机表面普通型油污及含润滑油、液压油等顽固性油污均有良好清洗效果。AHC-1 飞机表面水基清洗剂含表面活性剂、无机缓释剂、有机缓蚀剂及少量助剂，对飞机表面油污具有良好的去除能力，能有效地抑制飞机表面金属材料的均匀腐蚀、点蚀、缝隙腐蚀，不会引起氢脆，对飞机表面非金属材料无不良影响，稳定性较好。

b. RJ-1 溶剂型飞机清洗剂。

RJ-1 溶剂型飞机清洗剂由溶剂、助剂、缓释剂等多种组分复配而成。RJ-1 溶剂型飞机清洗剂的应用范围不仅包括飞机日常维护中的零部件、飞机内部不易采用水基清洗剂的部位、重油污区域及破损涂层的清洗，而且包括飞机维修中整机、零部件和不附加的清洗。RJ-1 溶剂型飞机清洗剂符合 MIL-PRF-32295 的技术指标要求，闪点在 60℃以上，可以代替汽油等低闪点溶剂应用于飞机维护/维修，是一款可自然挥干、无残留的安全高效型溶剂飞机清洗剂，可解决汽油等传统洗涤溶剂使用安全性差、清洗效果不佳等问题，满足飞机清洗安全性和高效性的要求。

c. TFQX-1 水基清洗剂。

TFQX-1 水基清洗剂是参考 GJB5974 和 MIL-PRF-85570D 等标准研制的水基清洗剂，类型为通用型，可应用于飞机外表面的防腐蚀去污清洗及腐蚀损伤修理中的表面清洗，也可用于其他地面设备、装备维护过程中的表面防腐蚀清洗，但不可用于起落架作动筒、座舱罩、雷达罩、天线等特殊部位的清洗。具体使用方法：根据待清洗表面的污染情况，将原液稀释至一定比例后喷洒在表面，浸润 5min 后再进行清洗；清洗时以泡沫形式涂覆在表面，清洗效果更佳；清洗完后再用清水冲洗干净。清洗剂推荐使用浓度为轻度污染物（砂土、粉尘、污物、盐、游离的油烟），体积比为 1∶9；中度污染物（液压油、润滑油、防腐剂），体积比为 1∶4；重度污染物（碳化油、老化的防腐剂、油脂、积碳），体积比为 1∶2；也可以根据实际情况，合理调配浓度。

d. TFQX-3 溶剂型干洗剂。

TFQX-3 溶剂型干洗剂是以 MIL-PRF-680D 为标准研制的溶剂型清洗剂，主要用于清除飞机外表面的重油污/油脂；飞机中不能用水清洗的部位/区域，如电子元器件、电缆、飞机起落架作动筒等，可用于腐蚀损伤修理中金属零部件、飞机涂漆/非涂漆表面的除油和脱脂，也可用于其他地面设备、装备的表面清洗，但禁止在硅橡胶类密封剂表面使用。具体使用方法：在常温下不兑水稀释，直接喷洒在待清洗表面进行擦洗；在低于产品闪点的温度下进行清洗，一般不要超过 40℃；清洗完后不需要用清水冲洗干净，产品可自行挥发，不会残留在清洗表面；也可用作超声波清洗机的清洗介质。

图 2-17 是航空装备蒙皮模拟连接件清洗组、对照组试验 1 年，色差、光泽度测试结果（清洗周期每月 1 次）。从测试结果中可以看到，在光泽度指标上，清洗组失光率持续下降，对照组失光率数值波动较大，试验 1 年后，清洗组样件失光率小于对照组；在色差值指标上，对照组和清洗组色差变化情况一致；试验 1 年后，清洗组色差值小于对照组。清水清洗会减缓样件涂层失光、变色。清水清洗可以减缓样件的失光、变色，飞机清洗频次和方法将对航空装备安全服役产生影响。在实际使

用工作中，需要合理确定清洗剂、清洗设备、清洗实施规范、清洗时机等细节工作，尽量避免"欠保养""过保养"的维护方式，提高使用安全性，减少服役成本。

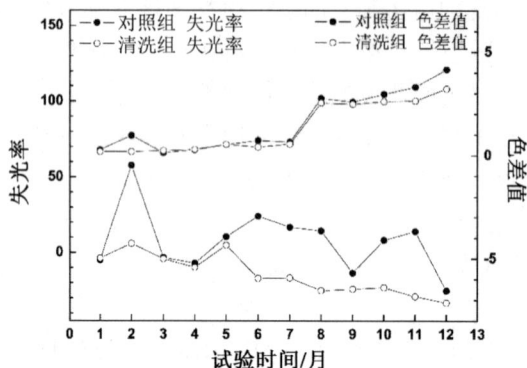

图 2-17　清洗组、对照组色差、光泽度测试结果

2）缓蚀

航空装备上使用缓蚀剂是一种成本低、操作方便地减缓或抑制航空装备大气腐蚀的方法。缓蚀剂又称防腐剂，为石油衍生物和特殊添加剂的混合物，可通过防止腐蚀介质接触裸露金属表面，来保护航空装备及其设备金属零件和部件。缓蚀剂不仅可用于航空装备使用过程中的维护，也可用于航空装备零部件在制造、储存、运输及航空装备在长期停放过程中的防护。目前，缓蚀剂在国外生产、维护中已得到广泛应用。美、英等国已将缓蚀剂列为航空装备腐蚀控制维护技术的一项重要内容。

缓蚀剂可分为硬膜缓蚀剂、软膜（油膜）缓蚀剂和糊状缓蚀剂等。其中，硬膜缓蚀剂渗透性好，水置换性好，干燥后形成一层较硬的防护层，耐久性较好；软膜缓蚀剂渗透性好，能够渗入到裂纹、缝隙、接合面空隙、紧固件周围和铰链中，其有效周期比硬膜缓蚀剂短；糊状缓蚀剂主要用于可卸紧固件的腐蚀防护安装。目前，缓蚀剂在国内外飞机中已得到广泛应用，用于提高飞机的抗腐蚀性能。波音公司专门颁发了《腐蚀控制手册》，规定所有飞机在出厂前和结构维护及大修时应严格按工艺规程喷涂缓蚀剂实现腐蚀防护。目前，波音公司缓蚀剂已历经四代变化（第一代：AV8、LPS；第二代：AV100D、AV25；第三代：AV30；第四代：AV15、Cor-Ban35），性能越来越优越，功能越来越全面，四代产品分别符合波音规范 BMS3-23、BMS3-26、BMS3-29 和 BMS3-35 的要求。

目前，国外应用较成熟的缓蚀剂产品有 CORROSIONX 系列、LPS 系列、ARDROX 系列、Cor-Ban 系列等（见图 2-18），它们作为控制腐蚀产生及其扩展的一种有效手段，缓蚀剂已经在国外飞机生产、维护中得到广泛的应用。同时，国外编制了一系列的相关缓蚀剂标准，如 MIL-DTL-85054《重防腐水置换型缓蚀剂》、MIL-PRF-81309《水置换型缓蚀剂》、MIL-L-87177《水置换型缓蚀剂波音规范》、MIL-PRF-16173《溶剂稀释型、冷态喷涂缓蚀剂》，以规范缓蚀剂的使用。

图 2-18　国外成熟的缓蚀剂系列产品

国内缓蚀剂品牌主要有硬膜缓蚀剂（TFHS-15、YTF-3）、软膜缓蚀剂（TSN-7、TFHS-10）、糊状润滑缓蚀剂（TFHS-25）、湿膜润滑缓蚀剂（TFHS-20）等，各型缓蚀剂基本情况如下。

a. YTF-3、TFHS-15 硬膜缓蚀剂。

在使用缓蚀剂之前，应擦去被防护表面的尘土、杂质及过多水分。用于橡胶、塑料制品、电缆及电线附近时，涂覆前要将这些部位隔开或用包覆物保护，涂覆后将包覆物除去；用于新漆层表面时，漆层需要充分干燥。刷涂时，用毛刷蘸取缓蚀剂溶液直接涂覆在被保护表面；喷涂时，在距被保护表面约 30cm 处，使缓蚀剂呈雾状喷出，在金属表面覆盖一层薄而均匀的缓蚀剂。第一层涂覆后，干燥 0.5h，刷涂或喷涂第二层缓蚀剂。必要时，可用汽油或丙酮除去缓蚀剂膜层，再重新涂覆。

b. TSN-7、TFHS-10 软膜缓蚀剂。

在使用缓蚀剂之前，应擦去被防护表面的尘土、杂质及过多水分。用于橡胶、塑料制品、电缆及电线附近时，涂覆前要将这些部位隔开或用包覆物保护，涂覆后将包覆物除去。刷涂时，用毛刷蘸取缓蚀剂溶液直接涂覆在被保护表面，用抹布擦去流淌的缓蚀剂多余物。通常情况下，每隔 30 天将软膜缓蚀剂用煤油、汽油清洗后再重新涂覆，可视实际情况调整涂覆周期。

c. TFHS-20 湿膜润滑缓蚀剂。

同上。

2.3.2　维护因素

在维护因素方面，航空装备在出现一定程度的腐蚀问题后就需要采取适宜的措施对其进行修复，以保持机体结构及部附件原有功能和强度标准。航空装备的腐蚀维修过程大致包括腐蚀检查、去腐蚀产物、补漆、补强、换件等环节。维修类型大致可分为两类：一类是在外场维修（去腐蚀产物、补漆）；另一类是进厂大修。常用的机体结构维修手段有打磨、钻孔、补强、胶接、焊接、更换、密封等；部附件维修一般采取更换的方式，通过对航空装备进行维护维修，可提高航空装备在大气环境下的耐久性和损伤容限特性。

1）腐蚀损伤等级评定

腐蚀损伤等级评定是确定腐蚀防护与控制修理方案的核心问题。腐蚀级别取决于腐蚀的"腐蚀原因""腐蚀类别"和"腐蚀程度"。"腐蚀原因"是偶然因素还是非偶然因素、"腐蚀类别"是局部腐蚀还是蔓延腐蚀、"腐蚀程度"是否超出允许损伤极限，是腐蚀评级的决定因素。美国波音飞机基于"腐蚀原因""腐蚀类别"和"腐蚀程度"，建立了详细的腐蚀损伤等级的评定方法及腐蚀损伤报告程序（见图 2-19），高效指导了现役飞机的维护与修理工作。

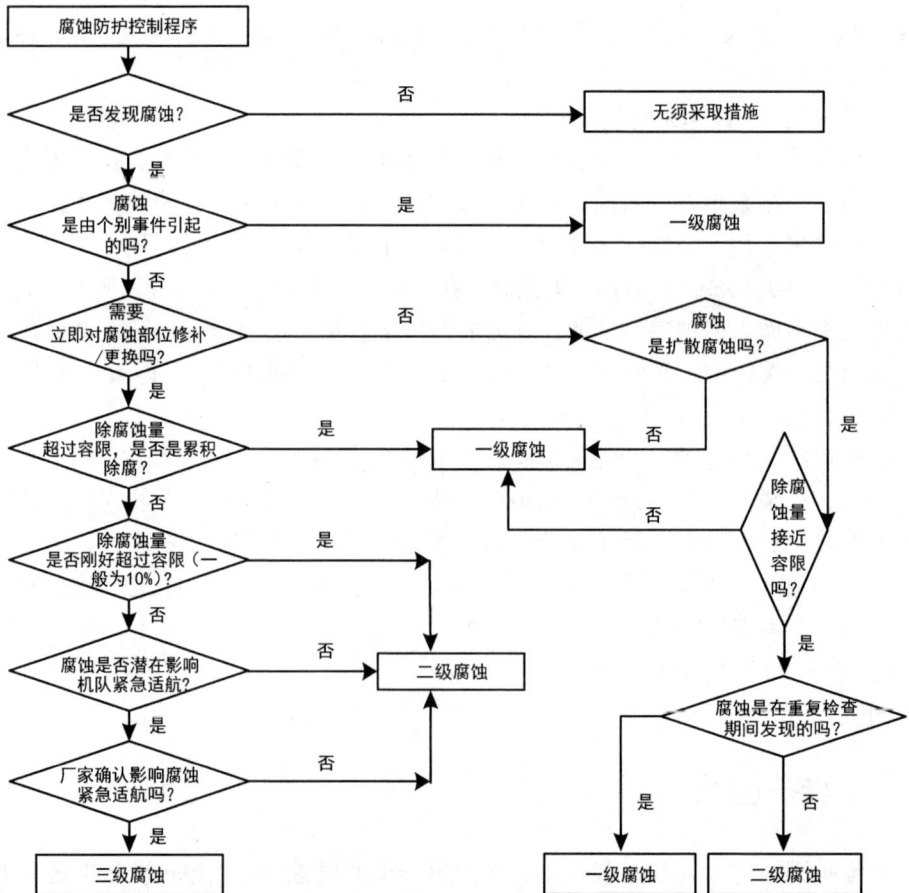

图 2-19　波音飞机腐蚀等级的逻辑图

a. 损伤程度微不足道。

需要清洁除蚀、防蚀处理及合适的涂层喷涂工作。

b. 轻度腐蚀。

腐蚀深度/厚度小于原结构厚度的 10%，损伤不影响强度、刚度和使用功能时，采用"表面衬补法"修理。

c. 中度腐蚀。

腐蚀深度/厚度达原结构厚度的 10%～20%，通过补强片加强可恢复其原始强度时，采用镶嵌法修理。

d. 严重腐蚀。

腐蚀深度/厚度超出原结构厚度的 20%，损伤过于严重或修理不完全可靠时需要进行结构换件修理。

2）去涂层及去腐蚀

探测到腐蚀时，采取修复措施。当腐蚀可维修范围在指定的可维修限度内时，一般在场站修复调整，包括涂层去除、清洗、腐蚀去除、处理，以及敷涂保护层和缓蚀剂，以保证航空装备安全、高效使用。

a. 去涂层。

涂层主要通过专用航空褪漆剂、打磨等方法去除。

b. 去腐蚀。

腐蚀主要通过机械方法去除，包括用砂纸或者金属纤维手工打磨去除腐蚀（轻微腐蚀）；用打磨片打磨或者抛光去除腐蚀（中度腐蚀）；用砂轮和压缩空气驱动的喷砂（包括玻璃丸喷砂）去除腐蚀（严重腐蚀）。去腐蚀时应将应力集中降到最低，去除腐蚀后要对腐蚀修理区域进行过渡（见图 2-20 和图 2-21），再测量修理深度，以便确定光滑过渡后的深度是否超出修理限制。典型铝合金去腐蚀方法如下。

对去腐蚀邻近区域进行全面保护，防止去腐蚀过程中的腐蚀粉尘造成相邻区域进一步损伤。如果腐蚀修理区域有油脂或污垢，那么先进行清洁，并测量腐蚀损伤尺寸。

对于轻度腐蚀，采用手工砂纸打磨去除；

对于中度腐蚀，采用耐蚀钢丝刷（刷毛直径不超过 0.25mm）机械方法去除；

对于重度腐蚀，采用硬质合金刮刀、400 号氧化铝砂纸、细圆锉、耐蚀钢刷去除。

去除后，平滑过渡修理区域，清洁修理区域。

测量修理深度，确认腐蚀修理去除材料在最大允许损伤尺寸范围内。

恢复腐蚀修理区域表面保护层。

如果腐蚀区域包括邻近紧固件，去腐蚀前应先拆除紧固件。

注：已清除蚀坑内所有
疏松腐蚀产物

（a）腐蚀损伤修理前

注：所有腐蚀已去除、毛边已过渡
光滑，但形状不符合要求

（b）腐蚀清除后的凹坑

晶粒纵向

注：腐蚀修理区域符合图（b）
过渡斜率要求

（c）腐蚀损伤修理结束

图 2-20　单个腐蚀打磨凹陷区域

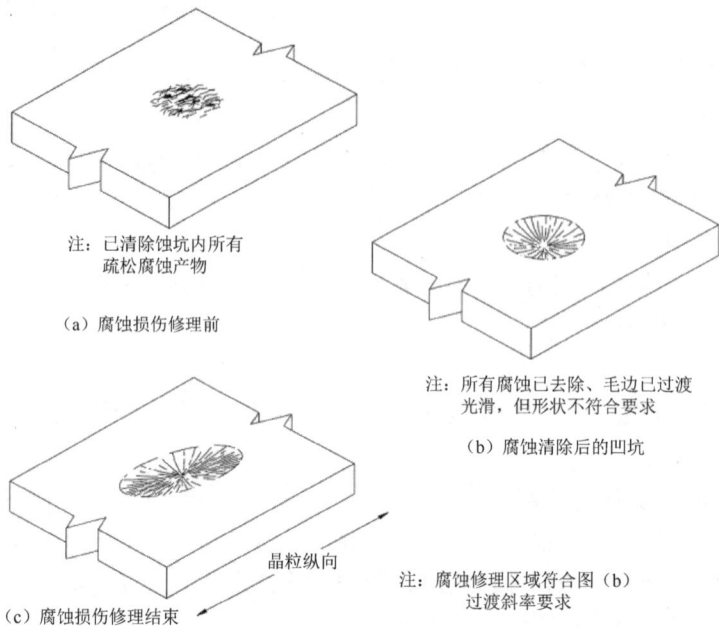

腐蚀损伤清除前

晶粒横向

10D
MIN

5D
MIN

腐蚀清除后的凹坑

晶粒纵向

A

腐蚀清除、凹坑过渡后

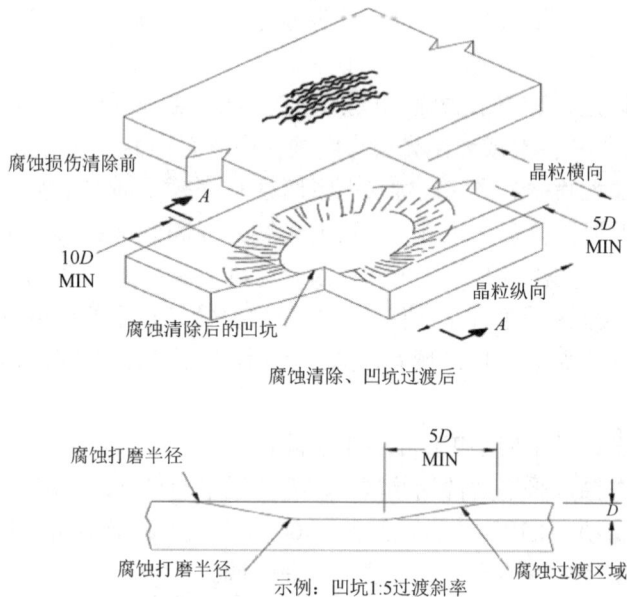

腐蚀打磨半径

5D
MIN

D

腐蚀打磨半径

示例：凹坑1:5过渡斜率

腐蚀过渡区域

注：
D=腐蚀清除深度
（1）参见结构修理手册确定最大允许修理深度。
（2）因为不同凹坑区域的最大深度不同，凹坑区域尺寸不同。
（3）除非修理要求不同，都使用相同的过渡斜率。

图 2-21　多个腐蚀清除凹陷区域

c. 表面处理。

腐蚀去除或修理后，为了阻止腐蚀的再次发生，对大部分裸露在外的金属表面进行表面处理，包括在金属表面生成化学氧化膜层、电镀或者喷涂一薄层保护膜层。以铝合金为例。

铝及其合金暴露在空气中，一层透明的氧化膜会自然地在其表面生成。在一般的环境下，这层氧化膜可以阻止腐蚀的发生，但在容易产生腐蚀的区域，这层氧化膜层是不够的，还需要更深层次的腐蚀防护处理。

参照相应腐蚀修理方法完成铝合金的腐蚀修理后，清洁表面并进行化学氧化处理。化学氧化处理会生成一层厚度为 0.000254～0.0127mm 的非金属铬酸盐化合物，并附着在铝合金结构表面。这层非金属铬酸盐化合物不仅可以阻止腐蚀发生，还可以为底漆提供较强的黏结力。

铝合金表面的化学氧化膜层可以通过对表面进行阿洛丁处理或 Iridite 处理得到。两种处理方法所用的化学溶液不一样，但是都可以通过购买常用的化学品调配得到。

视情况恢复漆层、填补密封剂。

d. 补强。

补强包括非补片修理技术及补片（加强件）修理技术两类。非补片修理技术包括电刷镀修复技术、激光熔覆修复技术、冷喷涂修复技术等。补片修理技术包括金属补片机械修理技术、复合材料补片胶接修补技术。

电刷镀修复技术：使用专用阳极在零件表面局部做相对运动，快速沉积金属镀层。

激光熔覆修复技术：利用高能密度激光束（10^4～10^6W/cm²）使某种特殊性能的材料熔覆在基体材料表面与基材相互熔合，形成与基体成分和性能完全不同的合金熔覆层。

冷喷涂修复技术：低温（室温～600℃）、高速（300～1200m/s）的固态粒子与基体发生塑性碰撞，通过产生较大的塑性变形而沉积于基体表面，从而实现涂层的沉积。

金属补片机械修理技术：采用耐久性和损伤容限设计方法进行补强修理。

复合材料补片胶接修补技术：将高性能纤维增强复合材料补片、高强度胶黏剂在加热加压条件下胶接在结构腐蚀部位，缓解腐蚀损伤部位应力集中程度，延长使用寿命。

图 2-22 所示为螺栓维修失效历程。图 2-23 所示为铆钉维修对比失效历程。试验样件在涂层或基体金属失效后撤回厂家进行维修，维修后继续开展试验，以此研究维修保障对航空装备环境适应性的影响。

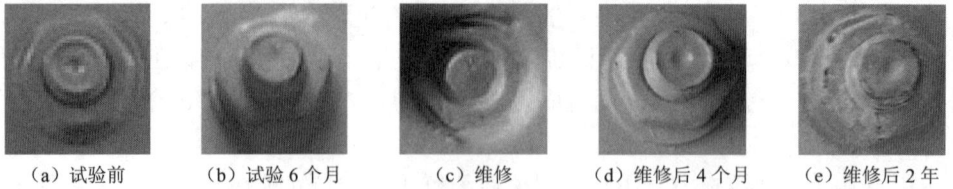

| （a）试验前 | （b）试验6个月 | （c）维修 | （d）维修后4个月 | （e）维修后2年 |

图 2-22　螺栓维修失效历程

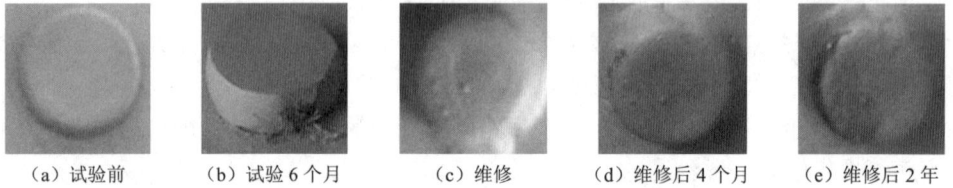

| （a）试验前 | （b）试验6个月 | （c）维修 | （d）维修后4个月 | （e）维修后2年 |

图 2-23　铆钉维修对比失效历程

从图 2-22 中可以看出，装配后螺栓在海洋大气试验 6 个月时开始出现失效，螺栓棱角处涂层首先剥落，试样发生腐蚀。随后，样件返修，去腐蚀产物、打磨、补漆（维修周期 2 个月），待样件重新投入试验 4 个月时，螺栓棱角处涂层再次破裂，并随着试验时间延长，红锈面积不断增多，基体金属腐蚀程度不断增大。

从图 2-23 中可以看出，装配后铆钉在海洋大气试验 2 个月后出现失效，铆钉棱角处涂层剥落并伴有红锈。随后，维修组样件返修（维修周期 2 个月），待样件重新投入试验 2 个月时，铆钉棱角处涂层再次破裂，并随着试验时间的延长，红锈面积不断增多，基体金属腐蚀程度不断增大。

因此，在开展航空装备维护工作时，对于螺栓、铆钉，建议在飞机使用 0.5 年左右时进行补漆涂覆，且二次维修时间将比首次维修时间要短，以保障飞机使用安全。在实际工作中，需要合理确定航空装备的维修方法、维修时机、维修间隔，形成有效、安全、经济、规范的操作流程，对维修成本、维修性能进行严格、科学管控。

第3章

典型海区环境谱编制与量化分析

本章收集了我国南海、东海、黄海等典型海域基础大气环境因素数据，包括温度、湿度、日照、气压、降雨、风向、风速等气象环境因素数据，以及氯离子含量等化学介质数据。在此基础上，分析基础环境因素数据，筛选对航空装备腐蚀、老化有贡献的主要环境参数。深入统计分析，量化不同环境因素作用强度、作用时间、作用次数及其所占比例，定量描述航空器所经受的频率—强度历程，编制相应的温度—湿度谱等，对典型海区开展环境严酷度分级，论述典型局部环境效应特点。

3.1 环境谱的编制

3.1.1 时域分析

按时域对各环境参数统计分析，可得到日均值、日极值、累积值等统计信息，获得时间—环境参数变化曲线。

3.1.2 频域分析

1）温度—湿度

量化温度、湿度因素作用强度、作用时间、作用次数及其所占比例，描述频率—强度历程。温度：$-10℃\sim40℃$，按5℃为一个等级，划分为10级进行统计；相对湿度：$35\%\sim100\%$，按5%相对湿度为一个等级，划分为13级。

2）降雨

量化降雨因素作用强度、作用时间、作用次数及其所占比例，描述频率—强度历程。降雨：降雨量初步按30 mm/月为一个等级，划分为12级。

3）日照及太阳辐射

量化日照及太阳辐射因素作用强度、作用时间、作用次数及其所占比例，描述频率—强度历程。日照时数：初步按 30 小时/月为一个等级，划分为 12 级；太阳辐射：初步按 20MJ/（m²·月）为一个等级，划分为 12 级。

4）氯离子

量化氯离子因素作用强度、作用时间、作用次数及其所占比例，描述频率—强度历程。氯离子含量：初步以 200mg/（m³·月）为基准单位，划分为 11 级。

3.2 典型海区环境谱的编制

本书收集了黄海、东海、南海典型地区大气环境数据。通过对收集的气象数据进行处理与分析，确定对航空装备大气腐蚀有主要贡献的环境参数，量化不同环境参数的作用强度、作用时间、作用次数及其所占比例，定量描述航空装备所经受的频率—强度历程，编制相应的温度—湿度谱、降雨谱、日照—辐射谱，以及极大风速谱。

3.2.1 黄海海区

1）黄海海区介绍

黄海是太平洋西部的边缘海，是西太平洋典型的一个半封闭边缘海，它位于我国与朝鲜半岛之间，是一个近似南北向的半封闭海。黄海的环境属温带海洋性气候，年均温度、湿度适中，年均风速较低，降雨量较少，太阳辐射总量较低。

2）黄海海区典型地区气象数据的收集与量化分析

黄海海区典型地区环境因素变化规律如图 3-1 所示。分析结果如下。

a. 温度［见图 3-1（a）］。年最低温度为-6.5℃（1 月），年最高温度为 34.3℃（8月），年平均温度为 14.0℃。

b. 湿度［见图 3-1（b）］。年平均相对湿度为 74.7%，年平均月润湿时间为 312.5h（RH>80%）；11～12 月平均相对湿度较低，为 58.4%，11 月润湿时间为 39h；6～8月平均相对湿度较高，7 月润湿时间高达到 732h；全年润湿时间总量为 3749.5h，占全年时间比例的 41.9%，处于高润湿状态。

c. 风向风速［见图 3-1（c）］。年平均风速为 1.2m/s，年最大风速为 10.3m/s，1月、2 月、8 月、9 月、10 月、11 月、12 月盛行北西北风，为全年盛行风向，8～12月风速值相对处于较高水平。当风速大于 10.3 m/s 时，会对航空装备的使用造成明显的影响，故需要统计每年风速大于 10.3 m/s 的天数占全年份的百分比。

d. 降雨量和降雨时间［见图 3-1（d）］。降雨量在 6～10 月相对较高，7 月累积降雨量可达 235.8mm，年累积降雨日数为 70 天，年累积降雨量为 666.9mm。

　　e. 日照时间及太阳辐射量［见图 3-1（e）］。月最低日照时数为 138h（9 月）、月最低总辐射量为 10.4MJ/m²（12 月）；月最高日照时数为 208.9h（4 月）、月最高总辐射量为 240.3MJ/m²（5 月）；月平均日照时数为 177.2h、月平均总辐射量为 133.3MJ/m²，年累积日照时数为 2184.6h，年累积总辐射量为 1799.7MJ/m²。

　　f. 氯离子沉降量［见图 3-1（f）］。氯离子沉降量在 1～4 月呈现逐渐上升的趋势，而在 5～12 月呈现波动上升的趋势。

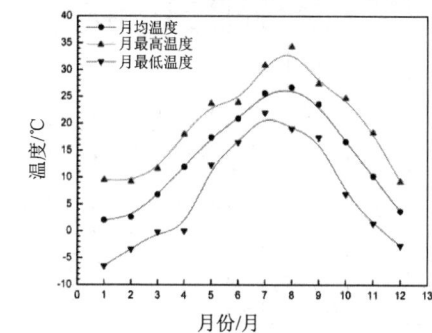

（a）温度变化规律

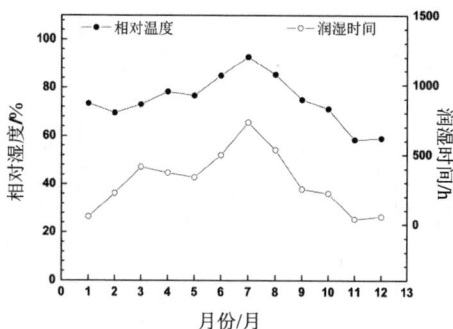

（b）湿度变化规律

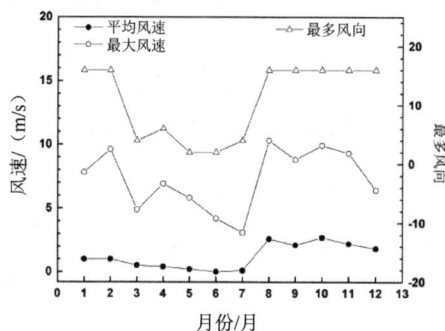

（c）风向风速变化规律

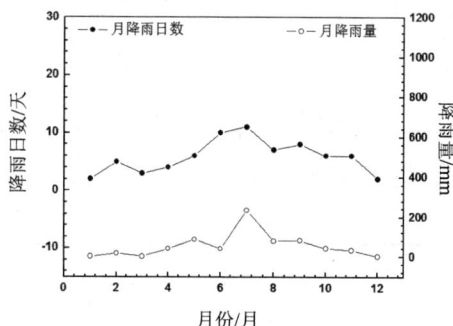

（d）降雨变化规律

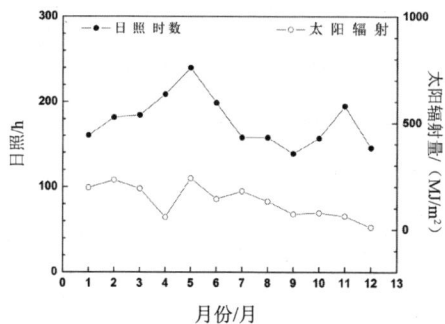

（e）日照变化规律

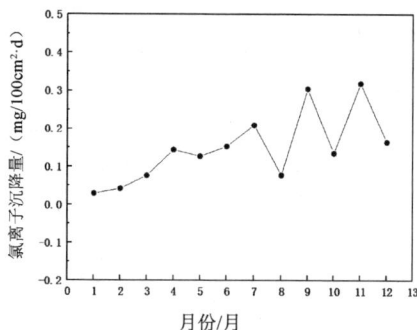

（f）盐雾变化规律

图 3-1　黄海海区典型地区环境因素变化规律

3）黄海海区典型地区使用环境谱的编制

a. 温度—湿度谱（见表3-1）。

表3-1　温度—湿度谱

温度/℃	作用时间比例/%														
	相对湿度/%														
	<35	35~40	40~45	45~50	50~55	55~60	60~65	65~70	70~75	75~80	80~85	85~90	90~95	>95	合计
<-10	0	0	0	0	0	0	0	0	0	0	0	0	0	0	0
-10~-5	0	0	0	0	0	0.02	0.05	0	0	0	0	0	0	0	0.07
-5~0	0	0.03	0.10	0.23	0.60	1.36	1.10	0.9	0.09	0.01	0.05	0.05	0.09	0	4.6
0~5	0.29	0.40	0.71	1.21	2.37	2.19	1.86	1.41	1.44	1.13	1.54	1.70	0.68	0	16.9
5~10	0.03	0.66	0.85	1.25	1.52	1.42	1.34	0.91	0.89	0.93	2.29	2.39	2.55	0	17.0
10~15	0	0.26	0.13	0.05	0.58	1.05	1.72	1.44	1.25	1.19	1.10	1.73	2.23	0.23	12.9
15~20	0.03	0.02	0.14	0.36	0.63	1.06	1.71	1.53	1.52	2.54	1.84	1.38	1.52	0.92	15.2
20~25	0.05	0.10	0.09	0.09	0.31	0.48	0.60	1.04	1.93	2.79	1.89	2.18	3.87	3.88	19.3
25~30	0.09	0	0.02	0.07	0.20	0.22	0.12	0.37	0.49	1.15	1.90	2.47	4.7	1.88	13.7
30~35	0	0	0	0	0	0.02	0.05	0.04	0.05	0	0.10	0	0	0	0.26
>35	0	0	0	0	0	0	0	0	0	0	0	0	0	0	0
合计	0.49	1.46	2.04	3.26	6.20	7.80	8.53	7.68	7.66	9.73	10.7	11.9	15.6	6.91	100

b. 降雨谱（见表3-2）。

表3-2　降雨谱

统计	月份											
	1月	2月	3月	4月	5月	6月	7月	8月	9月	10月	11月	12月
降雨日数占全年比例/%	0.55	1.37	0.82	1.10	1.64	2.74	3.01	1.92	2.19	1.64	1.64	0.55
占全年比例/%	0.40	2.61	0.54	6.19	13.09	6.13	35.36	12.01	12.34	6.25	4.84	0.22
月降雨量/mm	2.7	17.4	3.6	41.3	87.3	40.9	235.8	80.1	82.3	41.7	32.3	1.5
年降雨量/mm	666.9											

c. 日照—辐射谱（见表3-3）。

表3-3　日照—辐射谱

	1月	2月	3月	4月	5月	6月	7月	8月	9月	10月	11月	12月	总计
日照时数/h	159.9	148.5	229.8	201.3	274.8	143.4	164.3	202.7	150.5	209.1	126.9	173.4	2184.6
太阳辐射/(MJ/m²)	196.8	231.4	192.5	58.8	440.3	144.0	179.6	132.1	72.9	77.9	63.0	10.4	1799.7

d. 极大风速谱（见表3-4）。

表 3-4　极大风速谱

	1月	2月	3月	4月	5月	6月	7月	8月	9月	10月	11月	12月
极大风速大于 10.3m/s 天数/天	0	0	0	0	0	0	0	1	0	0	0	5
占当月比例/%	0	0	0	0	0	0	0	3.3	0	0	0	0
占全年比例/%	0	0	0	0	0	0	0	0.3	0	0	0	0
大于 10.3m/s 天数占全年比例/%	0.3											

3.2.2　东海海区

1）东海海区介绍

东海是由中国大陆和中国台湾岛，以及朝鲜半岛与日本九州岛、琉球群岛等围绕的边缘海。东海海区属于亚热带季风海洋性气候，全年四季分明，冬、夏季长，春、秋季短，具有夏无酷暑，冬无严寒，年温差小，光照充足，雨量充沛，温暖湿润的海洋性气候特点。

2）东海海区典型地区气象数据的收集与量化分析

东海海区典型地区环境因素规律分析如图 3-2 所示，分析结果如下。

a. 温度［见图 3-2（a）］。年最低温度为-1.4℃（1月），年最高温度为 41.9℃（7月），年平均气温 17.4℃。全年温度高且比较稳定，昼夜温差小。

b. 湿度［见图 3-2（b）］。各月的相对湿度均在 70%以上，湿度较大，年润湿时间为 5494h（RH>80%），占全年时间的 62.7%，月均湿度相对均匀，最低为 71.8%（1月），月润湿时间为 255.0h，最高为 89.9%（9月），月润湿时间为 535h。

c. 风向风速［见图 3-2（c）］。年平均风速为 0.55m/s，由于受季风不稳定性的影响，夏秋之际易受热带风暴（台风）侵袭，冬季多大风，年最大风速在 12 月为 10.6m/s，

d. 降雨量和降雨时间［见图 3-2（d）］。降雨量春秋季相对较高，9 月累积降雨量可达 258.6mm，月降雨 19 天，而夏季 7～8 月降雨较少。年累积降雨日数为 160 天，年累积降雨量为 1368.1mm。

e. 日照时间及太阳辐射量［见图 3-2（e）］。月最低日照时数为 33.4h（2月）、月最低总辐射量为 262MJ/m²（9月）；月最高日照时数为 167.7h（7月）、月最高总辐射量为 541.0MJ/m²（7月）；月平均日照时数为 93h、月平均总辐射量为 357.0MJ/m²，年累积日照时数为 1116.1h，年累积总辐射量为 4284.2MJ/m²。

f. 氯离子沉降量［见图 3-2（f）］。氯离子沉降量在 2 月到达峰值，随后开始下降，在 8 月达到最低值。

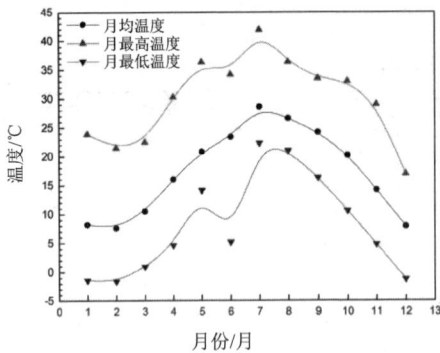

（a）温度变化规律

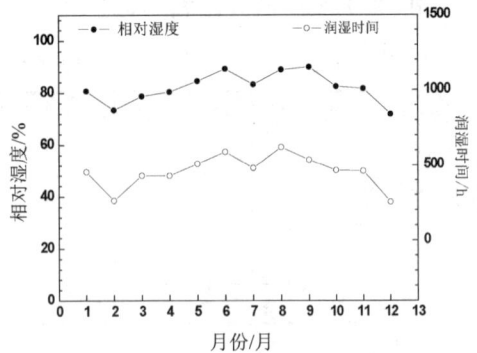

（b）湿度变化规律

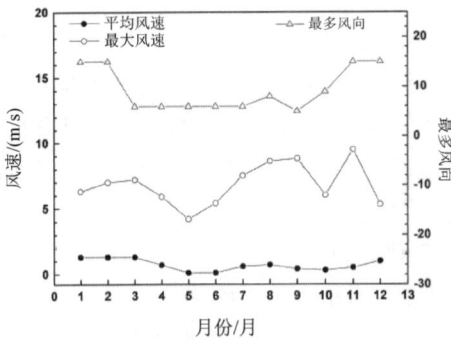

（c）风向风速变化规律

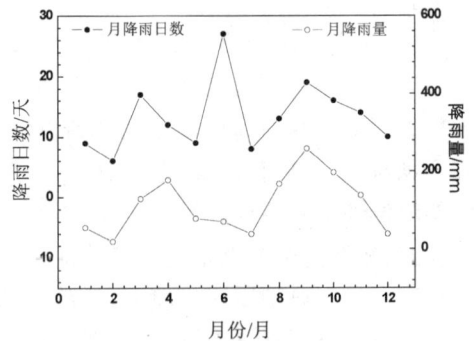

（d）降雨变化规律

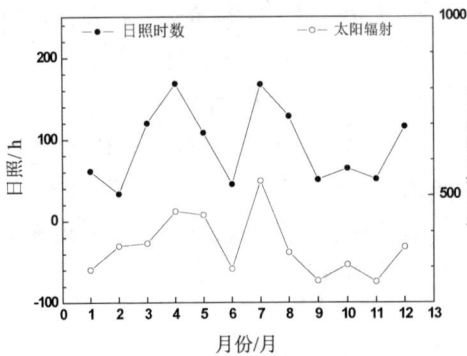

（e）日照变化规律

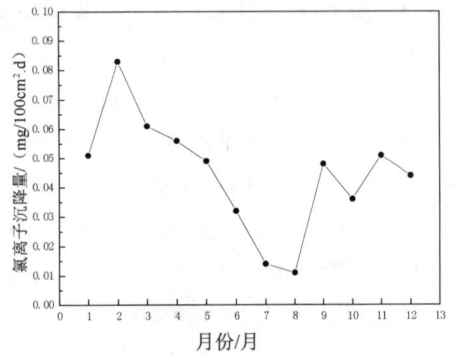

（f）盐雾变化规律

图 3-2　东海海区典型地区环境因素规律分析

3）东海海区大气环境谱的编制

a. 温度—湿度谱（见表 3-5）。

表 3-5 温度—湿度谱

温度/℃	作用时间比例/%										
	相对湿度/%										
	<50	50~55	55~60	60~65	65~70	70~75	75~80	80~85	85~90	90~95	>95	合计
<15	2.13	1.46	1.64	2.43	3.38	3.61	4.32	5.13	5.50	7.05	4.54	41.20
15~20	0.57	0.23	0.44	0.61	0.92	0.93	1.43	2.08	2.87	2.97	3.65	16.70
20~25	0.26	0.20	0.46	0.61	0.87	1.03	1.27	1.51	2.76	4.87	7.92	21.76
25~30	0.10	0.10	0.23	0.44	0.71	1.07	1.87	2.18	3.53	3.96	1.90	16.07
30~35	0.00	0.01	0.07	0.15	0.60	0.86	1.26	0.64	0.06	0.04	0.00	3.68
35~40	0.00	0.09	0.12	0.20	0.17	0.00	0.00	0.00	0.00	0.00	0.00	0.59
>40	0.00	0.00	0.00	0.00	0.00	0.00	0.00	0.00	0.00	0.00	0.00	0.00
合计	3.06	2.09	2.96	4.44	6.65	7.51	10.15	11.54	14.71	18.90	18.00	100.0

b. 降雨谱（见表 3-6）。

表 3-6 降雨谱

统计	月份											
	1月	2月	3月	4月	5月	6月	7月	8月	9月	10月	11月	12月
降雨日数占全年比例/%	2.5	1.6	4.7	3.3	2.5	7.4	2.2	3.6	4.7	4.4	3.6	2.5
月降雨量/mm	55.6	20.0	129.0	177.4	78.5	70.4	38.6	167.0	258.6	196.4	138.0	38.6
年降雨量/mm	1369.5 mm											
占全年比例/%	4.1	1.5	9.4	13.0	5.7	5.1	2.8	12.2	18.9	14.3	10.1	2.8

c. 日照—辐射谱（见表 3-7）。

表 3-7 日照—辐射谱

	1月	2月	3月	4月	5月	6月	7月	8月	9月	10月	11月	12月	总计
日照时数/h	61.1	33.4	120.1	168.4	108.6	45.2	167.7	128.9	50.7	64.4	51.4	116.2	1116.1
太阳辐射/(MJ/m²)	293	358.9	367.2	455.9	445.9	295.4	541	341.9	262.2	307	259.6	356.2	4284.2

d. 极大风速谱（见表 3-8）。

表 3-8 极大风速谱

	1月	2月	3月	4月	5月	6月	7月	8月	9月	10月	11月	12月
极大风速大于10.3m/s 的天数/天	0	0	0	0	0	0	0	0	0	0	0	1
占当月比例/%	0	0	0	0	0	0	0	0	0	0	0	3.3
占全年比例/%	0	0	0	0	0	0	0	0	0	0	0	0.3
大于 10.3m/s 的天数占全年的比例/%	0.3											

3.2.3　南海海区

1）南海海区介绍

南海位于近赤道低纬度地区，属于亚洲东南部季风盛行地带，该环境属于热带海洋性气候。其主要气候特点在于日照时间长、辐射强、终年高温、雨量充沛、湿度大、风大、雾少。

2）南海海区典型地区气象数据的收集与量化分析

南海海区典型地区环境因素规律分析如图 3-3 所示。分析结果如下。

a. 温度［见图 3-3（a）］。最低温度为 19.9℃（12 月），年最高温度为 34.4℃（6月），年平均气温为 27.7℃。全年温度高且比较稳定，昼夜温差小。

b. 湿度［见图 3-3（b）］。各月相对湿度均在 70%以上，湿度较大，年润湿时间为 3988h（RH>80%），占全年时间的 45.5%；月均湿度相对均匀，最低为 73.4%（1月），月润湿时间为 153h；最高为 83.9%（8 月），月润湿时间为 498h。

c. 风向风速［见图 3-3（c）］。年平均风速为 2m/s，年最大风速为 17.2m/s。

d. 降雨量和降雨时间［见图 3-3（d）］。降雨量在 8～11 月相对较高，8 月累积降雨量可达 262mm，月降雨日数为 11 天。年累积降雨日数为 86 天，年累积降雨量为 962.1mm。

e. 日照时间及太阳辐射量［见图 3-3（e）］。最低日照时数为 161.1h（11 月）、月最低总辐射量为 412.2MJ/m² （12 月）；月最高日照时数为 299.8h（3 月）、月最高总辐射量为 717.7MJ/m²（4 月）；月平均日照时数为 237.7h、月平均总辐射量为601.8MJ/m²，年累积日照时数为 2853.1h，年累积总辐射量为 7125.5MJ/m²。

f. 氯离子沉降量［见图 3-3（f）］。氯离子沉降量从 2 月开始下降，在 3～8 月都处于较低水平，在 9 月开始大幅度上升。

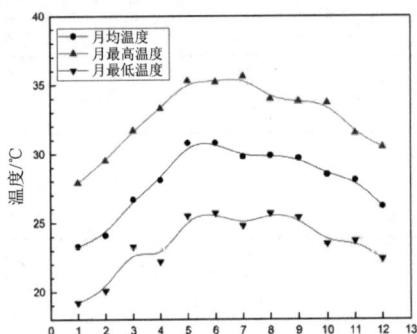

（a）温度变化规律　　　　　　　　　（b）湿度变化规律

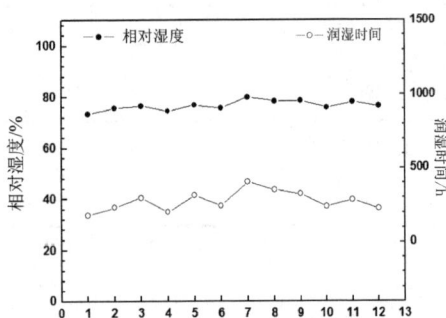

图 3-3　南海海区典型地区环境因素规律分析

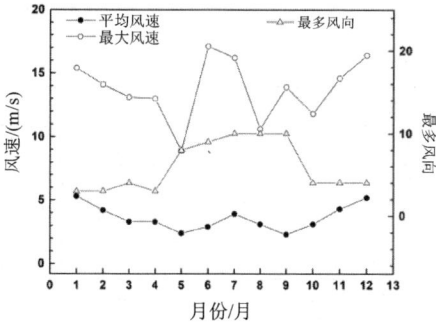

（c）风向风速变化规律

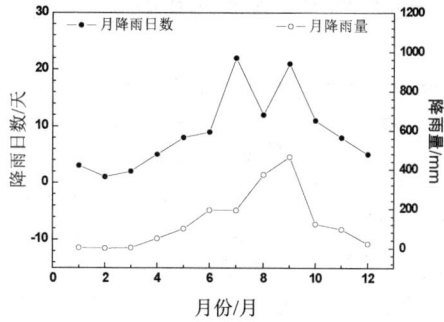

（d）降雨变化规律

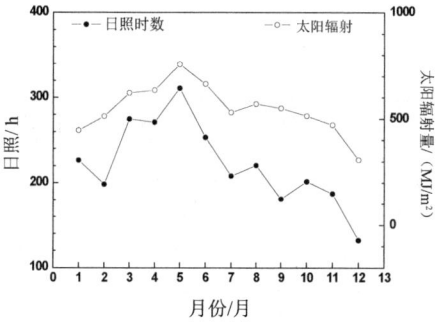

（e）日照变化规律

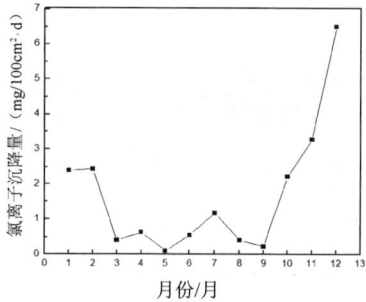

（f）盐雾变化规律

图 3-3　南海海区典型地区环境因素规律分析（续）

3）南海海区大气环境谱的编制

a. 温度—湿度谱（见表 3-9）。

表 3-9　温度—湿度谱

温度/℃	作用时间比例/%											
	相对湿度/%											
	<50	50~55	55~60	60~65	65~70	70~75	75~80	80~85	85~90	90~95	>95	合计
<15	0	0	0	0	0	0	0	0	0	0	0	0
15~20	0	0	0	0.01	0	0.01	0	0	0.01	0	0	0.03
20~25	0	0.15	0.34	1.3	1.91	3.5	2.97	3.01	2.16	0.27	0	15.62
25~30	0	0.21	0.23	0.75	3.93	7.66	14.4	20.1	8.14	1.78	0	57.15
30~35	0	0	0.07	1.7	5.88	7.73	5.95	2.24	0.33	0	0	23.89
35~40	0	0.00	0.05	0.08	0.02	0.00	0.00	0.00	0.00	0	0	0.15
>40	0	0	0	0	0	0	0	0	0	0	0	0
合计	0	0.35	0.68	3.85	11.7	18.9	23.3	25.3	10.7	2.05	0	100

b. 降雨谱（见表 3-10）。

表 3-10　降雨谱

统计	月份											
	1月	2月	3月	4月	5月	6月	7月	8月	9月	10月	11月	12月
降雨日数占全年比例/%	0.82	0.27	0.55	1.37	2.19	2.47	6.03	3.29	5.75	3.01	2.19	1.37
占全年比例/%	0.19	0.01	0.13	3.04	6.15	11.9	11.9	23.0	28.7	7.62	5.92	1.40
月降雨量/mm	3.1	0.2	2.1	49.3	99.5	193	193	373	464	123	95.9	22.6
年降雨量/mm	1619.1											

c. 日照—辐射谱（见表 3-11）。

表 3-11　日照—辐射谱

	1月	2月	3月	4月	5月	6月	7月	8月	9月	10月	11月	12月	总计
日照时数/h	226.4	198.1	274.7	271.1	310.7	253.2	207.9	220.4	180.8	201.4	187.1	132.2	2664
太阳辐射/ (MJ/m^2)	445.7	511.9	621.6	634.5	756.5	663	530.1	569.4	549.5	513.2	470.7	307	6573.1

d. 极大风速谱（见表 3-12）。

表 3-12　极大风速谱

	1月	2月	3月	4月	5月	6月	7月	8月	9月	10月	11月	12月
极大风速大于10.3m/s 的天数/天	15	9	3	4	0	4	7	1	2	6	11	14
占当月比例/%	48.4	32.1	9.7	13.3	0	13.3	22.6	3.2	6.7	19.4	36.7	45.2
占全年比例/%	4.1	2.5	0.8	1.1	0	1.1	1.9	0.3	0.5	1.6	3.0	3.8
大于 10.3m/s 的天数占全年的比例/%	20.8											

3.3 典型海区环境分级

依据我国南海、东海、黄海三个海区大气基础环境信息（见表 3-13），以永兴为代表的南海地区具有典型高温、高湿、高盐雾、强太阳辐射热带海洋性气候特点，与内陆相比，其年均温度高出 2 倍，腐蚀润湿时间高出 9 倍，降雨量高出 2 倍，氯离子沉降量高出 22 倍；以万宁为代表的南海近海地区其温度、日照时间量值相对较低，氯离子沉降量也大幅下降；以舟山为代表的东海地区气象数值介于各站之间，而介质数据相差较大；以青岛为代表的黄海地区具有高污染特点，SO_2 沉降量高于其他海区 2 个数量级以上。在表 3-14 数据基础上，按 GB/T 19292.1—2018《金属和合金的腐蚀 大气腐蚀性 分类》进行划分，永兴腐蚀等级为 5 级，说明该海区大气环境有很高的腐蚀性；舟山地区腐蚀等级为 3～4 级，说明该海区大气环境有中等腐蚀性；青岛地区腐蚀等级为 4 级，说明该海区大气环境有高腐蚀性。

表 3-13 各海区典型大气试验站环境数据

站名	海区	平均温度/℃	相对湿度/%	润湿时间/(h/a)	降雨量/(mm/a)	日照/(h/a)	氯离子沉降量/(mg/100cm²·d)	SO_2沉降量/(mg/100cm²·d)	雨pH值
永兴	南海	27.0	82	5600	1526	2675	1.123	<0.01	6.5
万宁	南海	24.6	86	6736	1563	2043	0.387	0.06	5.0
舟山	东海	16.7	75	5251	1317	1366	0.046	0.24	4.5
青岛	黄海	12.4	71	4049	643	2078	0.250	1.18	6.1
江津	内陆	18.5	81	5304	1203	1392	0.007	0.81	4.2
北京	内陆	11.8	60	581	619.9	2591	0.049	0.40	6.0

在我国各海区中，南海环境腐蚀等级最高，长期服役在该地区的航空装备将面临较高腐蚀风险。此外，从 Q235 钢年腐蚀深度实地测试结果中（见表 3-14），也可以得到相近的结论。

表 3-14 根据 Q235 钢年腐蚀深度确定各海区大气腐蚀等级

站名	海区	Q235 腐蚀深度/μm	腐蚀速率/[g/(m²·a)]	腐蚀等级
永兴	南海	87.0	629.78	5
万宁	南海	69.3	327.42	4
舟山	东海	36.0	282.6	3
青岛	黄海	20.0	156.0	4
江津	内陆	18	140.0	3
北京	内陆	10	32.2	2

3.4 典型局部环境条件分析

1）表面温度谱

日照及太阳辐射热效应会对样品表面温度产生很大影响，特别是对于热带海洋地区而言，热带海洋地区靠近赤道，日照时数及太阳辐射总量处于极限水平，受不同材料热传导特性、光照强度及环境温度的影响，某些材料表面温度会大大偏离大气环境温度。例如，某南海地区大气环境中最低温度为 21.6℃，最高温度为 34.6℃，平均温度为 28℃，经实际温度传感器测试，铝合金样件表面最高温度为 72℃、橡胶样件表面最高温度为 49.6℃、涂层样件表面最高温度为 47.1℃、地表最高温度为 49.6℃。统计整年度数据，典型样件表面温度及概率分布范围如表 3-15 所示。

表 3-15　典型样件表面温度及概率分布范围

温度范围	大气	地表	金属	橡胶	涂层
20℃～25℃	12.39%	9.28%	0.43%	12.93%	12.09%
25℃～30℃	61.96%	31.96%	33.33%	39.59%	33.46%
30℃～35℃	25.67%	47.16%	47.15%	37.51%	45.38%
35℃～40℃	—	6.77%	4.66%	6.25%	6.75%
40℃～45℃	—	3.79%	4.21%	3.16%	2.31%
45℃～50℃	—	1.04%	2.46%	0.55%	—
50℃～55℃	—	2.39%	—	—	—
55℃～60℃	—	2.37%	—	—	—
60℃～65℃	—	2.03%	—	—	—
65℃～70℃	—	0.91%	—	—	—
70℃～75℃	—	0.06%	—	—	—

2）局部相对湿度与盐雾

以户外、棚下、库房三种试验环境条件，论述局部环境及其效应影响。户外环境直接承受外界大气环境因素侵蚀作用，如日照、降雨、风吹、盐雾等；棚下环境采用百叶窗结构，避免涂层遭受太阳直射和降雨作用，可通风透气；室内环境门窗封闭，样件不受太阳直射、降雨、风吹等作用。一般来说，按综合环境严酷水平进行划分，户外环境条件劣于棚下环境、棚下环境劣于室内环境，理论上样件损伤程度户外＞棚下＞室内，这是从综合环境影响效应角度出发得到的结论，适用于海洋大气环境下绝大部分裸金属材料。但是，对于涂层体系而言，涂层损伤类型有变色、失光、起泡、开裂、长霉、剥落、生锈、粉化等多种现象，评价指标也有耐蚀性、附着力、孔隙率、硬度、厚度、光泽度、色差等多种指标，其腐蚀老化行为较为复杂，各因素单独或综合作用结果都会导致涂层发生一定程度损伤。室内环境相对封闭、空气不流通，样件虽不受太阳直射、降雨、风吹等外部环境因素直接作用，但更多受到的是室内呼吸效应、凝露、湿气长期滞留等因素的影响，这种环境极易导致涂层鼓泡，相对湿度及表面润湿时间的差异是导致涂层出现不同损伤的关键因素。

以户外、棚下、库房三种试验环境下相对湿度值和盐雾变化情况为例。从图 3-4（a）中可以看出，室内相对湿度值仅有 3 个月份（1 月、2 月和 12 月）略低于户外和棚下，其他月份均处于较高水平；从图 3-4（b）计算处理结果中也可以看出，室内月平均相对湿度值较高。室内试验在一定程度上可以看成放大的封闭结构试验，封闭结构呼吸效应使水汽不断进入室内，并持续在试样表面凝结。同时，室内样件不受日照、风等影响液膜蒸发速率因素的直接作用，涂层表面长期处于润湿状态，湿气易于渗入涂层引发渗透压鼓泡。但是，虽然室内样件涂层完整性受到了影响，起泡较多，但室内盐雾含量极低［见图 3-4（c）和图 3-4（d）］，底材金属不易腐蚀。

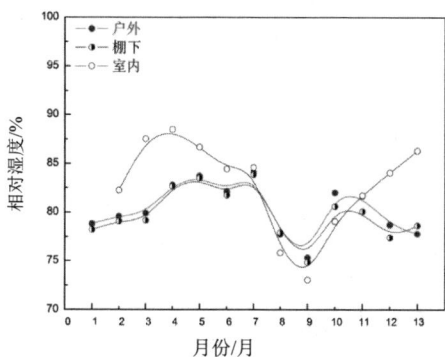

（a）局部相对湿度（月值）

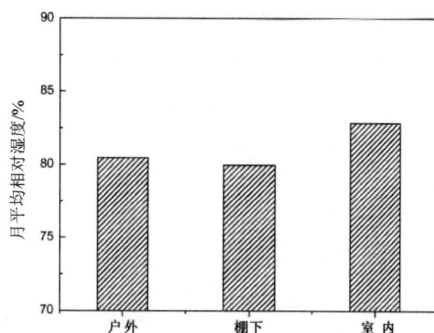

（b）局部相对湿度（平均值）

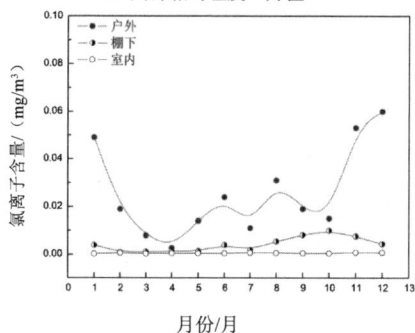

（c）局部盐雾含量（月值）

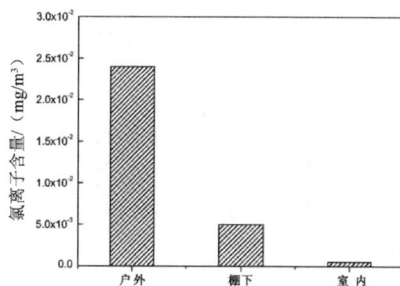

（d）局部盐雾含量（平均值）

图 3-4　局部环境相对湿度与盐雾

第二篇　实践篇

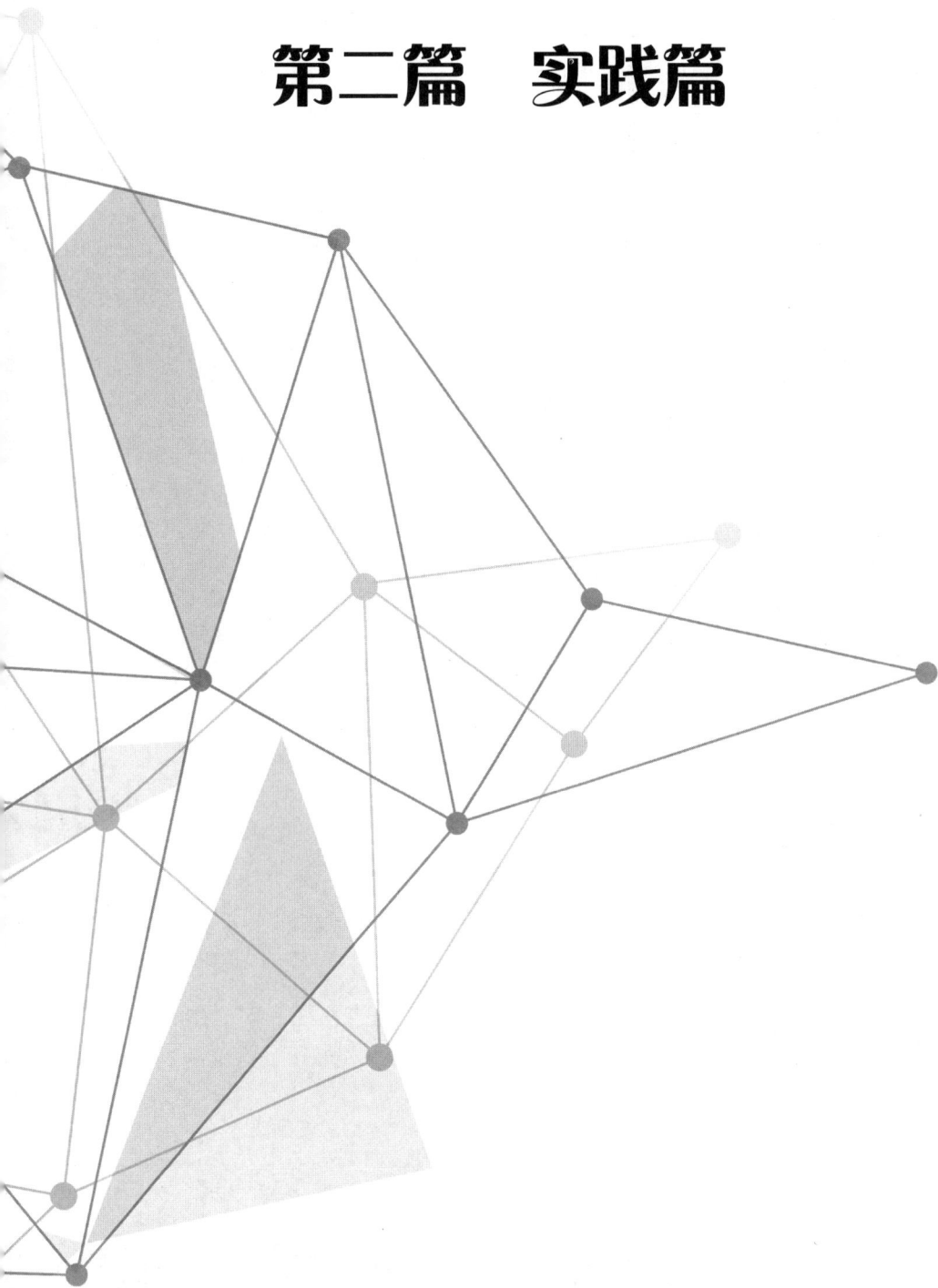

第 **4** 章

典型航空材料海洋大气环境试验

4.1 概述

本章主要论述海洋大气环境试验进展情况，在此基础上，根据航空装备实际试验需求，论述海洋大气—恒载耦合、海洋大气—疲劳组合、海洋大气—热环境组合等多元耦合试验方法，从宏观、微观腐蚀形貌、失重/点蚀深度、腐蚀产物、腐蚀电化学等角度分析典型航空材料海洋大气环境试验行为与机理。

4.2 海洋大气环境试验

4.2.1 国外进展

以美国为首的西方国家投入了大量人力、物力、财力对航空装备环境试验技术进行了研究，许多国家已形成了各自技术领域的标准和规范，并对其加以推广。以美国为例，美国对航空装备海洋大气环境试验重要性的认识始于第二次世界大战，为其全球战略的需要，在本土及世界各地建立了各类大气环境试验站（部分站点见表 4-1），大力开展环境试验工作。到目前为止，已建成热带试验中心、寒带试验中心、西部沙漠试验中心，以及 50 余个试验站点，覆盖了全世界各类典型环境条件。其将环境试验作为鉴定航空装备的重要手段，并明文规定：航空装备不经过环境试验的考核，不准定型和生产。通过这些试验，既开展了材料、工艺、部件和产品的优选，又开展了试验鉴定工作，积累了大量的研制经验。

表 4-1　美国材料试验协会（ASTM）重点暴露网站表

地点	位置	面积	气候	备注
纽约暴露站	港务局楼顶	6100m²	典型城市工业气候	有 5 排 17.5 米的暴露架
哥伦布暴露站	巴特尔纪念学院	3355m²	典型工业气候	
斯塔特·科勒吉暴露站	宾夕法尼亚州立大学校园	12200m²	典型的农村气候	建于 1925 年
新泽西柯尔尼暴露站	—		工业大气	
柯尔海滩暴露站	北卡罗莱州大西洋沿岸	4047m²	海洋气候	—
阿兰萨斯港暴露站	德克萨斯州墨西哥内海湾阿兰萨斯港大学	4047m²	海洋气候	周期性强烈暴风雨季节气候
伯克利海滨暴露站	加利福尼亚州雷耶斯角，旧金山以北 30km	4047m²	海洋气候	典型雾区气候
巴拿马运河区的加通、米兰弗洛里斯和克利斯托巴尔暴露站	—	—	温和热带气候	—
巴拿马运河区的加通湖内巴罗—克勒腊多岛暴露站	—	—	严酷热带气候	

此外，美国专门针对航空装备在佛罗里达空军基地建立了"麦金莱气候实验室"，该实验室下辖 8 个大型气候工作室，这些功能各异、设备先进的工作室可对 30 多种气候环境、天气条件进行研究和模拟。例如，"雨实验室"每小时可下 15 英寸（1 英寸=2.54 厘米）暴雨，并能下雪和结冰；"风实验室"可以从风平浪静到刮起 30 米／秒飓风，所用时间不到 3 分钟；"气温实验室"可使室内温度从 80℃迅速降至-40℃；"雷电实验室"使晴空万里转眼间变成电闪雷鸣；"沙漠实验室"装有 140 盏高能太阳灯；而最大的"海洋实验室"，仅水面面积就达 6 平方千米，最深处有 15 米，水温、海上风浪可自行调节。通过对各种气候、天气条件的模拟，"麦金莱气候实验室"试验和检验了航空装备的环境适应水平，考察了装备在各种复杂气候条件下安全工作的能力。2014 年，这个实验室已经接纳了美国陆军、海军、空军和海军陆战队 600 余架飞机、百余个导弹系统、4000 多种装备的气候条件适应性试验，为不断改良和提高航空装备各种性能获取了大量而丰富的科学数据。

然而，虽然拥有上述大型、先进的气候工作室，但对于多种因素复杂环境效应的模拟，始终是制约实验室环境试验技术进一步发展的重要瓶颈。以恶劣海洋环境为例，服役在外海地区的航空装备，将长期承受高温、高湿、大雨量、强日照、高盐雾、高生物侵蚀等海洋环境因素的影响，这种综合环境影响效应很难通过单一或简单实验室试验进行模拟。

因此，在恶劣海洋环境试验方面，美国专门建有热带海洋环境试验站点，如美国夸贾林环礁试验场、夏威夷热带试验中心等。其中，夸贾林环礁试验场最具有海洋环境代表性（见图4-1）。夸贾林环礁位于太平洋中部马绍尔群岛，由100多个小岛组成，其地理位置靠近赤道（东经167°20'、北纬9°05'），属于热带海洋性气候区域。全年分旱季（12～次年3月）和雨季（3～12月），年平均降雨量约2000mm，日平均气温为21℃～32℃，空气中相对湿度长年高达80%。夸贾林环礁试验场初建于1959年，整个试验场共占用15个小岛，其中11个小岛设有环境监测及试验设备，并配有先进力学、电子、光学测量设备，收集各类环境介质和环境试验数据，如大气温度、湿度、日照、风向风速、降雨、降尘、盐雾、雨水pH值等环境数据，腐蚀速率、力学性能退化速率、电气功能退化率等试验数据。

图4-1 夸贾林环礁试验场

此外，美国与航空器恶劣海洋环境试验相关的试验场、站，还有位于夏威夷Schofield兵营的夏威夷试验中心及位于加利福尼亚Seal海滩的试验站等。这些试验场、站以专门的技术力量为美国企业、工业部门和国防部提供基础数据和工程服务，建有世界一流的环境监测、试验和分析能力，具体情况如下。

1）环境监测和环境试验能力

环境监测和环境试验能力包括环境检测、环境仿真、环境试验、环境剪裁、加速试验、腐蚀环境与腐蚀速率自动监测、力学—环境综合试验等。

2）材料测试能力

材料测试能力包括机械性能测试、腐蚀电化学测试、电气性能测试，空间分析、因次分析、冶金/缺陷/失效分析，光学显微镜、扫描电镜、数字图像处理，经典湿分析化学、热重分析、热分析、热机械分析、微热量分析、动态机械分析、弹式量热法，发射光谱、X射线荧光分析、能量色散谱、色散红外光谱、气相色谱/质谱、高压液相色谱、离子色谱、特种离子电极测试等。

3）激光和成像能力

激光和成像能力包括利用液晶滤光器进行光谱过滤，利用红外、可见视频和图像增强技术进行无损检测分析等。

4）数据统计分析能力

数据统计分析能力包括环境数据统计分析、试验数据规律分析、试验设计、取样计划设计、数据基准开发、可靠性模型和科学计算编程等。

4.2.2 国内进展

目前，国内规模最大的大气环境试验站，是国家材料环境腐蚀站所属的大气环境试验站。该试验站在成立时，遴选整合了 6 个气候带，并按乡村、城镇、高原、海洋、森林、沙漠等地理环境特点建立了 14 个大气环境试验站，分别由工业和信息化部电子第五研究所、机械科学研究院、武汉材料保护研究所、兵器工业 59 所、北京航空材料研究院、广州电器科学研究院、中科院沈阳金属所、钢铁研究总院、青岛海洋腐蚀所、昆明 298 厂等 10 个单位参与建设管理。14 个大气环境试验站不仅覆盖我国 6 个特征气候带的典型环境区域，还考虑了地理特征、湿润程度、大气组成等因素，每个站点保持了独有的环境特点。其研究成果在我国重大工程腐蚀设计与选材、规范与标准制定，以及新材料、产品研发等方面发挥了重要的数据支撑作用。按地位纬度由低到高，各试验站气候特征基本情况如表 4-2 所示。

表 4-2 大气环境试验站网地理位置与气候特征表

站名	地理位置		气候类型	海拔/m	年均气温/℃	年日照时间/h	年降雨量/mm	年平均湿度/%
	东经	北纬						
西沙	112°20′	16°50′	湿热区湿润型岛屿海洋大气气候	4.9	27.5	2646	1357	82
万宁	110°05′	18°58′	湿热区湿润型海滨乡村大气气候	12.3	24.2	2154	1515	86
琼海	110°05′	19°02′	亚湿热区湿润型内陆乡村大气气候	10.0	24.3	2072	1794	86
西双版纳	100°40′	21°35′	湿热区湿润型热带雨林乡村大气气候	626	21.6	1716	1713	83
广州	113°17′	23°08′	亚湿热区湿润型丘陵城市大气气候	6.3	22.7	1607	1563	77
江津	106°17′	29°19′	亚湿热区湿润型山地城市大气气候	208.0	17.9	1317	1203	81

站名	地理位置		气候类型	海拔/m	年均气温/℃	年日照时间/h	年降雨量/mm	年平均湿度/%
	东经	北纬						
武汉	114°04′	30°38′	亚湿热区湿润型平原城市大气气候	23.3	16.8	1622	1147	75
拉萨	91°08′	29°40′	暖温区亚湿润型高原城郊大气气候	3649	9.0	3053	581	46
青岛	120°25′	36°06′	暖温区亚湿润型海滨海洋大气气候	12.3	12.3	1944	561	71
北京	116°16′	39°59′	暖温区亚湿润型平原城郊大气气候	73.4	11.9	2559	586	57
沈阳	123°26′	41°46′	寒温区亚湿润区平原城郊大气气候	41.6	9.4	2279	409	66
敦煌	94°41′	40°09′	干热区干旱型沙漠大气气候	1139	9.4	3269	33	41
库尔勒	86°13′	41°24′	干热区干旱型沙漠城郊大气气候	885	11.0	3051	49	47
漠河	122°23′	53°01′	寒冷区亚湿润型森林大气气候	613	−3.5	1649	486	58

在恶劣海洋环境试验方面，典型海洋环境试验站点主要包括：南海—西沙试验站（北纬 18°50′、东经 112°20′）、南海—三亚试验站（北纬 18°13′、东经 109°32′）、东海—厦门试验站（北纬 24°27′、东经 118°04′）、东海—舟山试验站（北纬 30°00′、东经 122°06′）、黄海—青岛试验站（北纬 36°03′、东经 120°25′）。

下面按地理位置自南向北简要对各站点进行介绍。

1）西沙试验站

西沙试验站隶属于工业和信息化部电子第五研究所，建于 1997 年，占地 5000m²，位于海南省三沙市永兴岛（见图 4-2），是我国目前最南端的海洋环境试验站。该试验站距海岸线 30m、海拔为 4.9m、年平均温度为 27.5℃、年平均相对湿度为 82%、年平均降雨总量为 1950mm、平均风速为 4.5m/s、年日照时数为 2700h、年总辐射量为 6850MJ/m²、年平均氯离子沉降量为 1.123mg/100cm²·d，具有典型的高温、高湿、高盐雾、强太阳辐射热带海洋性气候特点。西沙试验站建有标样试验场、整机试验场、试验棚、试验库、力学—环境试验场、化学分析试验室、样品检测试验室，拥有气象观测、化学分析、性能检测、微观分析等仪器设备 50 余套。自建站始，该站即定期监测试验站的温度、相对湿度、气压、降雨、日照、风向风速、太阳辐射等气象参数，并于 2012 年增设了氯离子沉降量、雨水 pH 值、二氧化硫、二氧化氮等化学介质参数。由于地理位置的特殊性，西沙试验站承担了大量航空产品环境试验与研究工作，积累了数十万条航空产品海洋环境适应性数据，先后为多个型号产品提供了海洋环境适应性支撑工作，为航空器在恶劣海洋环境下的安全、长效使用提供了数据与技术支撑。

（a）试验站正门 　　　　　　　　　　　　　　（b）试验站位置

图 4-2　工业和信息化部电子第五研究所—西沙永兴岛自然环境试验站

2）三亚试验站

三亚试验站隶属于中船重工 725 所，始建于 1958 年，占地 5500 m²，位于我国东海南部、福建省厦门市，其试验区域分为海洋大气试验区和海水腐蚀试验区，其中大气腐蚀试验区占地约 5000 m²。该试验站年平均温度为 25.4℃、年平均相对湿度为 79%、年平均降雨总量为 1400 mm、年日照时数为 2321 h、年平均氯离子沉降量为 0.849 mg/100 cm²·d，属于热带海洋性季风气候。三亚试验站可进行大气暴晒、应力腐蚀、深海试验、海水飞溅、潮差、全浸、长尺、海泥、仓储等试验。

3）厦门试验站

厦门试验站隶属于中船重工 725 所，始建于 1958 年，占地 5500 m²，位于我国东海南部、福建省厦门市，其试验区域分为海洋大气试验区和海水腐蚀试验区，其中海洋大气试验区占地约 250 m²。该试验站年平均温度为 20.6℃、年平均相对湿度为 78%、年平均降雨总量为 1315 mm、年日照时数为 1827 h、年平均氯离子沉降量为 0.134 mg/100 cm²·d，属于亚热带海洋性季风气候。厦门试验站可进行大气暴晒、海面大气暴晒、海水飞溅、潮差、全浸、长尺、海泥、仓储等试验，配有试验检测设备 30 余套。

4）舟山试验站

舟山试验站隶属于钢铁研究总院舟山海洋腐蚀研究所，始建于 1985 年，占地 15000 m²，位于我国东海北部、舟山群岛主岛西南侧（舟山市定海区螺头），其试验区域分为海洋大气试验区和海水腐蚀试验区，其中海洋大气试验区占地约 6000 m²。该试验站距海岸线约 20 m、年平均温度为 16.7℃、年平均相对湿度为 75%、年平均降雨总量 1317 mm、年日照时数为 1366 h、年平均氯离子沉降量为 0.046 mg/100 cm²·d，其地理位置与上海、宁波相近，属于亚热带海洋性季风气候。舟山试验站可进行大气暴晒、海水飞溅、潮差、全浸、长尺、海泥等试验，配有自动气象站 TRM-ZS2、实海冲刷腐蚀试验机、实海试验平台、海流计 Valeport106、多参数水质测量仪 YSI 556MPS、大气连续恒温采样器多类仪器。

5）青岛试验站

青岛地区建有多个大气环境试验站，其中，青岛小麦岛试验站隶属于钢铁研究总院青岛海洋腐蚀研究所，位于山东省青岛市小麦岛；青岛即墨试验站隶属于中船重工 725 所，位于山东省即墨。两试验站点地理位置相近，距海岸约 20 m、海拔高度为 12 m、年平均温度为 12.4℃、年平均相对湿度为 71%、年平均降水总量为 643 mm、年日照时数为 2078 h、年平均氯离子沉降量为 0.25 mg/100cm²·d，属于北温带海洋性季风气候。

4.3 多元工况耦合海洋环境试验技术

航空装备环境试验与研究工作多采用单项标准试验的方法，缺乏对航空装备恶劣服役环境与复杂工况环境多种因素交互/综合损伤效应的充分认识，试验结果具有普遍性，而缺乏实际针对性。尤其是在恶劣海洋环境下，航空装备将长期承受高温、高湿、大雨量、强日照、高盐雾、高生物侵蚀等海洋环境因素及疲劳、振动、恒载、热、保养、维修等复杂工况环境因素的影响，这种综合环境影响效应很难通过单一或简单的自然或实验室环境进行模拟。需要有针对性地结合使用环境特点来开展相应的综合环境试验研究工作，对环境条件进行适当裁剪，综合利用自然环境试验、人工环境试验开展航空装备的环境试验工作。

4.3.1 海洋大气—拉力耦合试验技术

1）方法原理

恶劣海洋环境地区环境严酷，在开展航空装备材料、工艺海洋大气—恒载拉力环境试验时，试验装置也将持续受到高温、高湿、高盐雾、强降雨、强太阳辐射等恶劣环境因素的影响，轻则故障频繁，重则永久报废，需要力学加载装置具有较高的可靠性、便携性和环境适应性。同时，航空装备材料、工艺体系一般包含材料、工艺等多种信息，试验因素的增多将导致试验样件尺寸、形状的复杂，增加对试验载荷、夹具的要求。试验方法需要满足：南海大气环境有效输入；装置南海防护工艺的有效性；夹具与样件电偶腐蚀问题；装置便携性。

与 C 环法、垂直弹簧加载法、悬挂法、杠杆法相比，环形弹簧加载法能够较好满足上述需求。环形弹簧加载法属于单轴加载拉伸应力方法，利用应力环压缩形变及其反作用力对样件施加拉应力载荷。在结构设计上，环体内径不小于 20cm，试验样件装配在环体中央。试验时，通过应力环上的旋转螺栓加载，同时测量环体形变量，通过形变量与载荷的标定关系来确定施加的载荷，一般所施加的载荷使环产生的形变程度应超过直径的 0.6%，同时不小于 0.51mm。加载后，装配后的环体（含试验样件）放置到试验现场，按 45°外场暴晒角度进行放置、固定，按上述设计，保证温度、湿度、盐雾、降雨、风、日照等南海大气环境因素对样件的有效输入。在装置防护工艺上，应力环本体采用合金结构钢（载荷线性度不低于 0.9999，典型见图 4-3），上夹具、下夹具及配套螺母采用双相不锈钢。应力环表面防护涂层面漆采用耐海洋聚氨酯面漆，中间层采用锌粉层压颗粒，底层采用环氧富锌漆。在电偶防护上，夹具与样件采用圆柱销连接，对圆柱销绝缘处理，其他外表面接触部位包覆特氟龙绝缘片。

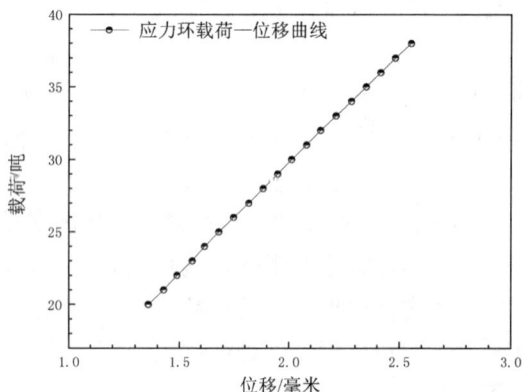

图 4-3　典型环形弹簧加载装置力学载荷线性度（R^2=0.9999）

2）试验场地、设施与设备

a. 环形弹簧加载装置。

环形弹簧加载装置—矩形试样如图 4-4 所示，包括：应力环体[1]、上夹具[2]、下夹具[3]、矩形试验样件[4]、绝缘片[5]、圆柱定位销[6]、上夹具螺母[7]、下夹具螺母[8]、底座[9]、应力环固定座[10]、压缩弹簧[11]、梅花螺栓[12]、加载块[13]、螺栓预紧器[14]、千分表台架、千分表等构件。例如，样件为圆棒样件，则在图 4-4 基础上，加装夹具转换装置，如图 4-5 中[15]所示。

b. 海洋大气试验。

户外试验。要求选取的试验场地长期、稳定，配有专业人员试验、检测。应能代表典型南海热带区域气候条件，场地周围应有围墙或栅栏，并设有防雷、防火、防爆、防静电、防盗和保密等安全设施。采用可调倾角双腿式暴露架：框架连接在支架上，其倾角可任意调节，整个装置可做成固定或移动双腿式，如图4-6所示。暴露场地应平坦空旷，场地四周建筑物或障碍物至暴露场边缘距离，至少是建筑物或障碍物高度的三倍以上，以避免建筑物或树等障碍物遮挡试验样品，影响大气腐蚀性介质传播。除另有规定外，暴露场周边2km内不应有影响试验结果的工业污染源。暴露场地面无积水，并保持该地区的自然植被状态或铺设草坪，草高不超过0.2m。

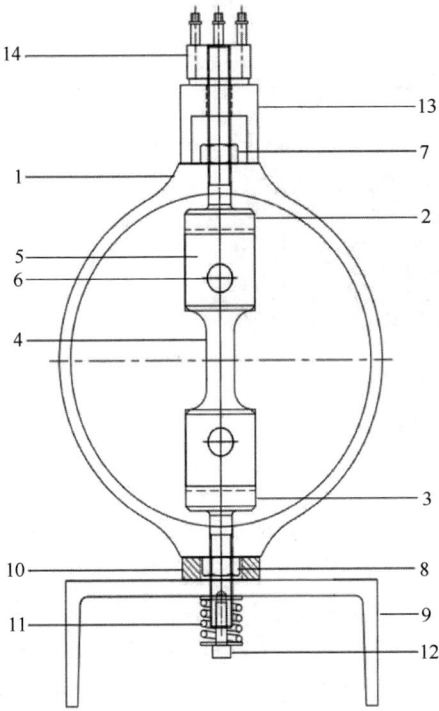

图4-4 环形弹簧加载装置—矩形试样

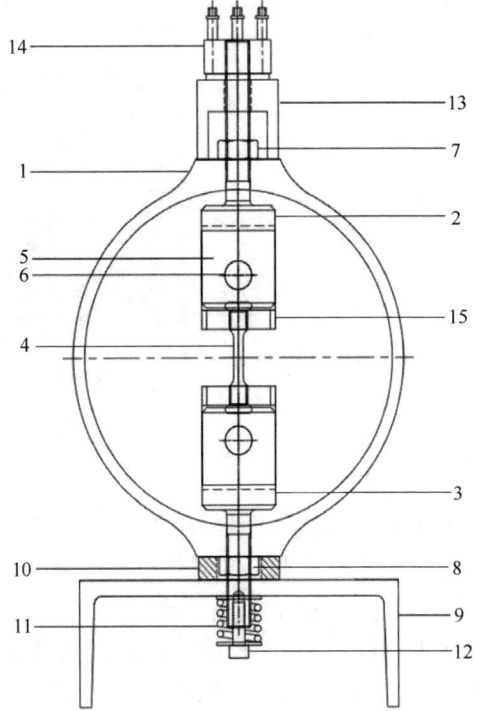

图4-5 环形弹簧加载装置—圆柱试样

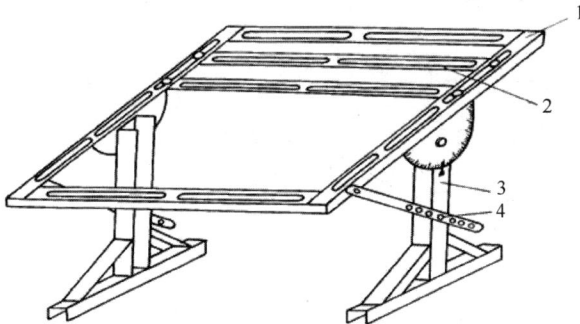

1—框架；2—试样固定板；3—支架；4—角度调节器

图4-6 可调倾角双腿式暴露架示意图

棚下试验。试验棚的墙壁和门做成百叶箱式（见图 4-7），外侧均匀涂覆白色油漆，外侧向上倾斜，内侧向下倾斜。气候环境条件等级相当于 GJB 2770 规定的 K4级（K4 级包括部分直接与户外大气相通的场所，一般规定高温为 40℃，低温为-25℃，相对湿度为 10%～80%）。试验棚设置在暴露场内或紧靠暴露场地的同一平面，周围应空旷，10m 之内不应有障碍物。环境因素监测场（点）应设在试验棚内紧靠试验区的地方。

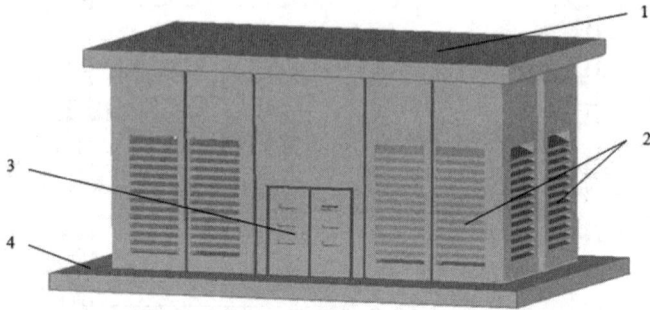

1—平顶屋顶；2—百叶窗；3—门；4—地坪

图 4-7　百叶箱式试验棚示意图

3）试验样品

采用矩形横截面样件或圆形横截面样件。板材一般取横向，小截面型材和棒材取纵向，大截面材料和零件以高度方向取样为主。参照 GB/T228—2002 中矩形横截面比例试样、圆形横截面比例试样，如图 4-8 和图 4-9 所示。预裂纹试样示意图如图 4-10 所示。模拟连接件试样示意图如图 4-11 所示。试验样品的表面状态应与实际使用状态保持一致或相近，同批试验样品应具有相同的表面状态。除有预制缺陷要求的试验样品外，表面应无划痕、裂纹、剥离、结疤、压凹痕等明显缺陷。根据试验需要也可选择其他的表面状态。

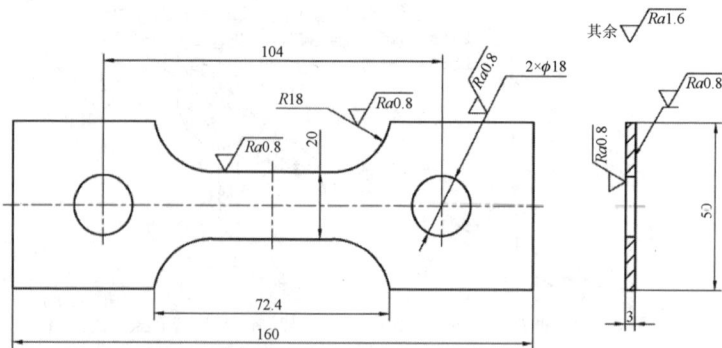

图 4-8　矩形横截面比例试样示意图

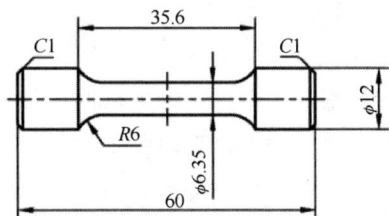

图 4-9　圆形横截面比例试样示意图

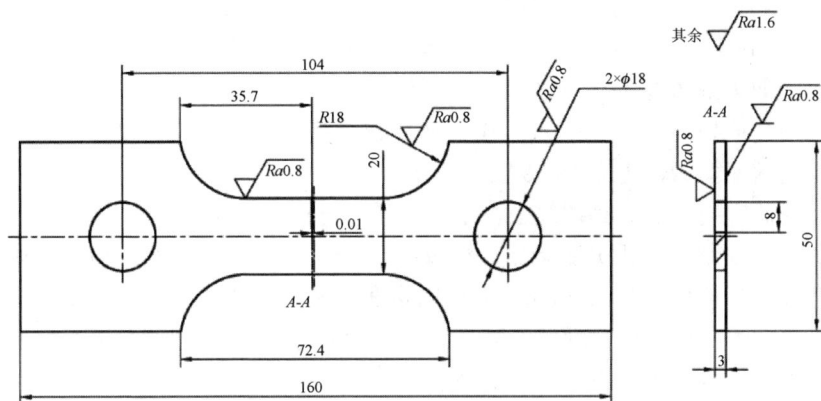

图 4-10　预裂纹试样示意图

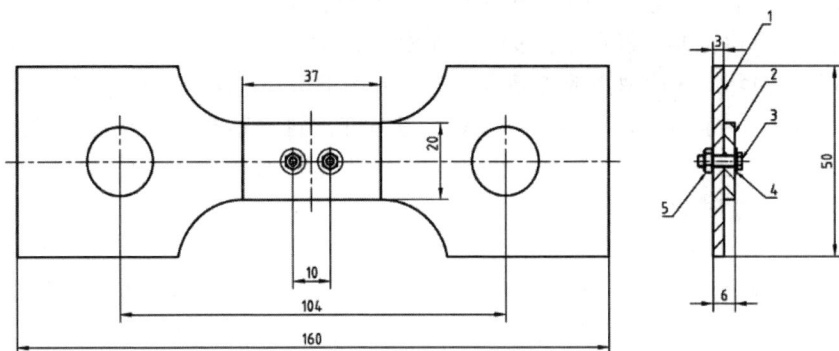

图 4-11　模拟连接件试样示意图

　　平行试验样品数量通常为奇数，一般应不少于三件。对于破坏性检测项目，试验样品数量应不少于每组平行试样数量与检测次数的乘积。试验过程中，为了满足性能对比和参照的要求，除试验样品外还应准备空白样品和参比样品。空白样品与试验样品相同，一般每一类试验样品应预留 1～3 件。参比样品一般按试验样品的尺寸、形状和数量准备。

4）方法程序

a. 恒载拉力加载。

从图 4-4 和图 4-5 中可以看出，若为矩形横截面样件拉力加载，那么上夹具、下夹具分别插入应力环中心孔，使用绝缘片包裹矩形试验样件两端夹持部位。将矩形试验样件和绝缘片分别装入上夹具和下夹具，用圆柱定位销将其与应力环体固定。若为圆形横截面样件，则将圆柱试样与夹具转换器安装连接，调整圆柱试样与夹具转换器的咬合螺纹，使夹具转换器与上夹具、下夹具的孔同心，安装圆柱定位销，将其与应力环体固定。调整上夹具、下夹具夹持部分与应力环内壁间隙，保持上夹具和下间隙相同。上夹具和下夹具安装垫片，上夹具安装上夹具螺母，用手锁紧螺母。在水平面上放置底座，安装应力环固定座，锁紧锁定螺钉。将下夹具另一头螺纹对准应力环固定座中心孔插入，在下夹具底部装入垫片及压缩弹簧，用梅花螺栓及垫片拧紧压缩弹簧，将应力环固定在底座。在上夹具顶部安装加载块及硬质垫圈。将螺栓预紧器安装在上夹具螺纹上，用手拧紧，再往回拧 1/4 圈，保持 1mm 左右的间隙。底座上安装固定千分表台架，并安装千分表，将千分表保持指针与加载块垂直，指针数值在量程一半约 6mm，安装固定在台架上，清零。拧紧 6 个顶推螺钉，使上夹具主螺纹定中并消除螺纹间隙，再用小扳手分多次交叉拧紧 6 个顶推螺钉，直到千分表数值达到预付值，完成加载。

b. 海洋大气—恒载拉力耦合试验。

加载完成后，拧紧上夹具螺母，卸下千分表和千分表台架，取下螺栓预紧器及加载块，卸下梅花螺栓及压缩弹簧、将加载后的应力环从底座取出，准备试验。将加载后的应力环从底座取出放置到海洋大气或棚下试验现场，户外按 45°外场暴晒角度进行放置、固定试验，棚下水平放置。推荐在腐蚀性最高的季节开始试验。一般推荐每年的 3～5 月或 9～10 月开始进行，也可根据委托方的相关技术要求或文件规定确定试验开始时间。

5）测试评价

a. 宏观观察。观察腐蚀产物形态、分布、厚度、颜色、致密度、附着性等。

b. 微观观察。观察腐蚀产物去除前后表面形貌，断口脆韧性等。

c. 腐蚀电化学测试，参照 ASTM G106、ASTM G59 等有关要求进行。对于活性溶解体系，记录腐蚀电流大小，腐蚀电流越小，材料耐腐蚀性能越好；当材料腐蚀电流相差不大时，腐蚀电位越高，材料耐腐蚀性能越好；对极化曲线强极化区进行塔菲尔斜率计算，定量得出阴阳极塔菲尔斜率数值。对于钝性体系，评价材料钝化区间性能，击破电位越高，材料耐腐蚀性能越好；维钝电流越小，材料耐腐蚀性能越好；保护电位越高，材料耐腐蚀性能越好。分析电化学阻抗谱图的组成，如容抗弧、感抗弧、扩散层、时间常数等。选取适当等效模型对阻抗谱图进行拟合，定量得到耐腐蚀性能参数指标，如溶液电阻、电荷转移电阻、涂层电容、腐蚀产物膜电容等，对各指标进行数学分析，得出腐蚀系统动力学过程及腐蚀机理。

d. 力学性能测试，参照 GB/T 228—2010《金属材料 室温拉伸试验方法》、GB/T 20120—2006《金属和合金的腐蚀 腐蚀疲劳试验等力学性能》测试标准中有关要求进行。合理选用屈服强度、抗拉强度、延伸率等相关强度、塑性指标计算、评价。根据失效情况，对断口形貌进行分析，分析断裂原因、断裂性质、断裂韧性等。

e. 裂纹分析，如为预裂纹试样，观察初始裂纹出现时间、宽度及长度。计算临界应力，采用二元搜索法确定临界应力，第一次试验应在特定的初始应力下（有关材料抗拉强度的一半）进行，并逐步递增应力值。计算裂纹扩展速率，根据记录的裂纹长度 a 和时间 t 数据，计算裂纹扩展速率 $\Delta a / \Delta t$ 和相对应的 $K1$，绘制 $\log(\Delta a / \Delta t)$ —$K1$ 曲线，求出指定位置的裂纹扩展速率。计算裂纹尖端应力强度因子，对于薄板矩形试样，裂纹尖端的应力强度因子满足：$K1 = YP/BW \cdot (\pi a)^{1/2}$；$Y = 1.12 - 0.23 \times (a/W) + 10.6 \times (a/W)^2 - 21.7 \times (a/W)^3 + 30.4 \times (a/W)^4$；式中，$P$ 为载荷，单位为 N；B、W、a 分别为试样的厚度、宽度和裂纹长度，单位为 m；Y 为无量纲裂纹形状因子。

f. 载荷检查。试验期间，定期检查载荷衰减情况，如不满足试验要求时，重新加载，记录载荷衰减情况。

4.3.2 海洋大气—疲劳组合试验技术

1）试验场地、设施与设备要求

户外试验，同 4.3.1 节中户外试验；棚下试验，同 4.3.1 节中棚下试验。

2）环境—疲劳载荷时间历程

环境—疲劳载荷时间历程应符合航空装备的时间服役寿命历程，通常为地面（棚下）存放—空中飞行—地面存放（地—空—地）的周期循环过程（见图 4-12）。

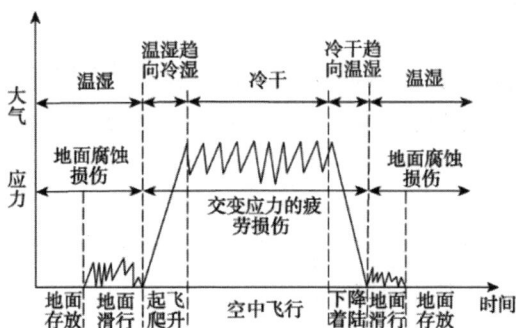

图 4-12　典型"地—空—地"环境—疲劳载荷时间历程

3）试验方法

a. 进行试验裁剪。裁剪是根据装备预期的寿命期环境剖面、环境适应性要求、技术性能/功能指标等进行综合分析、评估和权衡，确定试验环境、试验方法、试验顺序、试验程序、试验条件等内容的过程。

b. 根据承载结构件模拟部位材料单位时间内承受的自然环境损伤、疲劳损伤量值，利用南海大气自然环境试验与疲劳试验的组合方式等效加载，制定组合试验剖面。

c. 对于常规承载结构连接件，采用海洋户外（棚下）暴露+疲劳试验的循环方式进行组合试验，利用户外大气试验代表航空装备承载结构连接件在地面停放维护过程中所经受的海洋环境损伤，以及利用室内疲劳试验代表承载结构件在工作过程中所经受的疲劳损伤，开展循环试验。

4.3.3　海洋大气—热组合试验技术

1）试验场地、设施与设备要求

户外试验，同 4.3.1 节中户外试验；棚下试验，同 4.3.1 节中棚下试验。

2）热试验

热氧化设备试验区域内各点温度应均匀，与规定温度的偏差不超过±5℃。试验设备使用的温度调节装置及测温仪表应精确，测温精度不高于±1℃。试样在空气介质中试验时，试验设备应设有专门空气流通结构或组件，以便空气自由进入；在特殊气体介质中试验时，应保证通往各试样气体的速度不变。根据试验温度不同，应分别采用高质量且具有足够容积的瓷坩埚、高铝坩埚、石英坩埚或铂金坩埚，以便试样完全装入而防止在试验过程中腐蚀产物落于坩埚外面。试样放入坩埚前，需要对坩埚进行空烧，以保证坩埚恒重。

3）试验与评价方法

a. 试验原则。

进行试验剪裁，根据装备预期的寿命期环境剖面、环境适应性要求、技术性能/功能指标等进行综合分析、评估和权衡，确定试验环境、试验方法、试验顺序、试验程序、试验条件等内容的过程。下面以发动机叶片为例。

对于压气机叶片高温合金，采用海洋户外暴露+中低温试验的方式进行组合模拟，利用户外大气试验代表航空发动机压气机叶片在地面停放过程中所经受的海洋环境损伤，以及利用中低温环境试验代表叶片在工作过程中所经受的氧化损伤，开展循环试验。

对于涡轮叶片高温合金，采用海洋棚下暴露+燃烧室排放物模拟介质涂覆+高热氧化试验的方式进行组合模拟，利用棚下试验代表航空发动机涡轮叶片在地面停放过程中所经受的海洋环境损伤，以及利用高热环境试验+燃烧室排放物模拟介

（Na₂SO₄）涂覆的方式代表叶片在工作过程中所经受的热氧化及热腐蚀损伤过程，开展循环试验。

b. 试验剖面制定。

以发动机叶片为例，依据发动机叶片材料实际工作温度及使用环境特点，梳理成记录表（见表 4-3），当涉及工作温度为工作范围时，推荐按最高温度开展试验。按表 4-3 及试验方法开展循环，试验剖面制定示意图如图 4-13 所示。

表 4-3　发动机叶片材料及工况温度记录表

部位	名称	材料	工作温度
风扇	可调叶片	A1	B1
压气机	低压 1～3 级	A2	B2
	高压 1～3 级	A3	B3
	高压 4～9 级	A4	B4
涡轮	低压 1～2 级	A5	B5
	高压	A6	B6

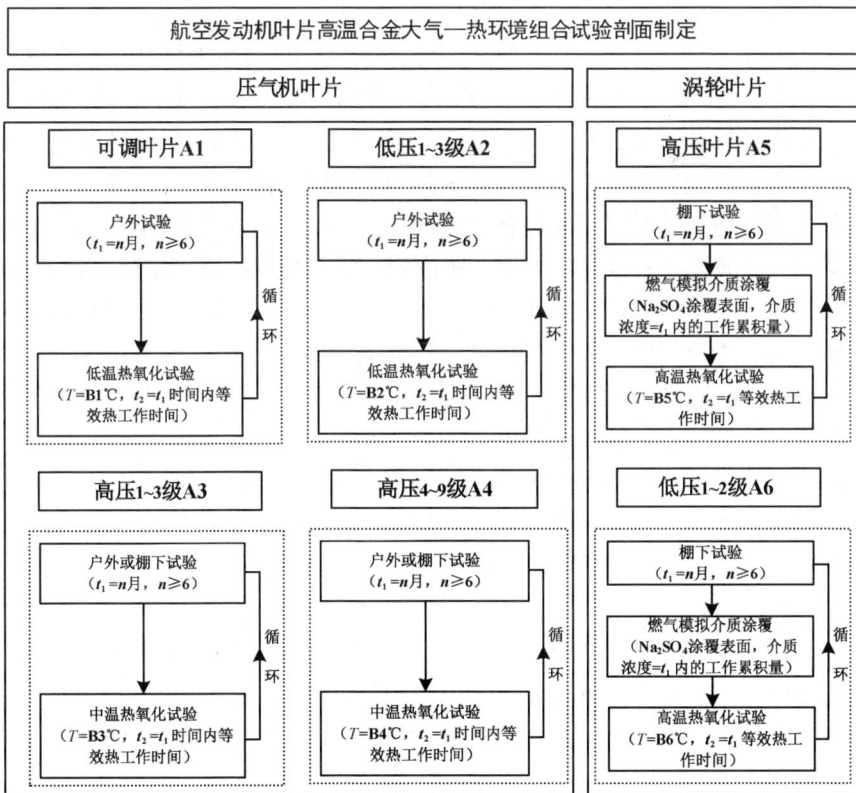

图 4-13　试验剖面制定示意图

4）试验实施

以大气环境试验为第一步骤，推荐在腐蚀性最高的季节开始试验。一般推荐每年的 4～5 月或 9～10 月开始进行试验。

以发动机叶片为例，压气机叶片高温合金材料大气—热环境组合试验：a1.开展海洋户外暴露试验。将试验样品主暴露面朝向赤道，与水平面成45°角；试验样品之间或试验样品与可能影响其腐蚀性能的任何材料不得直接接触，推荐采用绝缘材料做成的夹具将其隔开。试验样品与夹具之间接触面积应尽可能小；试验样品之间不应彼此遮盖，也不应受其他物体遮盖，确保腐蚀产物和雨水不能从一个试验样品表面流向另一个试验样品表面。b1.户外暴露后，开展试验。试样放置在坩埚内并尽量少接触坩埚壁，避免面接触；试验时将坩埚放于耐火砖上准备装炉；各坩埚间根据炉膛大小相隔一定距离；炉温升至预定温度后，进行装炉，当炉温再次达到预定温度后开始计算保温时间；坩埚必须在高于试验温度 100℃下焙烧去除其中的水分及杂质，具体步骤参照 GB/T 13303—1991 标准进行。c1.按 a1 与 b1 两步骤开展循环工作，每个循环中大气环境试验时间应不小于 6 个月（推荐 6 个月或 12 个月），试验量值依装备实际情况而定。

涡轮叶片高温合金材料大气—热环境组合试验：a2.开展海洋棚下暴露试验。将试验样品垂直放置；试验样品架上放置的试验样品应距地面、屋顶、四周墙壁至少0.5m；试验样品之间或试验样品与可能影响其腐蚀性能的任何材料之间不能直接接触，采用绝缘材料制作的夹具、钩子将其隔开；同类试验样品应放置在一起，使其所处条件一致，均匀地暴露于来自各个方向的大气中，并按取样时间顺序排列。b2.棚下暴露后，开展燃烧室排放物模拟介质涂覆及氧化试验。将无水硫酸钠（分析纯）和无水氯化钠（分析纯）按质量比 3:1 配好，溶于去离子水中制成饱和溶液，涂盐总量依装备实际情况而定（如无实测值推荐采用 $0.5mg/cm^2$），用分析天平称取自重后将试样放在电阻加热器上加热，待试样表面发烫时，用毛笔蘸取溶液，在试样表面均匀涂抹，待试样表面析出白色盐颗粒时换取其他面重复操作，直到达到涂盐量值，再按 b2 中步骤开展热试验（不使用坩埚，用高温镍铬丝将试样悬挂在试样架上）。c2.按 a2 与 b2 两步骤开展循环工作，每个循环大气试验时间应不小于 6 个月（推荐 6 个月或 12 个月），试验量值依装备实际情况而定。

5）试验检测

腐蚀电化学测试：参照 ASTM G106、ASTM G59 等有关要求进行。

力学性能测试：参照 GB/T 228—2018《金属材料 室温拉伸试验方法》、GB/T 20120—2006《金属和合金的腐蚀 腐蚀疲劳试验》等力学性能测试标准中有关要求进行。

热氧化性能测试：参照 GB/T 13303—1991《钢的抗氧化性能测定方法》等有

关要求进行。

显微表面/截面分析：参照 GB/T 18590—2001《金属和合金的腐蚀 点蚀评定方法》等有关要求进行。

在检测周期上：外场每月拍照 1 次；腐蚀电化学测试按前密后疏测试（1 个月、3 个月、6 个月、12 个月、18 个月、24 个月、36 个月等）；其他测试（力学、显微分析等）每 6 个月 1 次（或其他指定时间），分别在热加载前后。

热氧化试验：采用间断称量法，测定样品在高温氧化条件下的增重与时间的关系，称重时间分别在 5 小时、20 小时、40 小时、60 小时、80 小时、100 小时、150 小时、200 小时、250 小时、300 小时（如有需要可增加到更多时间）。从箱式电阻炉中取出坩埚与试样，在干燥器内冷却至室温后，称量试样加坩埚的重量，前后两次的重量差即该时间节点的氧化增重（失重）。称取结束后，将试样按原样放入电阻炉中继续氧化，直至氧化结束。

热腐蚀试验：采用间断称量法，测定样品在高温氧化条件下的重量与时间的关系，称重时间分别在 5 小时、20 小时、40 小时、60 小时、80 小时、100 小时、150 小时、200 小时、250 小时、300 小时（如有需要可增加到更多时间）。从箱式电阻炉中取出试样，在干燥器内冷却至室温后，称量试样重量，前后两次的重量差即该时间节点的增重（失重）。称取结束后，将试样按原样放入电阻炉中继续试验，直至试验时间结束。

6）试验评价

表面观察：宏观观察腐蚀产物形态、分布、厚度、颜色、致密度、附着性等；微观观察腐蚀产物去除前后形貌、截面形貌等。

腐蚀电化学测试：对于活性溶解体系，记录腐蚀电流、腐蚀电位；对极化曲线强极化区进行塔菲尔斜率计算，定量得出阴阳极塔菲尔斜率数值。对于钝性体系，记录击破电位、维钝电流越小、保护电位。分析电化学阻抗谱图的组成，如容抗弧、感抗弧、扩散层、时间常数等。选取适当等效模型对阻抗谱图进行拟合，定量得到耐蚀性能参数指标，如溶液电阻、电荷转移电阻、涂层电容、腐蚀产物膜电容等，对各指标进行数学分析，得出腐蚀系统动力学过程及腐蚀机理。

力学性能测试：参照力学性能测试标准，合理选用屈服强度、抗拉强度、延伸率、断面收缩率等指标计算、评价。根据失效情况，对断口形貌进行分析，分析断裂原因、断裂性质、断裂韧性等。

热氧化性能测试：参照 GB/T 13303—1991《钢的抗氧化性能测定方法》，选用重量法进行计算、评价，采用重量法测定氧化速度，按式（4-1）计算。

$$K^+ = \frac{m_1^+ - m_0^+}{S_0 \cdot t} \qquad (4\text{-}1)$$

式中：K^+——单位面积单位时间质量的变化，单位为 $g/m^2·h$；

　　　m_1^+——试验后试样和坩埚的质量，单位为 g；

　　　m_0^+——试验前试样和坩埚的质量，单位为 g；

　　　S_0——试样原表面积，单位为 m^2；

　　　T——时间，单位为 h。

除计算氧化速度外，应记录试样表面氧化的程度、腐蚀产物脱落情况、膜的特征，必要时进行显微观察氧化的深度、内氧化及冷弯试验。

7）评价判据

宏观表面观察：推荐采用 GJB150A.11—2009 中腐蚀失效评价依据，即以 30%腐蚀面积为判定标准。

微观表面观察：由于显微形貌受放大倍数及表征手段的影响，所以微观表面观察方面以描述评价为主。

腐蚀电化学测试：对于涂层样件，推荐采用 0.01Hz 低频阻抗模值 $10^6\Omega·cm^2$ 作为判定依据，当电化学阻抗测试结果低于 $10^6\Omega·cm^2$ 时，一般认为该防护体系基本丧失防护能力。对于裸金属样件，一般无定量评价判据，通常认为，对于活性溶解体系，腐蚀电流越小，材料耐腐蚀性能越好；当材料腐蚀电流相差不大时，腐蚀电位越高，材料耐腐蚀性能越好。对于钝性体系，击破电位越高，材料耐腐蚀性能越好；维钝电流越小，材料耐腐蚀性能越好；保护电位越高，材料耐腐蚀性能越好。

力学性能测试：基础材料力学性能一般有较为明确的拉伸、疲劳、剪切等设计值或许用值，推荐结合其相关安全设计系数进行综合判断。

热氧化性能测试：基础材料热氧化性能一般有较为明确的氧化速率设计值或许用值，推荐结合其相关安全设计系数进行综合判断。

4.3.4　复杂结构部位定量评价技术

1）测定原理

a．线性极化。

海洋环境定量评价的一个重要的目的是测量结构材料不同时间、不同部位的腐蚀速度，特别是对一些焊接结构件、有裂纹等缺陷的结构件和一些紧固件等。根据金属腐蚀的相关原理，金属表面的自腐蚀电流可用如下公式表示：

$$I_{corr} = \frac{B}{R_p} \tag{4-2}$$

其中，I_{corr} 为自腐蚀电流，R_p 为极化电阻，是极化曲线在该电位处切线的斜率，B

为格林—特恩常数，其表达式如下：

$$B = \frac{\beta_a \beta_c}{\beta_a + \beta_c} \tag{4-3}$$

其中，β_a、β_c 分别为金属电极阳极和阴极的塔菲尔斜率。依据金属腐蚀过程的动力学理论，在自腐蚀电位附近双向施加很小的扰动（一般为 $10 \sim 20mV$），电极的电位与外测腐蚀电流密度呈线性关系，所测曲线的斜率即极化电阻。因此，线性极化的核心就是通过测量极化电阻计算不同部位的腐蚀速率，从而对不同结构件和工艺进行定量评价和检测，进而评估腐蚀风险和寿命的。

b. 电化学阻抗谱。

电化学阻抗谱是一种研究电极反应动力学及电极界面现象的重要电化学方法，进行电化学阻抗谱测量的目的是根据得到的谱图，确定相应的等效电路或者数学模型，与其他电化学方法结合，推测电极系统中包含的动力学过程及其机理。根据测试所得电化学阻抗谱的特征，判断被测结构材料或工艺处于腐蚀过程的哪个阶段，选择相应等效电路进行数据拟合，得到代表不同物理意义的电学元件的数值，从而开展海洋环境适应性的定量评价。

以有机涂层为例，涂覆有机涂层的结构材料在与腐蚀介质接触的初期，外界电解质溶液还没到达涂层/金属界面，此时的有机涂层相当于一个阻值很大、电容很小的隔绝层，阻抗谱所对应的等效电路模型可用图 4-14 表示，其中 R_s 为溶液电阻，Q_{dl} 为双电层电容，R_t 为电荷转移电阻。随着电解质溶液向有机涂层的不断渗透，涂层电容随浸泡时间的增加而增大，涂层电阻则随浸泡时间而减小。当电解质溶液渗透达到涂层/金属界面并在界面区形成腐蚀反应微电池后，测得的阻抗谱就会出现两个时间常数，典型的等效电路如图 4-15 所示，其中 R_s、Q_{dl} 和 R_t 的物理意义与图 4-14 中所述的一致，Q_f 和 R_f 分别为涂层电容和涂层电阻。鉴于实际有机涂层组成及成膜的复杂性，在浸泡中期及后期还会出现扩散过程引起的阻抗特征，此时的阻抗谱图中含有 Warburg 阻抗元件，常用 Z_w 表示，当有机涂层表面仅有肉眼看不到的微孔时，扩散层在有机涂层内，而当有机涂层表面出现明显肉眼可见的锈点或宏观孔时，反应粒子可顺利通过宏观孔到达涂层/金属界面，此时的扩散层出现在金属电极界面，由此决定了 Warburg 阻抗元件 Z_w 在等效电路中的位置。

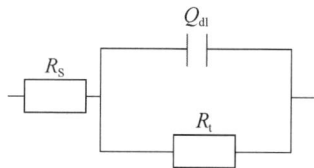

图 4-14　有机涂层浸泡初期阻抗谱的电化学等效电路

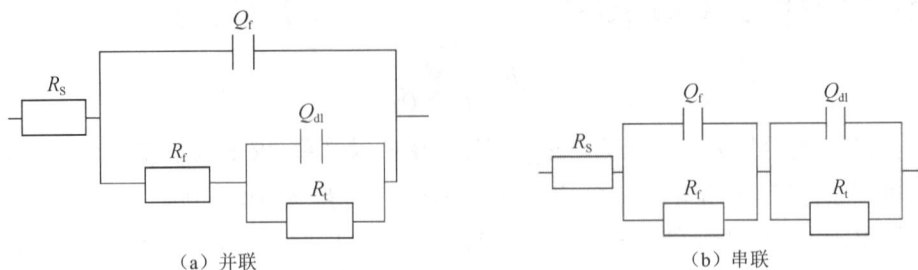

（a）并联　　　　　　　　　　　（b）串联

图 4-15　有机涂层浸泡中期阻抗谱的电化学等效电路

2）试验设备

进行定量评价用到的主要试验设备是电化学工作站和电化学笔，电化学笔的基本构造及与外部电化学工作站的连接示意图如图 4-16 所示，电化学笔内部集成了参比电极（Ag/AgCl）和对电极（Pt 丝），可存储一定量的电解质溶液，底部为多孔隔膜，电解质溶液通过多孔隔膜可与外部的被测结构件导通。通过将被测结构件连接至外部电化学工作站的工作电极（WE），Ag/AgCl 连接至外部电化学工作站的参比电极（RE），Pt 丝连接至外部电化学工作站的对电极，就构成了进行各种电化学测试的经典三电极体系。

电化学笔的笔尖测量面积为 $1.5mm^2$（也可以更小，可根据需要定制），因此，利用该笔可进行各种局部电化学测量，对紧固件、焊接件和裂纹尖端等局部位置进行定量测量和评价。

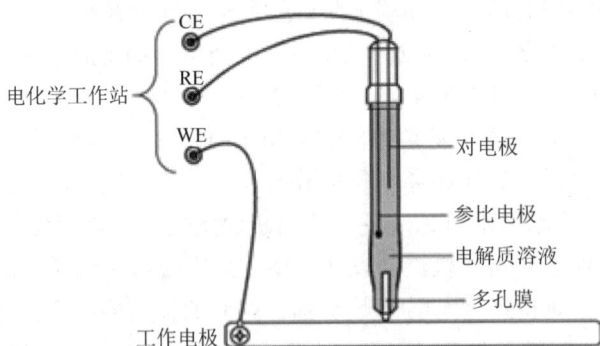

图 4-16　电化学笔结构示意图

3）试验程序

电化学笔校验。将电化学笔内部电解质溶液存储海绵体联通 Pt 丝参比电极和 Ag/AgCl 参比电极一同浸入测量所用的电解质溶液中（如 3.5%的 NaCl 等）半小时，保证海绵体充分吸收电解质溶液。将电化学笔的笔尖放在平坦的抛光表面上并再次抬起。干燥后，用显微镜在空气中测量印模的面积，即测量时的实际面积。使用商用 Ag/AgCl 参比电极检查电化学笔内部参比电极的电位。将电化学笔内部集成的参比电极连接到电化学工作站的工作电极上，将商用的 Ag/AgCl 参比电极连接到电化学工作站的参比电极上，然后将电化学笔的笔尖固定在 Ag/AgCl 参比电极底端的多孔陶瓷体上，等达到平衡即可读取电位差值。电化学笔在室温下的电位差最多为 5mV 的偏差，其值如表 4-4 所示。

表 4-4 电化学笔中集成参比电极在不同电解质溶液中的电位

电解质溶液	电位值（Ag/AgCl）
0.1%NaCl	0.115
0.9%NaCl	0.070
0.9%NaCl（pH=4）	0.072
0.1mol/L NaCl	0.081
1mol/L NaCl	0.03
0.2mol/L H_3PO_4	0.223

4）试验实施

测试位置的选取。可根据需要选择不同的区域开展测试，以达到不同的研究目的。例如，在紧固件周围不同位置处测量可定量评价紧固件周围涂层性能的好坏，对焊接接头的焊缝开展测试可监测焊缝处腐蚀速率的变化，对裂纹尖端处开展测试可监测裂纹处电化学性能的变化。

a. 线性极化测试。

将被测样品连接到电化学工作站的工作电极上，电化学笔的参比电极和对电极分别与电化学工作站的参比电极和对电极相连，电化学笔的笔尖与被测样品的测试位置良好接触。测量被测位置处的开路电位，待开路电位稳定后方可进行线性极化测试。线性极化测试的电位测试区间相对于开路电位为-20～20mV，电位扫描速率为 1mV/s。测试完成后，保存测试数据，将电化学笔的笔尖移动到下一个被测位置处，重复以上操作。

b. 电化学阻抗谱测试。

将被测样品连接到电化学工作站的工作电极上，电化学笔的参比电极和对电极分别与电化学工作站的参比电极和对电极相连，电化学笔的笔尖与被测样品的测试位置良好接触。测量被测位置处的开路电位，待开路电位稳定后方可进行电化学阻抗谱测试。电化学阻抗谱测试的频率区间设置为 10^5～10^{-2}Hz，扰动振幅可根据实际情况进行设置，被测样品为金属时，扰动振幅一般为 5～10mV，被测样品为涂层样品时，扰动振幅一般为 10～20mV。测试完成后，保存测试数据，将电化学笔的笔尖移动到下一个被测位置处，重复以上操作。

4.4 典型航空材料海洋大气环境腐蚀行为与机理

4.4.1 典型航空铝合金海洋大气环境腐蚀行为与机理

1）腐蚀动力学

从图 4-17 和表 4-5 可以看出，两种铝合金腐蚀速率的变化趋势大体一致，皆呈现出先上升后下降的趋势。在暴晒试验初期，两种铝合金腐蚀速率较低，铝合金在海洋大气环境下暴晒初期，金属表面会产生致密氧化膜。致密氧化膜隔绝大气中的腐蚀介质与金属基体接触，减缓铝合金表面腐蚀进程。试验进行到 3 个月，铝合金表面钝化膜破裂，发生明显的局部腐蚀，腐蚀产物与钝化膜相比较为疏松，与铝合金基体相比电位更正，导致点蚀容易纵向和横向发展，腐蚀速率与暴晒 1 个月相比大幅度上升。随着暴晒时间的延长，铝合金表面的腐蚀产物数量逐渐增多，在金属表面堆叠与挤压，抑制腐蚀介质到达金属基体的扩散过程，腐蚀速率逐渐下降。其中，某 2000 系铝合金腐蚀速率普遍高于某 7000 系铝合金腐蚀速率，在南海海洋大气环境下，某 7000 系铝合金有着相对更优异的耐腐蚀性。

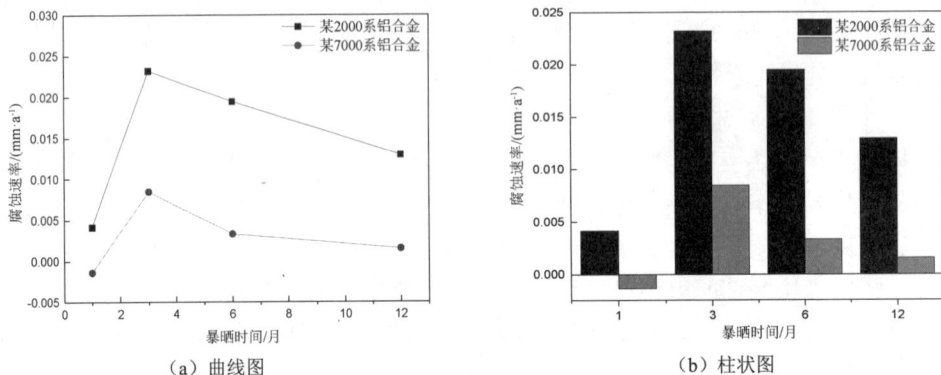

（a）曲线图　　　　　　　　　（b）柱状图

图 4-17　某 2000 系铝合金与某 7000 系铝合金海洋环境试验腐蚀速率曲线图与柱状图

表 4-5　某 2000 系铝合金海洋环境试验腐蚀速率数据

时间/月	某 2000 系铝合金	某 7000 系铝合金
	腐蚀速率/（mm·a^{-1}）	腐蚀速率/（mm·a^{-1}）
1	4.16×10^{-3}	-1.36×10^{-3}
3	2.32×10^{-2}	8.46×10^{-3}
6	1.95×10^{-2}	3.34×10^{-3}
9	1.29×10^{-2}	1.56×10^{-3}

2）宏观形貌

从图 4-18 和图 4-19 可以看出，两种铝合金主要腐蚀形式为局部腐蚀，在腐蚀初期，铝合金表面产生大量的点状灰白色腐蚀产物，部分金属基本保持金属光泽。随着暴晒时间的延长，腐蚀产物数量增多，逐渐覆盖了整个铝合金表面，同时腐蚀产物不断在铝合金表面堆叠与挤压，形成较为致密的腐蚀产物层。在暴晒试验初期，某 7000 系铝合金的腐蚀程度明显比某 2000 系铝合金的腐蚀程度轻微，当暴晒试验进行到 3 个月时，某 2000 系铝合金表面已完全被腐蚀产物覆盖，某 7000 系铝合金尚有部分基体并未发生腐蚀。

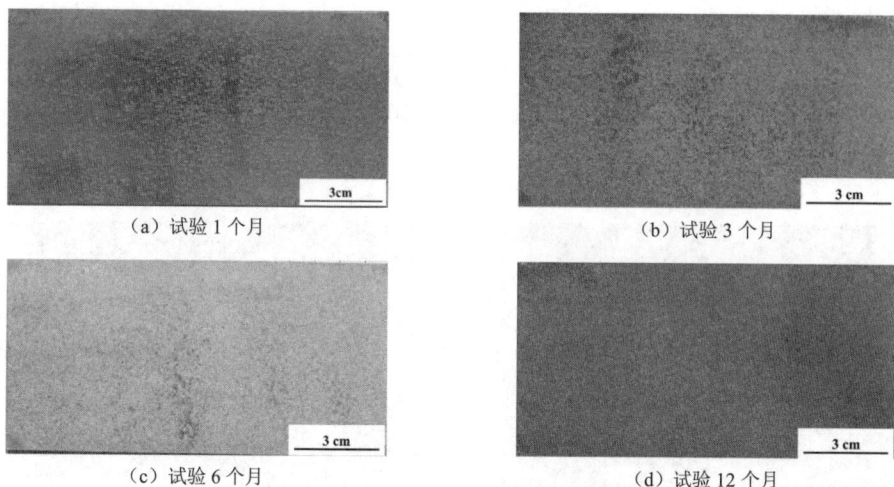

（a）试验 1 个月　　　　　　　　　　（b）试验 3 个月

（c）试验 6 个月　　　　　　　　　　（d）试验 12 个月

图 4-18　某 2000 系铝合金海洋环境试验宏观形貌

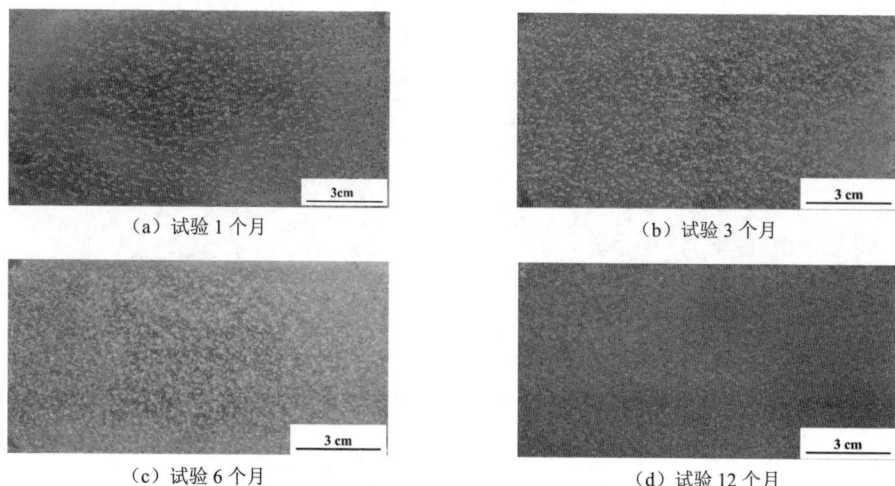

（a）试验 1 个月　　　　　　　　　　（b）试验 3 个月

（c）试验 6 个月　　　　　　　　　　（d）试验 12 个月

图 4-19　某 7000 系铝合金海洋环境试验宏观形貌

3）微观形貌与统计学分析

从图 4-20 和图 4-21 可以看出，在暴晒试验初期，铝合金表面钝化膜发生破裂，有少量腐蚀产物产生。随着暴晒时间增长，钝化膜发生破裂区域增多，腐蚀产物的面积变大。与某 2000 系铝合金相比，某 7000 系铝合金则表现出更为优异的耐腐蚀性，在腐蚀初期，某 7000 系铝合金表面只有少量腐蚀产物产生，大部分钝化膜保持着较好的完整性。当暴晒试验进行到 9 个月时，某 7000 系铝合金表面尚有未被腐蚀的钝化区域。当暴晒试验进行到 12 个月时，铝合金表面基本被腐蚀产物覆盖，但腐蚀产物的数量远少于某 2000 系铝合金，这表示某 7000 系铝合金的腐蚀情况远弱于某 2000 系铝合金。

图 4-22 和图 4-23 所示为某 2000 系铝合金和某 7000 系铝合金在海洋大气暴晒不同周期后的 EDS 谱图，从图中可以看出，某 2000 系铝合金、某 7000 系铝合金腐蚀产物主要元素是 O 和 Al。

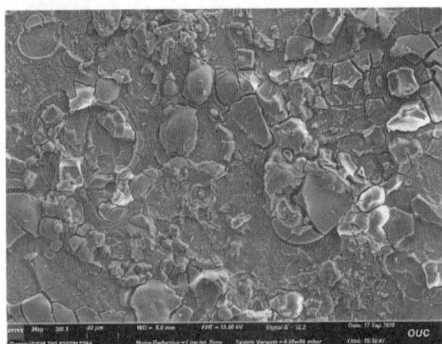

（a）试验 1 个月

（b）试验 3 个月

（c）试验 6 个月

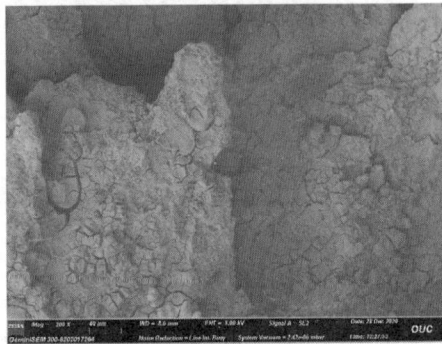

（d）试验 12 个月

图 4-20　某 2000 系铝合金海洋环境试验微观形貌

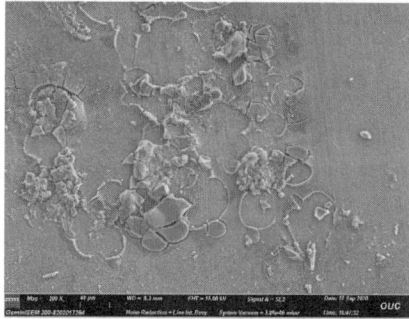
（a）试验 1 个月

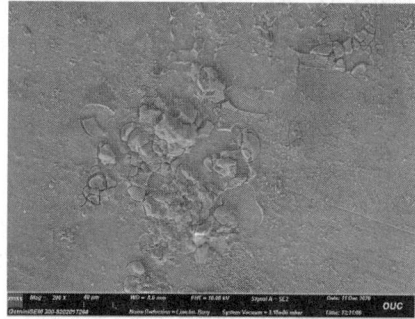
（b）试验 3 个月

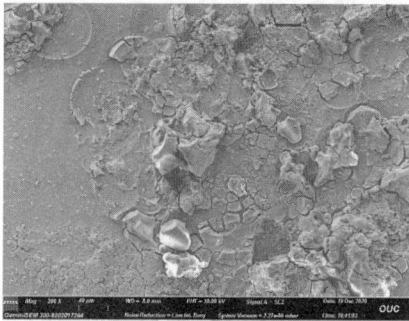
（c）试验 6 个月

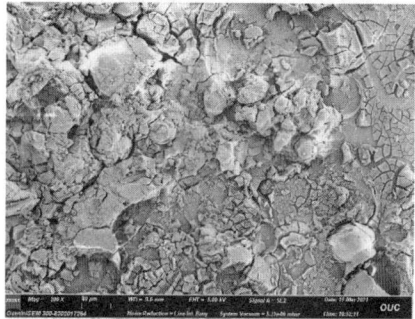
（d）试验 12 个月

图 4-21　某 7000 系铝合金海洋环境试验微观形貌

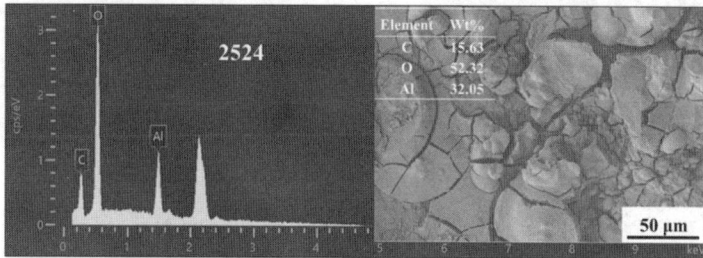

图 4-22　某 2000 系铝合金在海洋大气暴晒不同周期后的 EDS 谱图

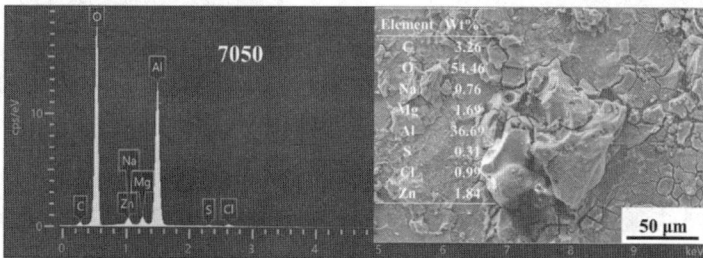

图 4-23　某 7000 系铝合金在海洋大气暴晒不同周期后的 EDS 谱图

　　图 4-24、图 4-25 所示为某 2000 系铝合金、某 7000 系铝合金在海洋大气暴晒不同周期去除腐蚀产物后的微观形貌。在暴晒试验初期，某 2000 系铝合金表面发生明显点蚀，同时，点蚀不断向纵向与横向发展，除锈后基体有大范围块状腐蚀坑。随着暴晒试验的延长，腐蚀不断从点蚀区域纵向与横向发展，表面出现明显剥蚀现象，并能观察到阶梯状腐蚀形貌。某 7000 系铝合金在大气暴露初期，仅能观察到个别独立的较小点蚀坑，表面其他区域保持完整，未发生腐蚀，尚能见到金属基体表面的划痕。随着腐蚀过程的进行，点蚀的面积和深度都有较大程度的增长。

（a）试验 1 个月　　　　　　　　　　　　　　（b）试验 3 个月

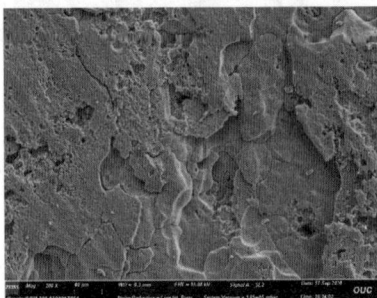

（c）试验 6 个月　　　　　　　　　　　　　　（d）试验 12 个月

图 4-24　某 2000 系铝合金在海洋大气暴晒不同周期去除腐蚀产物后的微观形貌

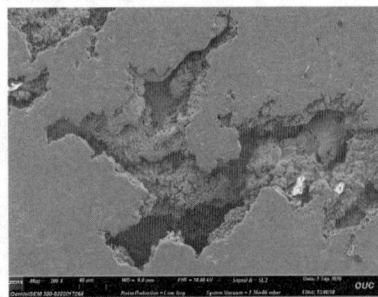

（a）试验 1 个月　　　　　　　　　　　　　　（b）试验 3 个月

图 4-25　某 7000 系铝合金在海洋大气暴晒不同周期去除腐蚀产物后的微观形貌

（c）试验 6 个月 　　　　　　　　　　（d）试验 12 个月

图 4-25　某 7000 系铝合金在海洋大气暴晒不同周期去除腐蚀产物后的微观形貌（续）

图 4-26 所示为某 2000 系、某 7000 系铝合金在海洋大气暴晒 6 个月后的截面形貌。某 2000 系铝合金样品截面可以观察到许多薄而长的裂纹。所有的裂纹都与金属表面平行，发生在第二相附近，其中一部分被腐蚀产物填充。此外，在样品的表面也发现了可能发生在剥落之前的晶间腐蚀迹象。随着暴晒时间的延长，裂纹扩展，部分腐蚀产物从间隙脱落，留下了一个空洞的缝隙。随着暴晒时间进一步增加，许多非腐蚀晶粒开始剥离，这是因为楔形力产生的腐蚀产物，具有比铝合金更高的摩尔体积。某 7000 系铝合金样品截面可以观察到明显的坑状轮廓腐蚀产物积聚，在其周围出现许多细小的裂纹。

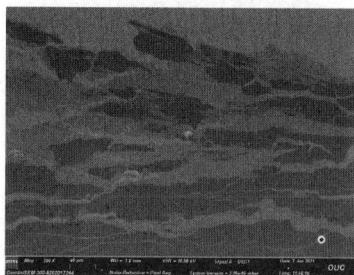

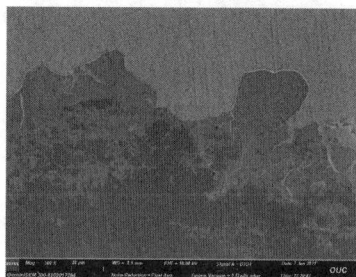

（a）某 2000 系铝合金 　　　　　　　　　（b）某 7000 系铝合金

图 4-26　某 2000 系、某 7000 系铝合金在海洋大气暴晒 6 个月后的截面形貌

图 4-27、图 4-28 所示为某 2000 系铝合金、某 7000 系铝合金在海洋大气暴晒 6 个月后的截面 EDS 谱图。两种铝合金的腐蚀产物的主要元素分别是 O、Al 和 O、Na、Mg、Al、Zn，而在某 7000 系铝合金中还检测到一定量的 Cu 元素。

图 4-29、图 4-30 所示为某 2000 系铝合金、某 7000 系铝合金去除腐蚀产物后的典型激光共聚焦显微镜的 3D 腐蚀形貌，从图中可以看出，铝合金主要的腐蚀模式为点蚀，两种铝合金在海洋大气暴晒初期，表面已经产生明显的点蚀坑。随着暴晒时间的延长，点蚀不断向水平和深度方向生长，并相互连接形成腐蚀孔洞，在样品表面出现了较大范围的点蚀区域。当暴晒试验进行到 12 个月时，某 2000 系铝合金表

面发生了明显的剥蚀现象，与某 2000 系铝合金相比，某 7000 系铝合金表面腐蚀主要以点蚀为主。

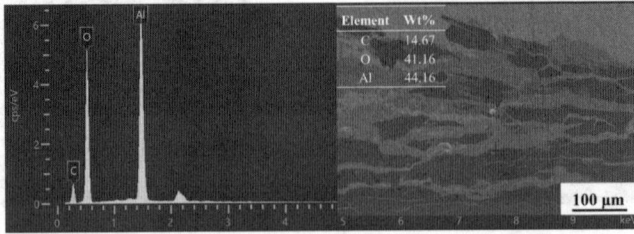

图 4-27 某 2000 系铝合金在海洋大气暴晒 6 个月后的截面 EDS 谱图

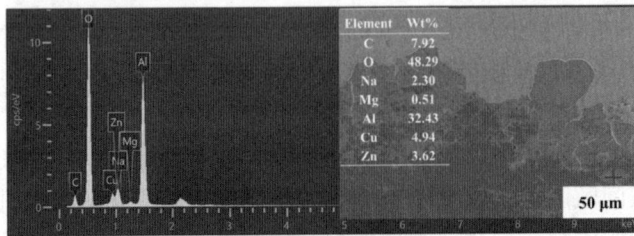

图 4-28 某 7000 系铝合金在海洋大气暴晒 6 个月后的截面 EDS 谱图

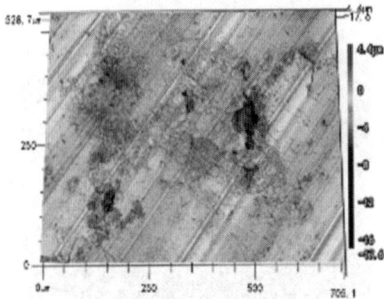

（a）试验 1 个月

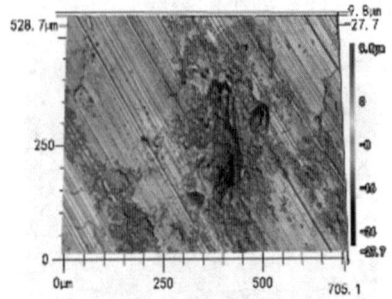

（b）试验 3 个月

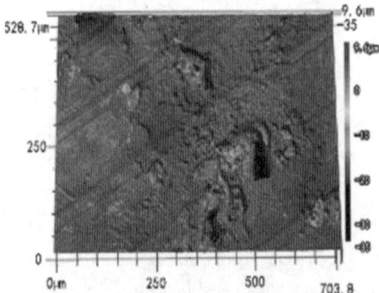

（c）试验 6 个月

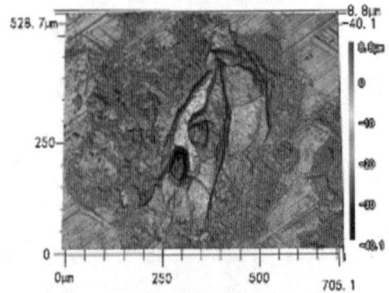

（d）试验 12 个月

图 4-29 某 2000 系铝合金去除腐蚀产物后的典型激光共聚焦显微镜 3D 腐蚀形貌

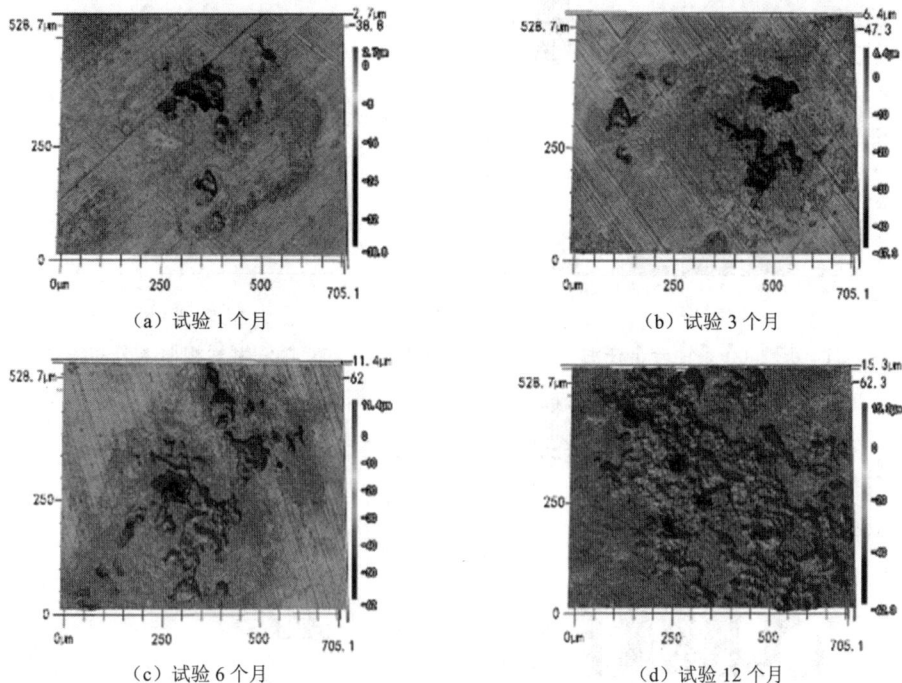

（a）试验 1 个月　　　　　　　　　　　　（b）试验 3 个月

（c）试验 6 个月　　　　　　　　　　　　（d）试验 12 个月

图 4-30　某 7000 系铝合金去除腐蚀产物后的典型激光共聚焦显微镜 3D 腐蚀形貌

图 4-31、图 4-32 所示为某 2000 系铝合金、某 7000 系铝合金在海洋大气暴晒不同周期后的点蚀深度累积概率分布统计图。对两种铝合金进行随机选取 100 个点蚀坑，所有点蚀深度按顺序排列，对其深度值分布进行柱状图统计，符合正态分布。某 2000 系铝合金在暴晒 1 个月后，点蚀深度主要集中在 10～20 μm，暴晒 3 个月和 6 个月后，点蚀深度主要集中在 20～30 μm；暴晒 1 年后，点蚀深度主要集中在 30～50 μm。某 7000 系铝合金在大气暴晒初期，点蚀深度主要集中在 20～50 μm，暴晒 3 个月后，点蚀深度主要集中在 20～60 μm，暴晒 6 个月和 1 年后，点蚀坑深度基本都处于 30 μm 以上，正面出现多个 90 μm 以上的点蚀。相对某 7000 系铝合金来说，某 2000 系铝合金在腐蚀前期的点蚀深度较小，抗点蚀能力较强。

4）腐蚀产物成分分析

图 4-33 所示为某 2000 系铝合金、某 7000 系铝合金在海洋大气暴晒周期后的 XRD 谱图，从图中可以看出，两种铝合金的腐蚀产物主要成分为 $AlOOH$、Al_2O_3 和 $Al(OH)_3$，Al_2O_3 的形成是由于腐蚀初期钝化膜受薄液膜中 Cl^- 侵蚀，钝化膜局部区域发生破坏暴露出 Al 基体，活泼的 Al 基体与液膜中溶解的氧气发生反应从而形成 Al_2O_3。由于腐蚀产物一直浸泡在电解质液膜中，会逐渐转化成 $AlOOH$。$Al(OH)_3$ 来源于 Al 与水的电解。随着试验的进行，$Al(OH)_3$ 会与 Cl^- 发生反应，形成水溶性的 $AlCl_3$。

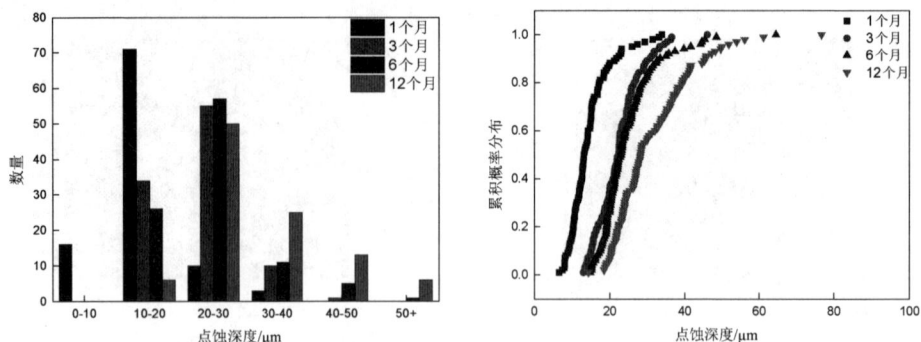

图 4-31　某 2000 系铝合金在海洋大气暴晒不同周期后的点蚀深度累积概率分布统计图

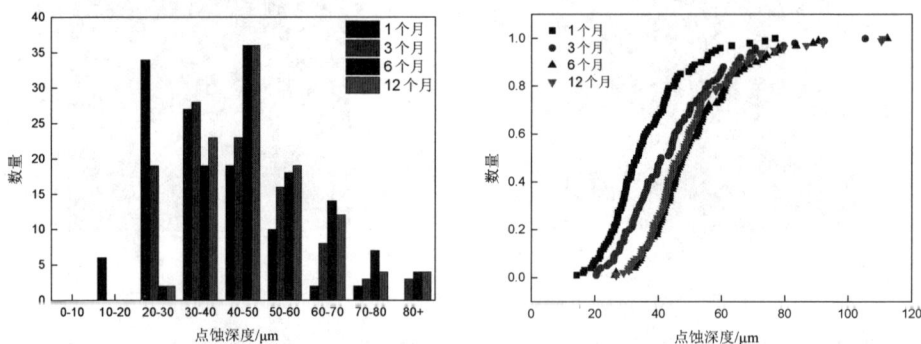

图 4-32　某 7000 系铝合金在海洋大气暴晒不同周期后的点蚀深度累积概率分布统计图

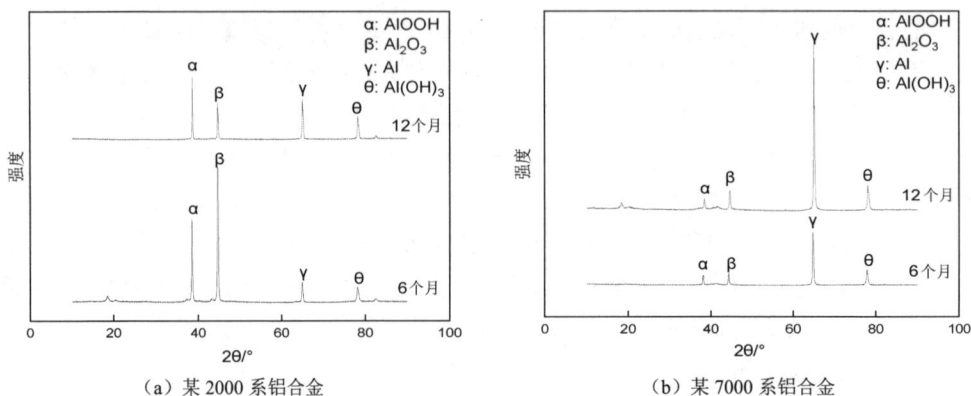

（a）某 2000 系铝合金　　　　　　　　（b）某 7000 系铝合金

图 4-33　两种铝合金在海洋大气暴晒不同周期后的 XRD 谱图

5）电化学行为分析

图 4-34 所示为某 2000 系、某 7000 系铝合金在海洋大气暴晒不同周期后的电化学阻抗谱，从图中可以看出，某 2000 系铝合金电化学阻抗谱由两个容抗弧组成，随着大气暴晒时间的增加，容抗弧直径开始减小，耐腐蚀性变差。某 7000 系铝合金在

大气暴晒不同周期后的电化学阻抗谱的曲线表现出高频范围的电容回路和低频范围的电感回路,随着大气暴晒 12 个月后,电感回路消失,阻抗谱图中出现两个时间常数,可以推测在试样表面形成保护层。在高频处产生电容弧,而感应弧转化为第二个容抗弧,其与界面电荷的传递更直接相关。两种铝合金拟合后的电化学阻抗谱参数如表 4-6 所示。

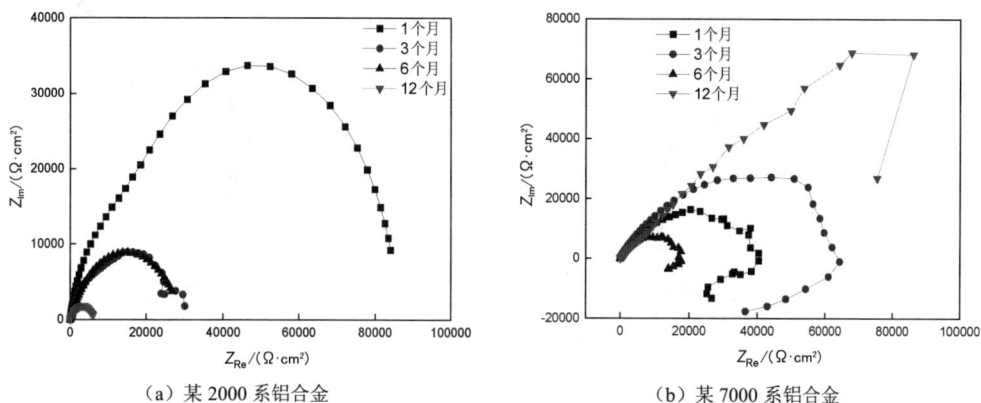

（a）某 2000 系铝合金　　　　　　　　（b）某 7000 系铝合金

图 4-34　两种铝合金在海洋大气暴晒不同周期后的电化学阻抗谱

表 4-6　两种铝合金拟合后的电化学阻抗谱参数

暴晒时间/月	某 2000 系铝合金		某 7000 系铝合金	
	$R_l/(\Omega\cdot cm^2)$	拟合误差	$R_l/(\Omega\cdot cm^2)$	拟合误差
1	4.86×10^4	1.78×10^{-4}	6.28×10^4	1.68×10^{-2}
3	3.17×10^4	7.62×10^{-3}	5.1×10^4	1.15×10^{-2}
6	2.95×10^4	1.27×10^{-4}	3.82×10^4	1.75×10^{-2}
12	1.86×10^3	3.62×10^{-3}	3.58×10^4	1.85×10^{-2}

图 4-35 所示为某 2000 系铝合金、某 7000 系铝合金在海洋大气暴晒不同周期后的极化曲线图,为避免阴极极化产生的局部碱化和充氢效应对铝合金的腐蚀电位和腐蚀电流产生影响,极化曲线采用阴阳极分开扫描的方法进行测试,此时极化曲线上显示的腐蚀电位实际是浸泡 40min 之后的开路电位。某 2000 系铝合金和某 7000 系铝合金的腐蚀电位分别在-0.62V 和-0.75V 左右。两种铝合金的阳极极化曲线都没有钝化区的出现,说明在开路电位下即发生腐蚀。随着铝合金试样暴晒时间的延长,相同的电位下,阳极反应的电流密度减小,这是因为阳极主要发生的反应是铝基体的溶解,而较多的腐蚀产物会阻碍阳极反应的进行,阳极反应受到抑制。四种铝合金的阴极极化反应曲线形状基本接近,其中,随着试样大气暴晒时间的延长,某 2000 系铝合金阴极反应的电流密度增大,这可能是由于表面存在因腐蚀产物的"楔形效

应"而出现的"鼓包"，腐蚀产物的摩尔体积较大且疏松，增大了试样与溶液的接触面积，物质扩散速度较快，电流密度较大。而某 7000 系铝合金的阴极极化曲线形状相似，但电流密度略有差异，这可能是与不同的表面状态相关。

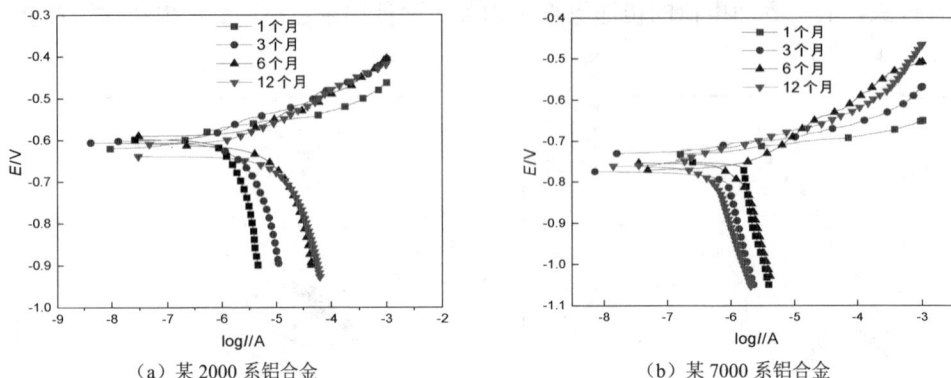

（a）某 2000 系铝合金　　　　　　　（b）某 7000 系铝合金

图 4-35　两种铝合金在海洋大气暴晒不同周期后的极化曲线图

4.4.2　典型航空不锈钢海洋大气环境腐蚀行为与机理

1）宏观形貌

图 4-36 所示为某不锈钢在海洋大气暴晒不同周期后的宏观形貌，从图中可以看出，某不锈钢在海洋大气环境下的腐蚀形式主要为点蚀，试验 1 个月时，某不锈钢表面即存在严重点蚀。

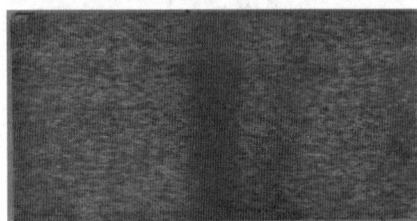

（a）试验 1 个月

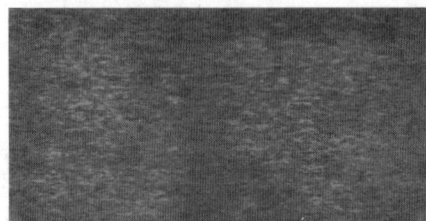

（b）试验 3 个月

（c）试验 6 个月

（d）试验 12 个月

图 4-36　某不锈钢在海洋大气暴晒不同周期后的宏观形貌

2）微观形貌及统计学分析

略。

3）腐蚀产物成分分析

略。

4）电化学行为分析

图 4-37 所示为某不锈钢在海洋大气暴晒不同周期后的电化学阻抗谱，从图中可以看出，某不锈钢的电化学阻抗谱由一个容抗弧组成，随着暴晒试验的进行，容抗弧的直径不断增大，这意味着随着暴晒时间的延长，虽然某不锈钢表面的钝化膜部分发生了破裂，出现点蚀，在局部区域加剧了腐蚀的发生，但在大部分钝化膜尚未破裂的区域，由于大气腐蚀的作用，钝化膜变得越来越致密，某不锈钢耐腐蚀性提高。某不锈钢拟合后的电化学阻抗谱参数如表 4-7 所示，从表中可以看出，随着暴晒时间延长，电荷转移电阻值不断增大。

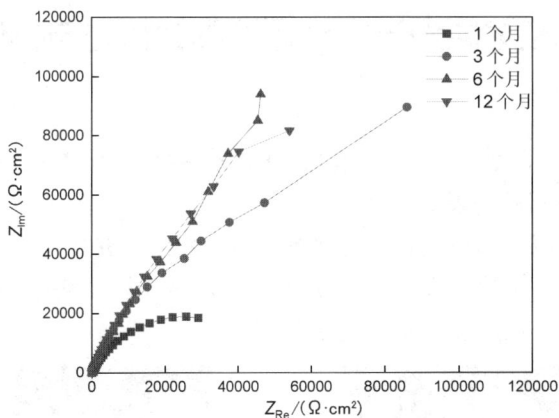

图 4-37　某不锈钢在海洋大气暴晒不同周期后的电化学阻抗谱

表 4-7　某不锈钢拟合后的电化学阻抗谱参数

暴露时间/月	$R_t/(\Omega \cdot cm^2)$	拟合误差
1	4.96×10^4	8.59×10^{-2}
3	1.58×10^5	5.19×10^{-3}
6	5.56×10^5	2.12×10^{-3}
12	6.33×10^5	1.31×10^{-3}

图 4-38 所示为某不锈钢在海洋大气暴晒不同周期后的极化曲线图，从图中可以看出，随着暴晒时间的延长，不锈钢的点蚀电位在不断上升，维钝电流密度在不断下降，这表明某不锈钢腐蚀倾向性随试验时间延长而下降。而某不锈钢阴极极化曲线的变化趋势基本无变化，这表明了在整个暴晒周期内，某不锈钢的表面状态没有发生太大变化。

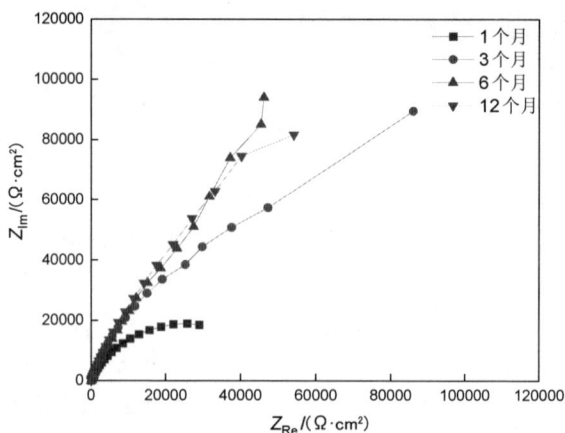

图 4-38　某不锈钢在海洋大气暴晒不同周期后的极化曲线图

4.4.3　典型航空涂层海洋大气环境腐蚀行为与机理

1）宏观形貌

图 4-39 所示为环氧涂层试样（基材 2000 系铝合金/III 类薄膜硫酸阳极化）在海洋大气暴晒不同周期后的表面宏观形貌，从图中可以看出，在整个暴晒周期内，涂层表面并未发生任何的起泡或者脱落现象。当暴晒试验进行到 1 个月时，表面未发生明显失效。当暴晒试验进行到 3 个月时，涂层试样表面整体开始变成淡灰色。随着试验时间的延长，涂层表面颜色逐渐变暗。

（a）试验 1 个月

（b）试验 3 个月

（c）试验 6 个月

（d）试验 12 个月

图 4-39　环氧涂层试样在海洋大气暴晒不同周期后的表面宏观形貌

2）光泽变化趋势

采用失光率指标表征涂层的光泽变化。图 4-40 所示为涂层试样在海洋大气暴晒不同周期后的光泽变化曲线，从图中可以看出，涂层试样在整个暴晒周期，其失光率呈现上升后下降的趋势。暴晒初期，由于涂层的吸水作用，涂层表面出现了明显的增光现象，失光率为负数。随着暴晒时间的延长，涂层试样失光率的不断上升，按 GB/T 1766—2008（见表 4-8）对试验前后光泽度变化等级进行评价，其失光等级为 3 级，即明显失光。

表 4-8　涂层老化失光评级

等级	失光程度	失光率/%
0	无失光	≤1.3
1	很轻微失光	4～15
2	轻微失光	16～30
3	明显失光	31～50
4	较大失光	51～80
5	严重失光	≥80

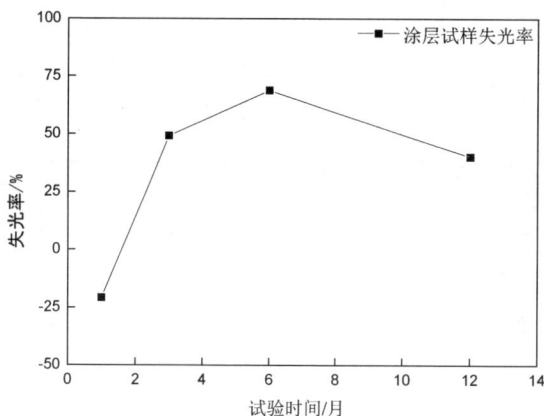

图 4-40　涂层试样在海洋大气暴晒不同周期后的光泽变化曲线

3）色差变化趋势

涂层的颜色变化标志其老化的加深程度。太阳光中的紫外光部分（波长为 300～400 mm）可以引起涂层树脂的光降解，使其分子链断裂，强度降低，引起游离基型反应，导致涂层变色。图 4-41 所示为涂层试样在海洋环境试验后的色差变化图，从图中可以看出，随着试验时间延长，色差值总体呈上升趋势，1 年试验后色差值为 34，按 GB/T 1766—2008（见表 4-9）对试验前后色差变化等级进行评价，其变色等级为 5 级，即严重变色。

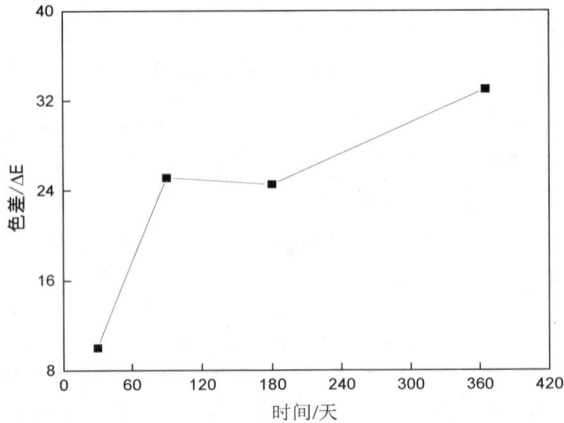

图 4-41　涂层试样在海洋环境试验后的色差变化图

表 4-9　涂层老化色差评级

等级	变色程度	色差值
0	无变色	≤1.5
1	很轻微变色	1.6～3.0
2	轻微变色	3.1～6.0
3	明显变色	6.1～9.0
4	较大变色	9.1～12.0
5	严重变色	≥12.0

4）粉化与厚度损失

表 4-10 所示为涂层试样在海洋大气暴晒不同周期后的粉化程度与厚度变化，试样在暴晒 6 个月后出现粉化，随着暴晒时间延长，粉化程度变高，从 6 个月的 2 级上升到了 12 个月的 3 级。随着粉化现象的发生，涂层厚度逐渐变薄，从 1 个月 21.62 mm 下降到 12 个月 10.39 mm。

表 4-10　涂层试样在海洋大气暴晒不同周期后的粉化程度与厚度变化

暴露时间/月	粉化程度	厚度/mm
1	0	21.62
3	0	14.28
6	2	14.56
12	3	10.39

5）电化学行为分析

图 4-42 所示为涂层试样在海洋大气暴晒不同周期后的电化学阻抗谱，从图中可以看出，随着暴晒时间的延长，阻抗弧直径不断减小。由表 4-11 中数据可以看出，

$|Z|_{0.01Hz}$ 下降到了 4.97×10^7，这意味着涂层防护性能即将失效。

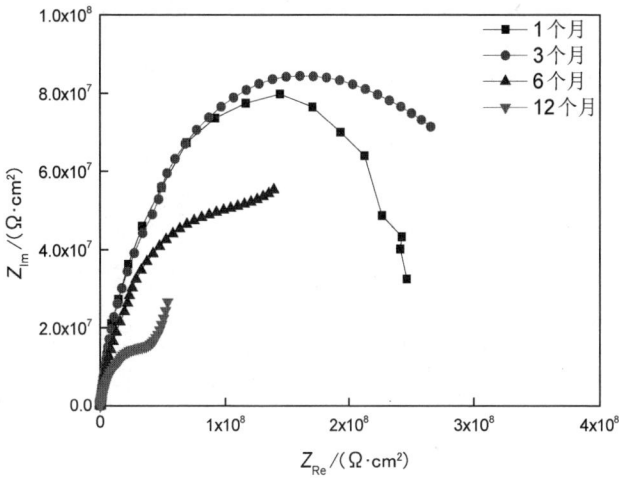

图 4-42　涂层试样在海洋大气暴晒不同周期后的电化学阻抗谱

表 4-11　$|Z|_{0.01Hz}$ 数据统计

暴露时间/月	$|Z|_{0.01Hz}/(\Omega \cdot cm^2)$
1	2.49×10^8
3	2.25×10^8
6	5.99×10^7
12	4.97×10^7

6）涂层老化综合评级

按 GB/T 1766—2008 规定，涂层颜色变化等级为 5 级，光泽变化等级为 3 级，粉化等级为 3 级，环氧涂层试样（基材 2000 系铝合金/Ⅲ 类薄膜硫酸阳极化）在典型海洋大气环境试验 12 个月后，涂层综合老化性能等级为 3 级。

第 5 章

典型航空材料腐蚀加速试验

5.1 概况

本章主要论述加速腐蚀试验方法，并以典型南海地区为代表，依据实测数据，从试验项目、试验顺序、试验量值选取等方面编制典型南海地区腐蚀加速试验谱，在此基础上开展试验验证，从宏微观腐蚀形貌、失重/点蚀深度、腐蚀产物、腐蚀电化学等角度分析典型航空材料南海海洋大气腐蚀加速试验行为与机理。

5.2 加速腐蚀试验技术

加速腐蚀试验技术起源于西方发达国家，美英等发达国家把航空装备环境适应性研究作为一项系统性工作，将各类环境试验技术综合应用于产品研制周期，使产品环境适应性达到规定要求。目前，已建立了外场试验、加速试验与仿真试验相结合的试验手段，最大限度提升航空装备环境适应能力。20 世纪 80 年代，美国洛克希德飞机公司佐治亚分公司对 F-18 飞机结构涂层防护体系使用年限开展了大量研究工作，针对亚热带海洋环境对涂层失效的影响效应，提出了用湿热、紫外照射、热冲击、低温疲劳、盐雾五个模块顺序施加的加速试验谱（CASS 谱）（见图 5-1），反映飞机在地面停放环境所承受的温度、湿度、盐雾、太阳辐射及飞行环境中的疲劳载荷、热冲击等影响效应。该加速试验谱认为 1 个组合试验周期相当于航空器外场使用 1 年，以此指导航空装备环境损伤效应研究和腐蚀寿命评估。

湿热试验

RH=（95±3）%，T=（43±2）℃，升温速率=5℃/min，降温速率=3℃/min

t=7天

紫外照射试验

1个周期试验时间由环境箱试件表面辐射强度和关键部位单位面积1年接受的总紫外线辐射量确定。推荐取Q=60±10W/m^2，

T=55℃，t=1天

温度冲击试验

试验温度T取模拟部位出现的最高温度，试验时间t取1年内高温环境平均作用时间。

推荐取T=100℃，升温10~15min，保温1h

盐雾试验

中性盐雾试验，5%±1NaCl溶液，T=（35±2）℃，t=7天，推荐取盐雾沉降量

（0.5~2）mL/（80cm^2·h）

疲劳试验

恒幅疲劳试验，取恒幅应力为疲劳载荷谱中造成最大损伤的应力，将1年内应力谱各级应力按疲劳损伤等效原则计算恒幅试验应力循环次数，恒幅应力比取疲劳载荷谱中损伤较大的应力对应的应力比，如取

$(\delta_{max}, \delta_{min})$=（110, 20），

f=6Hz，循环500次

循环

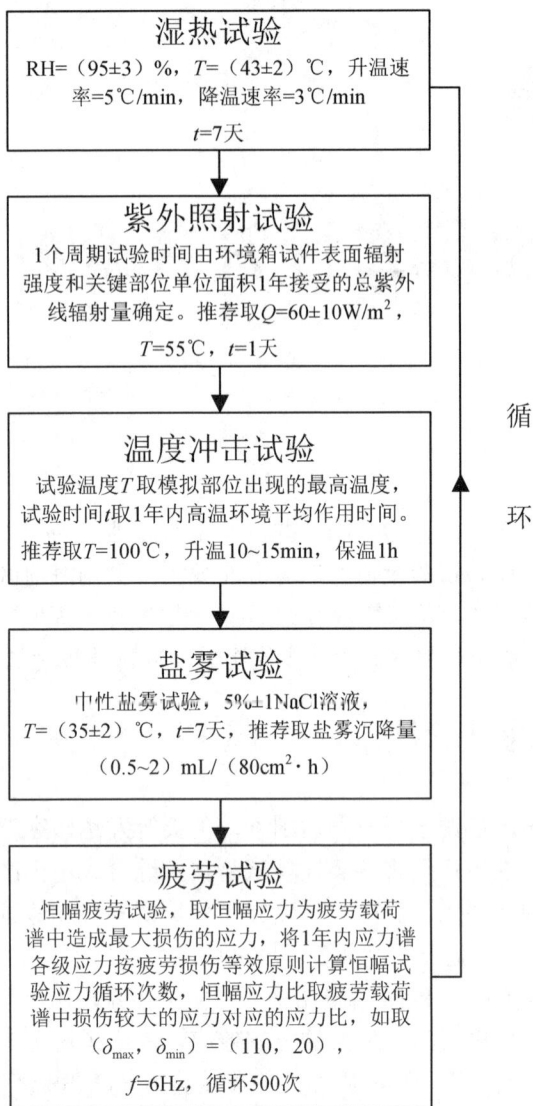

图5-1 飞机外露结构加速试验谱：1次循环近似亚热带海洋环境1年

5.3 南海海洋腐蚀加速试验谱的编制

南海海洋环境的腐蚀影响因素众多，本节将在第 3 章典型海区环境谱编制与量化分析的基础上，论证分析试验项目、试验顺序、试验量值、循环时间等关键腐蚀加速试验参数，设计符合航空装备关键材料南海海洋大气腐蚀特点的加速试验谱。与实际大气试验结果相比，建立内外场各节点数据当量关系，形成加速模型，为航

空装备研制、生产、使用、维修单位的腐蚀防护设计、腐蚀定延寿工作提供数据支撑及技术指导。

5.3.1 试验项目的确定

某地区位于近赤道低纬度地带，属于热带海洋性气候，主要气候特点在于日照时间长、辐射强、终年高温、雨量充沛、湿度大、风大、雾少，主要腐蚀效应取决于温度、太阳辐射及其热效应、腐蚀介质、干湿交替等关键指标的选取，可涉及的试验项目包括盐雾试验、浸泡试验、太阳辐射试验、紫外试验等。其中，就大气腐蚀而言，其表面一般为薄液膜腐蚀，采用盐雾试验来作为温度及腐蚀介质施加方式。太阳辐射试验、紫外试验区别在于光线波长的不同。太阳辐射试验采用金属卤素灯或氙灯光源施加全光谱（包括红外光、可见光和紫外光），可同步实现红外热效应和紫外老化效应。而紫外试验采用荧光紫外灯施加紫外光，一般只用于老化效应的模拟。考虑实际南海海洋大气腐蚀过程中的干湿交替、表面热效应及紫外线对涂层老化和腐蚀产物膜的影响，采用太阳辐射试验作为表面热效应、老化效应、干湿交替、腐蚀介质改性的试验施加方式。

此外，仍有两点因素需要加以考虑：一是南海部分地区为珊瑚生态系统，珊瑚盐疏松多孔，附着在样件表面后，更易于产生盐分、湿气和微生物聚集；二是钝性金属海洋大气腐蚀原理多为"闭塞电池腐蚀"，即受腐蚀产物膜和氧扩散影响，蚀孔底部诱发产生 pH 值为 2.5～3.5 的酸溶液，以加速腐蚀。

综上所述，本书在试验项目选取上论证四种方案。方案零（对照组）：盐雾试验循环；方案一：盐雾试验+太阳辐射试验循环；方案二：盐雾试验+太阳辐射试验+涂覆珊瑚盐循环；方案三：酸性盐雾试验+太阳辐射试验循环。

5.3.2 试验顺序的确定

在确定试验项目集合的基础上，依据目标对象实际使用过程中经受的应力顺序进行试验项目排列。在此基础上，按严酷应力考核原则进行相应调整，如 A 试验对 B 试验有加速效应，应将 A 试验放在 B 试验前进行。按上述原则，因盐雾试验会产生腐蚀产物，太阳辐射试验将对腐蚀产物改性，故将盐雾试验排在太阳辐射试验前。因涂覆珊瑚盐易于产生盐分、湿气聚集，易于腐蚀发生，故将涂覆珊瑚盐排在盐雾试验前。

综上所述，本书在试验顺序选取上论证四种方案。方案零（对照组）：盐雾试验循环；方案一：盐雾试验+太阳辐射试验循环；方案二：涂覆珊瑚盐+盐雾试验+太阳辐射试验循环；方案三：酸性盐雾试验+太阳辐射试验循环。

5.3.3　试验量值的确定

1）盐雾试验—温度

由典型南海海区温度—湿度谱（见表 5-1）可知，典型海洋大气环境最低气温约为 18℃，最高气温达到 36℃，温度分布在 25℃～35℃的比例约为 81.4%。同时考虑到样件表面热效应，某些材料表面温度会大大偏离大气环境温度（见表 5-2）。例如，经实际温度传感器测试，铝合金样件表面最高温度为 72℃，温度分布为 25℃～50℃的比例约为 91.8%；涂层样件表面最高温度为 47.1℃，温度分布为 25℃～50℃的比例约为 87.9%。加之加速性及高温与表面液膜存在时间的综合考虑，本书在盐雾试验温度量值选取上论证为 50℃。

表 5-1　典型南海海区温度—湿度谱

温度/℃	相对湿度/%										
	<50	50~55	55~60	60~65	65~70	70~75	75~80	80~85	85~90	90~95	>95	合计
<15	0	0	0	0	0	0	0	0	0	0	0	0
15～20	0	0	0	0.01	0	0.01	0	0	0.01	0	0	0.03
20～25	0	0.15	0.34	1.3	1.91	3.5	2.97	3.01	2.16	0.27	0	15.62
25～30	0	0.21	0.23	0.75	3.93	7.66	14.4	20.1	8.14	1.78	0	57.15
30～35	0	0	0.07	1.7	5.88	7.73	5.95	2.24	0.33	0	0	23.89
35～40	0	0.00	0.05	0.08	0.02	0.00	0.00	0.00	0.00	0.00	0	0.15
>40	0	0	0	0	0	0	0	0	0	0	0	0
合计	0	0.35	0.68	3.85	11.7	18.9	23.3	25.3	10.7	2.05	0	100

表 5-2　典型南海海区典型样件表面温度及概率分布范围

温度范围	大气	地表	金属	橡胶	涂层
20℃～25℃	12.39%	9.28%	0.43%	12.93%	12.09%
25℃～30℃	61.96%	31.96%	33.33%	39.59%	33.46%
30℃～35℃	25.67%	47.16%	47.15%	37.51%	45.38%
35℃～40℃	—	6.77%	4.66%	6.25%	6.75%
40℃～45℃	—	3.79%	4.21%	3.16%	2.31%
45℃～50℃	—	1.04%	2.46%	0.55%	—
50℃～55℃	—	—	2.39%	—	—
55℃～60℃	—	—	2.37%	—	—
60℃～65℃	—	—	2.03%	—	—

温度范围	大气	地表	金属	橡胶	涂层
65℃～70℃	—	—	0.91%	—	—
70℃～75℃	—	—	0.06%	—	—

2）盐雾试验—盐分

经南海海区典型地区海洋大气环境试验腐蚀产物成分及结构分析结果可知，典型不锈钢腐蚀产物为 β-FeOOH、Fe_3O_4 和 α-Fe_2O_3。典型铝合金腐蚀产物为 Al_2O_3、AlOOH、$Al(OH)_3$。上述成分及结构与 ASTM-D1141 人工海水模拟液中腐蚀产物结构分析吻合性较好，故本次实验室加速试验在腐蚀介质试选取上确定为 ASTM-D1141 人工海水模拟液。加之加速性考虑额外增加 NaCl 组分，使混合溶液中 Cl⁻质量分数相当于 5% NaCl 溶液中 Cl⁻质量分数的 3.034%（典型金属材料在 5%NaCl 溶液中腐蚀速率最快），其成分及含量如表 5-3 所示。盐雾沉降率为 1.0～2.0mL/h·80cm²。

表 5-3　40L 人工海水中化学药品含量（单位为 g）

NaCl	NaHCO₃	MgCl₂	KBr	Na₂SO₄
9197.03	8.04	208	4.04	163.6
H₃BO₃	CaCl₂	SrCl₂	KCl	NaF
1.08	46.4	1	27.8	0.12

3）酸性盐雾试验—盐分及 pH 值

盐分组成及含量同上。考虑到钝性金属大气腐蚀原理多为"闭塞电池腐蚀"，即受腐蚀产物膜和氧扩散影响，蚀孔底部诱发产生 pH 值为 2.5～3.5 的酸溶液，以加速腐蚀，故本书酸性盐雾试验 pH 值取 3，采用盐酸调制（典型南海地区实测化学物含量极低，为避免引入其他离子，采用盐酸调制；若局部有工业污染，则采用硫酸调制）。

4）太阳辐射试验—辐照度

由环境谱实测数据可知，典型南海地区年均总辐照度为 7125.5W/m²。结合 5.3.4 节中计算的循环时间，初步按 10 倍加速系数估计（1 个循环相当于 10 天外场试验），则太阳辐射试验—辐照度设置为 5708.16 W/m²。其计算过程：试验箱辐照度×9.5×365×3600=7125.5 W/m²×10，但此值远高于试验箱所能施加的最大辐照度（1360 W/m²）。

注：现绝大部分太阳辐射试验箱无法达到此值，也可参照 GJB150A-7 中规定，选取 1120 W/m² 开展试验，此值代表的是世界单位内的最热条件，在最热地区最热月份中出现和超过这一条件的小时数不超过 1%（5708.16 W/m² 为累积强度转换值，1120 W/m² 为自然环境下瞬时极值。选用上述两种参数各有优劣，本书推荐使用者根据实际情况选取）。

在光谱上，选用表 5-4 所示国际公认光谱进行试验，该光谱接近海平面以上 4～5 km 的实际环境。与海平面相比，高海拔地区的太阳辐射产生的劣化速度要更快。

表 5-4　光谱能量分布和允差

特性	光谱范围			
	紫外线		可见光	红外线
波长范围/μm	0.28～0.32	0.32～0.40	0.40～0.78	0.78～3.00
辐照度/（W/m²）	5	63	560	492
辐照度允差/%	±35	±25	±10	±20
注：到达地球表面波长小于 0.3μm 的辐射量是很小的，但对材料的劣化效应却很显著。如果装备在自然环境中不会受到波长小于 0.3μm 的短波辐射，而在试验中受到这种辐射时，则其材料可能产生不必要的劣化；与此相反，如果装备在自然环境中会受到波长小于 0.3μm 的短波辐射，而在试验中没有受到这种辐射时，则会使原来不合格的材料可能通过试验。这完全取决于材料的特性及其使用的自然环境				

5）太阳辐射试验—温度

参照 GJB150A-7，太阳辐射箱背景温度取最高值 49℃。

6）珊瑚盐—涂覆

将珊瑚盐捣成粉末（若无真实珊瑚盐，则选用 $CaCO_3$ 替代），选用 1000 目筛子晒出珊瑚粉，将其与表 5-3 中人工海水模拟液混合，配置成质量分数为 10% 的珊瑚盐溶液，装入磁力搅拌装置旋转均匀，按要求周期喷洒到样件表面，喷至表面均匀成膜即可。

5.3.4　循环时间的确定

由环境谱实测数据可知，典型南海地区的年均累积日照时数为 2775.3h，年均润湿时间为 3886h，故腐蚀时间与干燥时间比例估算为 3886∶2775.3，比值约为 1.5。考虑到实际自然昼夜及干湿交替与试验可实施性，按 24h 一个循环周期计算，则盐雾试验时间为 14.5h、太阳辐射试验时间为 9.5h。

5.3.5　加速试验谱

综合上述试验项目、试验顺序、试验量值、循环时间等关键腐蚀加速试验参数分析结果，本书加速腐蚀试验设计四种加速试验谱。

1）方案零：盐雾试验循环

按 4h 一个循环周期计算，盐雾试验时间为 14.5h，停止盐雾试验时间为 9.5h。盐雾试验温度为 50℃，盐雾溶液为中性改型 ASTM-D1141 人工海水模拟液（Cl 离子质量分数达到 3.034%），盐雾沉降率为 1.0～2.0mL/h·80cm²。

2）方案一：盐雾试验+太阳辐射试验循环

方案一的谱型如图 5-2 所示。按 24h 一个循环周期计算，盐雾试验时间为 14.5h，太阳辐射试验时间为 9.5h。盐雾试验温度为 50℃，盐雾溶液为中性改型 ASTM-D1141 人工海水模拟液（Cl 离子质量分数达到 3.034%），盐雾沉降率为 1.0～2.0mL/h·80cm²。太阳辐射试验辐照度为 1120 W/m²，温度为 49℃。

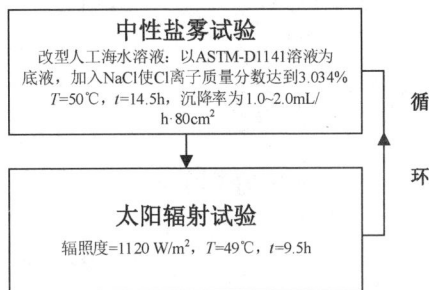

图 5-2　方案一的谱型

3）方案二：涂覆珊瑚盐+盐雾试验+太阳辐射试验循环

方案二的谱型如图 5-3 所示。按 24h 一个循环周期计算，盐雾试验时间为 14.5h，太阳辐射试验时间为 9.5h。盐雾试验前喷涂珊瑚盐溶液，盐雾试验温度为 50℃，盐雾溶液为中性改型 ASTM-D1141 人工海水模拟液（Cl 离子质量分数达到 3.034%），盐雾沉降率为 1.0～2.0mL/h·80cm²。太阳辐射试验辐照度为 1120 W/m²，温度为 49℃。

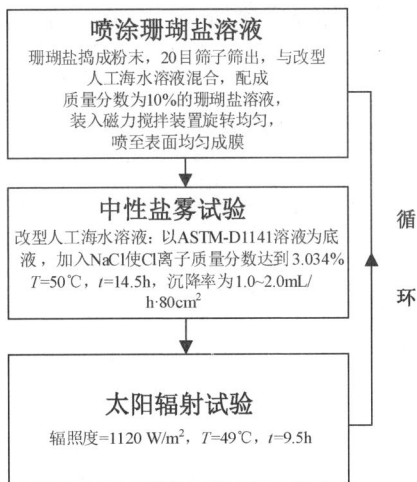

图 5-3　方案二的谱型

4）方案三：酸性盐雾试验+太阳辐射试验循环

方案三的谱型如图 5-4 所示。按 24h 一个循环周期计算，酸性盐雾试验时间为 14.5h，太阳辐射试验时间为 9.5h。酸性盐雾试验温度为 50℃，盐雾溶液为酸性改型 ASTM-D1141 人工海水模拟液（Cl 离子质量分数达到 3.034%），盐雾沉降率为 1.0～2.0mL/h·80cm²。太阳辐射试验辐照度为 1120 W/m²，温度为 49℃。

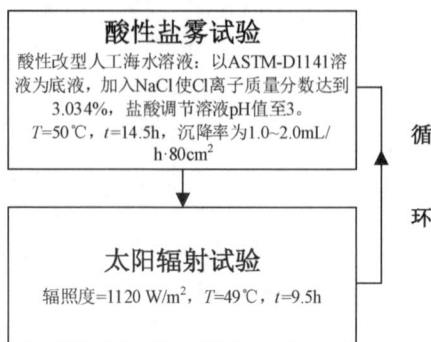

图 5-4　方案三的谱型

5.4 典型航空材料腐蚀加速试验验证

5.4.1 试验材料和试验方法

本章研究的材料与第 4 章采用同样的试验材料。所有试验试样的尺寸均为 150 mm × 50 mm × 3 mm，试验加速谱选用 5.3.5 节中的四种方案。取样周期为 3 天、9 天、18 天、36 天、54 天、72 天。

5.4.2 分析方法

1）失重分析

本章的分析方法与第 4 章中失重分析一致。

2）腐蚀产物的形貌分析和成分分析

加速试验不同周期后的试样取回后，首先利用数码相机（Nikon D200）对其正面的宏观形貌进行拍照；利用 Phenom ProX 型扫描电镜及其自带的 EDS 观察试样表面的微观形貌，并分析锈层的元素分布；利用 Ultima IV 型 X 射线衍射仪分析 XRD；利用 Renishaw inVia 显微激光拉曼光谱仪分析拉曼光谱。

3）电化学分析

利用瑞士万通 PGSTAT302N 电化学工作站来测试试验后试样的电化学阻抗谱和

极化曲线。电化学测试时，采用传统的三电极体系，饱和甘汞电极为参比电极，20 mm×20 mm 的 Pt 电极为辅助电极，测试试样为工作电极，工作面积为 10 mm × 10 mm。电化学阻抗测试扰动电压为 20 mV，扫描频率范围为 100 kHz～0.01 Hz。动电位极化测试的扫描速率为 0.5 mV·s^{-1}，电压扫描范围（vs OCP）为-0.5～1.5 V。测试溶液为 5%（质量分数）NaCl 溶液。

4）涂层试样宏观形貌分析

本章的分析方法与第 4 章中宏观形貌分析一致。

5.4.3　典型 2000 系航空铝合金腐蚀加速试验腐蚀行为与机理

1）腐蚀动力学分析

由图 5-5、表 5-5 可以看出，某 2000 系铝合金在四种方案加速谱作用下腐蚀速率皆呈先下降（36 天前）后缓慢上升的趋势（36 天后）。在加速试验初期，四种方案腐蚀速率均较高，铝合金表面钝化膜发生大规模破裂，点蚀孕育萌生。随着加速试验进行，点蚀在铝合金表面发生横向与纵向发展，铝合金表面逐渐被腐蚀产物覆盖，溶液离子扩散过程受阻，腐蚀速率下降。试验进行到 36 天，铝合金表面发生剥蚀，腐蚀产物不断脱落，腐蚀产物对基体的保护性逐渐减弱，腐蚀速率反转上升。加速方案三试验中的某 2000 系铝合金各个周期的腐蚀速率皆高于其他方案。在酸性环境下，某 2000 系铝合金表面生成腐蚀产物的防护性弱于其他腐蚀环境下所产生的腐蚀产物；加速方案二中前两个周期腐蚀速率高于加速方案一和加速方案零，这意味着珊瑚盐在铝合金表面覆盖，通过电偶腐蚀、腐蚀介质在珊瑚盐中积攒等效应，加速了铝合金腐蚀。

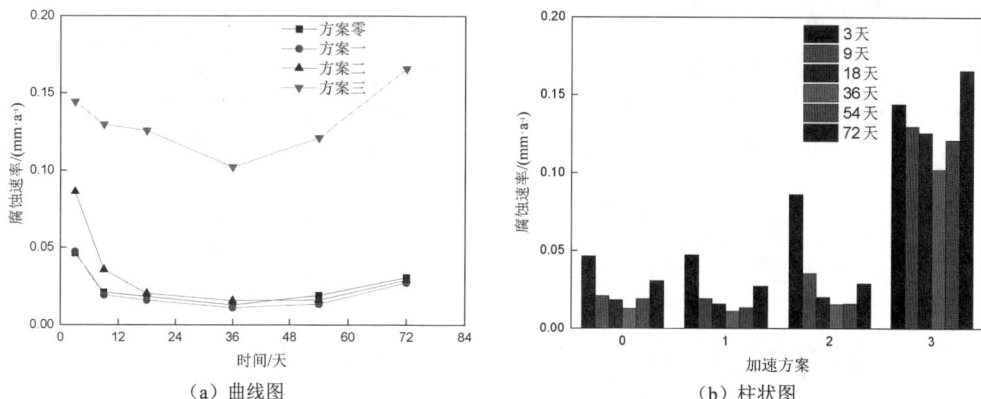

（a）曲线图　　　　　　　　　（b）柱状图

图 5-5　某 2000 系铝合金加速试验腐蚀速率曲线图与柱状图

表 5-5　某 2000 系铝合金加速谱下腐蚀速率数据

试验时间/天	方案零	方案一	方案二	方案三
	腐蚀速率/（mm·a⁻¹）			
3	0.04643	0.04716	0.08612	0.1442
9	0.021	0.01924	0.03562	0.12963
18	0.0183	0.01593	0.02033	0.12566
36	0.01293	0.01111	0.01575	0.10203
54	0.01918	0.01348	0.01605	0.12097
72	0.03065	0.02731	0.02907	0.16559

2）宏观形貌分析

由图 5-6～图 5-9 可以看出，在腐蚀加速试验中，某 2000 系铝合金表面产生了大量灰白色点状腐蚀产物，随着腐蚀的发展，点蚀不断扩展并与其他点蚀坑相连，形成更大腐蚀区域。在腐蚀加速试验进行到 36 天后：一方面，腐蚀产物数量大量增加，锈层变得更厚，腐蚀产物膜防护性逐渐提高；另一方面，铝合金表面发生了剥蚀，腐蚀产物脱落，腐蚀产物膜防护性减弱，两种效果相互作用，使某 2000 系铝合金的腐蚀速率缓慢上升。方案三中，某 2000 系铝合金表面腐蚀产物数量远高于其他方案，其腐蚀产物主要为白色粉末状，加速试验 36 天后，出现黑色块状腐蚀产物。

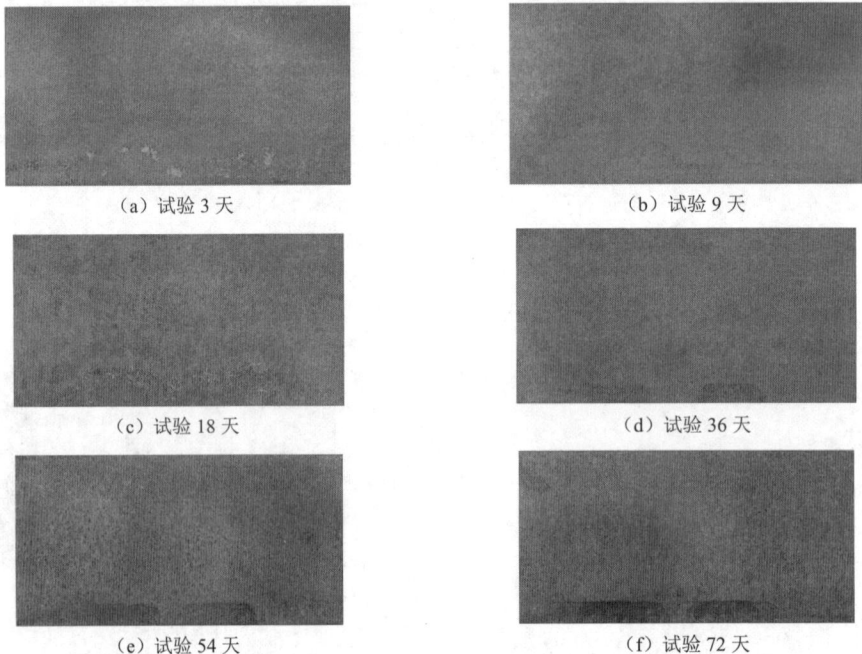

（a）试验 3 天　　　　　　　　　　　（b）试验 9 天

（c）试验 18 天　　　　　　　　　　（d）试验 36 天

（e）试验 54 天　　　　　　　　　　（f）试验 72 天

图 5-6　某 2000 系铝合金在方案零加速谱作用下的宏观形貌

（a）试验 3 天

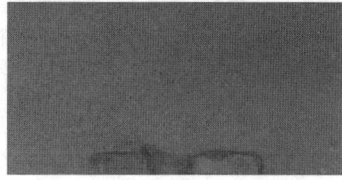

（b）试验 9 天

（c）试验 18 天

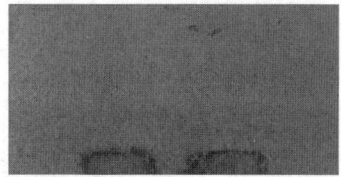

（d）试验 36 天

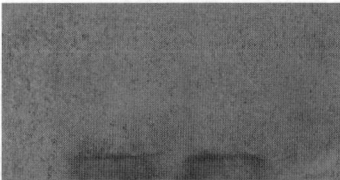

（e）试验 54 天

（f）试验 72 天

图 5-7　某 2000 系铝合金在方案一加速谱作用下的宏观形貌

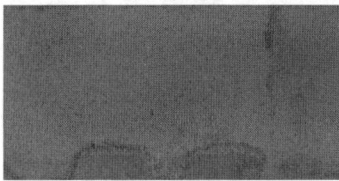

（a）试验 3 天

（b）试验 9 天

（c）试验 18 天

（d）试验 36 天

（e）试验 54 天

（f）试验 72 天

图 5-8　某 2000 系铝合金在方案二加速谱作用下的宏观形貌

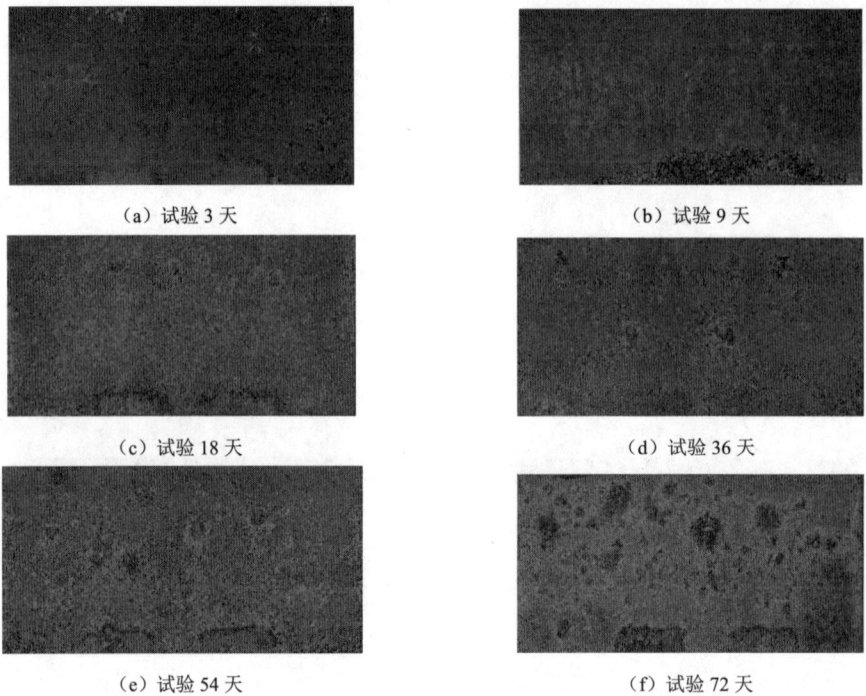

（a）试验 3 天

（b）试验 9 天

（c）试验 18 天

（d）试验 36 天

（e）试验 54 天

（f）试验 72 天

图 5-9　某 2000 系铝合金在方案三加速谱作用下的宏观形貌

3）微观形貌分析

图 5-10～图 5-13 所示为某 2000 系铝合金在不同方案加速谱作用下的微观形貌，从图中可以看出，在方案零、一、二加速试验中，加速试验 18 天后，某 2000 系铝合金表面钝化膜破裂，且弥散分布着颗粒状点蚀产物；加速试验 36 天后，2524 铝合金表面点状腐蚀产物不断生成且相互连接扩展，形成较厚且较为致密的腐蚀产物层；加速试验 72 天后，铝合金表面产生明显剥蚀现象。在方案三加速试验中，试验进行到 18 天，某 2000 系铝合金试样表面颗粒状点蚀产物较多，且相互汇聚，在表面堆叠。试验 72 天后，发生明显剥蚀，同时，表面腐蚀产物出现大量裂缝。

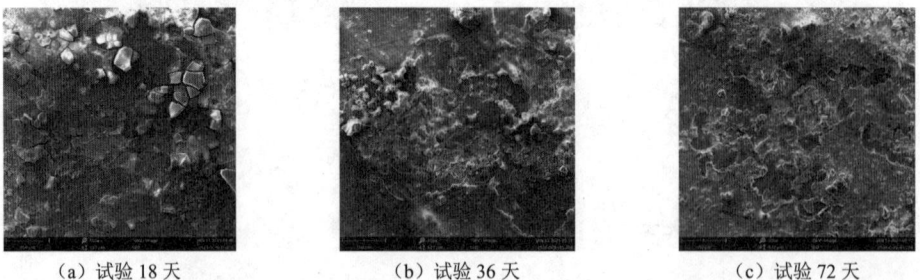

（a）试验 18 天

（b）试验 36 天

（c）试验 72 天

图 5-10　某 2000 系铝合金在方案零加速谱作用下的微观形貌

（a）试验 18 天　　　　　　（b）试验 36 天　　　　　　（c）试验 72 天

图 5-11　某 2000 系铝合金在方案一加速谱作用下的微观形貌

（a）试验 18 天　　　　　　（b）试验 36 天　　　　　　（c）试验 72 天

图 5-12　某 2000 系铝合金在方案二加速谱作用下的微观形貌

（a）试验 18 天　　　　　　（b）试验 36 天　　　　　　（c）试验 72 天

图 5-13　某 2000 系铝合金在方案三加速谱作用下的微观形貌

图 5-14～图 5-17 所示为某 2000 系铝合金在不同方案加速谱作用下的腐蚀产物能谱图。由表 5-6、表 5-7 可以看出，腐蚀产物中主要含有 O 元素和 Al 元素，说明腐蚀产物主要由 Al 的氧化物和氢氧化物组成。

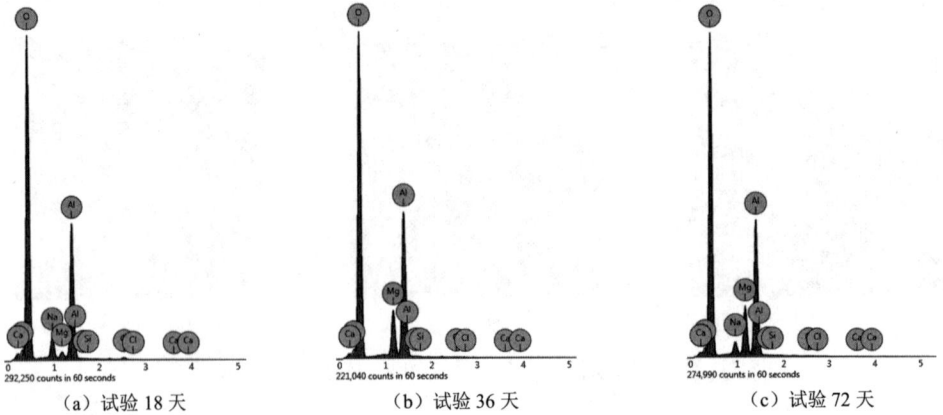

（a）试验 18 天　　　　　　　（b）试验 36 天　　　　　　　（c）试验 72 天

图 5-14　某 2000 系铝合金在方案零加速谱作用下的腐蚀产物能谱图

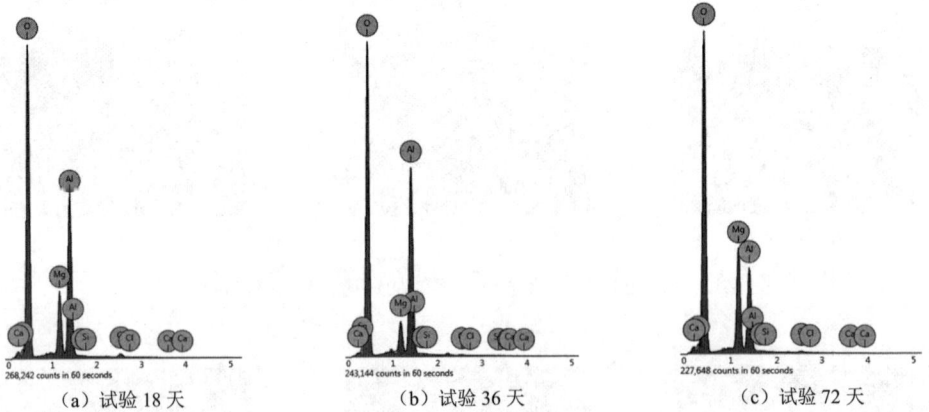

（a）试验 18 天　　　　　　　（b）试验 36 天　　　　　　　（c）试验 72 天

图 5-15　某 2000 系铝合金在方案一加速谱作用下的腐蚀产物能谱图

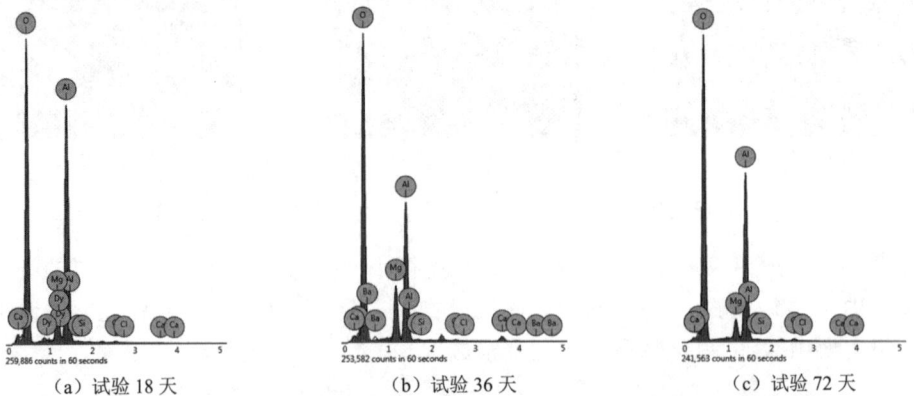

（a）试验 18 天　　　　　　　（b）试验 36 天　　　　　　　（c）试验 72 天

图 5-16　某 2000 系铝合金在方案二加速谱作用下的腐蚀产物能谱图

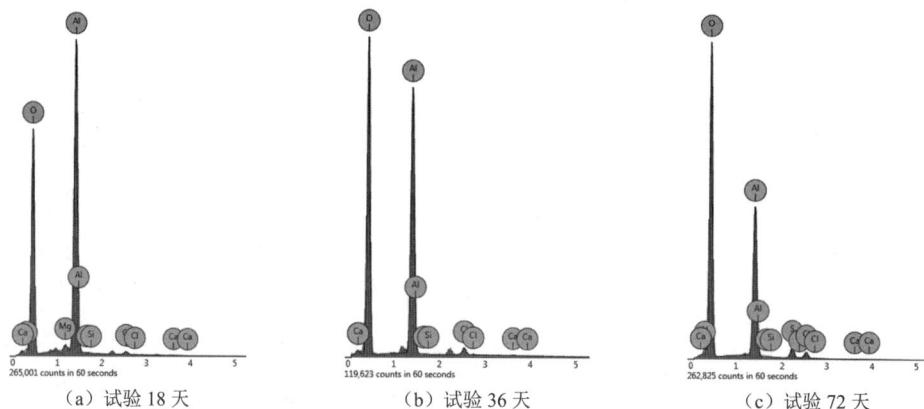

（a）试验 18 天 （b）试验 36 天 （c）试验 72 天

图 5-17 某 2000 系铝合金在方案三加速谱作用下的腐蚀产物能谱图

表 5-6 某 2000 系铝合金腐蚀产物的元素原子百分含量（单位为%）1

元素	对比			方案一		
	18 天	36 天	72 天	18 天	36 天	72 天
O	72.43	70.97	69.75	67.85	70.92	70.23
Al	17.43	18.4	17.42	19.41	24.89	11.35
N	5.41	4.81	4.62	4.78	0	5.05
Mg	0.86	5.77	6.25	7.4	4.09	13.13
Ca		0	0	0	0	0
Cl	0.34	0.05	0.05	0.56	0.1	0.24

表 5-7 某 2000 系铝合金腐蚀产物的元素原子百分含量（单位为%）2

元素	方案二			方案三		
	18 天	36 天	72 天	18 天	36 天	72 天
O	63.72	69.43	70.98	57.74	68.48	73.7
Al	25.94	17.08	21.47	37.18	30.27	18.3
N	5.1	5.13	4.65	3.82	0	5.08
Mg	4.95	6.78	2.49	0.67	0	0
Ca	0.06	1.25	0.02	0.07	0.06	0
Cl	0.23	0.33	0.37	0.52	1.19	1.13

4）腐蚀产物成分分析

图 5-18 所示为某 2000 系铝合金在不同方案加速谱作用下的 XRD 谱图。在加速方案零、一、二加速谱作用下，初期腐蚀产物主要成分为 AlOOH、Al_2O_3 和 $Al(OH)_3$，Al_2O_3 的形成是由于腐蚀初期钝化膜受表面 Cl^- 侵蚀，钝化膜局部区域发生破坏暴露出 Al 基体，活泼的 Al 基体与液膜中溶解氧发生反应形成 Al_2O_3，并逐渐转化成 AlOOH

的。Al(OH)$_3$ 来源于 Al 与水的电解。随着试验的进行，Al(OH)$_3$ 会与 Cl$^-$发生反应，形成水溶性的 AlCl$_3$，故在加速腐蚀试验的 72 天后，腐蚀产物主要为 AlOOH、Al$_2$O$_3$ 及少量的 Al(OH)$_3$。而在方案三加速谱作用下，在试验的 36 天与 72 天，无法检测到 Al(OH)$_3$，这是由于加速方案三中 pH 值较低。

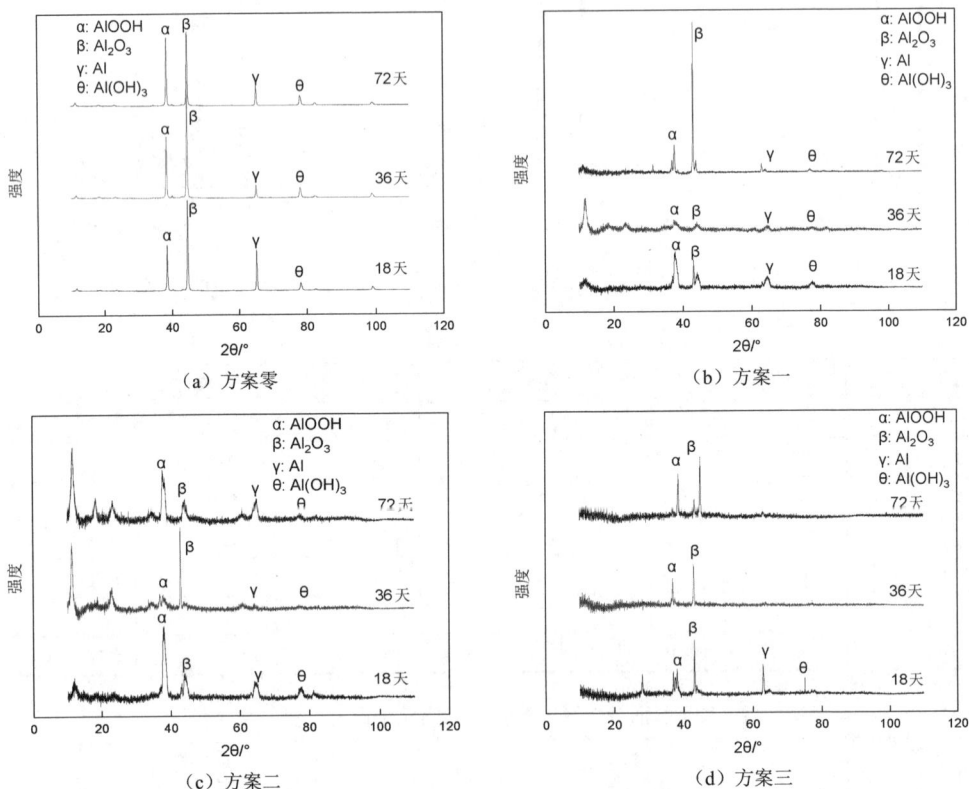

（a）方案零

（b）方案一

（c）方案二

（d）方案三

图 5-18　某 2000 系铝合金在不同方案加速谱作用下的 XRD 谱图

5）电化学行为分析

图 5-19、图 5-20 所示为某 2000 系铝合金在不同试验方案的加速谱作用下的电化学阻抗谱和阳极极化曲线。图 5-19 中只有一个容抗弧，且容抗弧半径随试验时间的延长先增大后减小，这一结果与阳极极化曲线上自腐蚀电位的变化趋势相同，两者共同反映了某 2000 系铝合金在四种不同方案加速谱的作用下，某 2000 系铝合金耐腐蚀性呈现先增大后减少的变化过程。拟合后某 2000 系铝合金电化学阻抗谱参数如表 5-8 所示。

某 2000 系铝合金在四种方案加速谱作用下，R_t 随着试验时间的延长出现先增大后减小的趋势，该变化过程与 Nyquist 图中容抗弧半径趋势一致，进一步证实了某

2000 系铝合金耐腐蚀性先增强后减弱。其中，方案一和方案零的腐蚀电化学过程基本一致，太阳辐射对某 2000 系铝合金腐蚀行为影响不大，甚至由于太阳辐射的热效应，加速了盐雾试验后残留水膜的蒸发，在一定程度了起到了抑制腐蚀的作用。

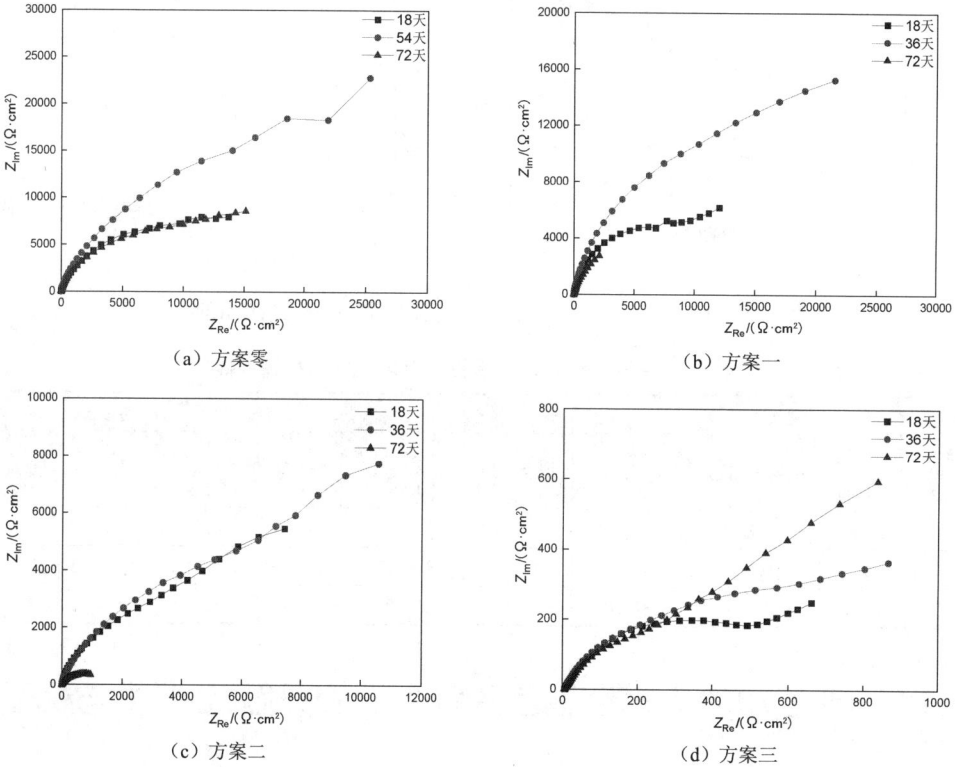

（a）方案零

（b）方案一

（c）方案二

（d）方案三

图 5-19　某 2000 系铝合金在不同方案加速谱作用下的电化学阻抗谱

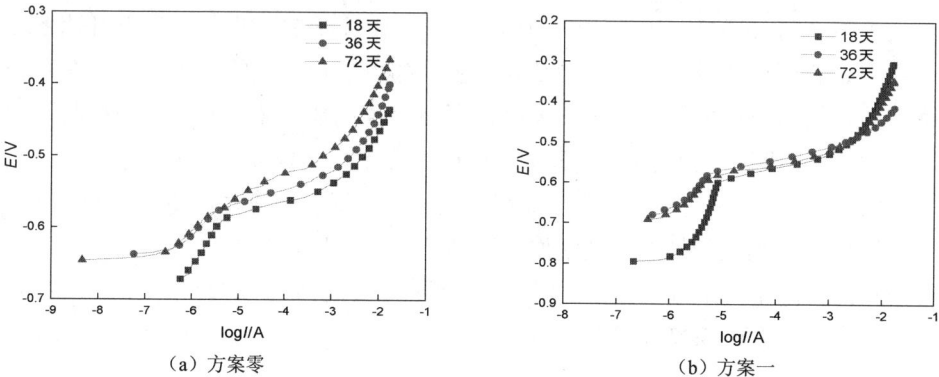

（a）方案零

（b）方案一

图 5-20　某 2000 系铝合金在不同方案加速谱作用下的阳极极化曲线

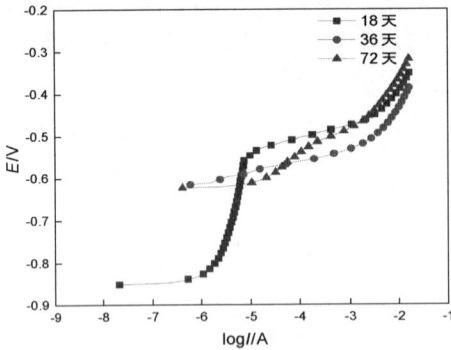

（c）方案二

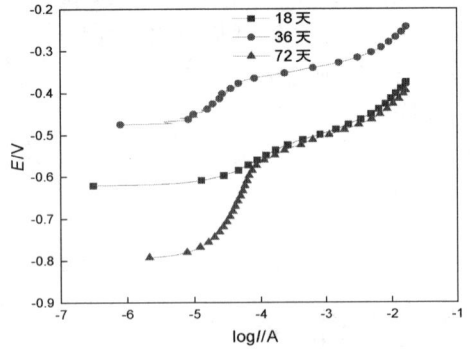

（d）方案三

图 5-20　某 2000 系铝合金在不同方案加速谱作用下的阳极极化曲线（续）

表 5-8　拟合后某 2000 系铝合金电化学阻抗谱参数

试验时间/天	方案零		方案一		方案二		方案三	
	R_t/ ($\Omega\cdot cm^2$)	拟合误差	R_t/ ($\Omega\cdot cm^2$)	拟合误差	R_t/ ($\Omega\cdot cm^2$)	拟合误差	R_t/ ($\Omega\cdot cm^2$)	拟合误差
18	2.0×10^4	2.9×10^{-3}	2.7×10^3	1.3×10^{-3}	1.8×10^4	2.4×10^{-4}	4.1×10^3	3.8×10^{-4}
36	4.8×10^4	4.4×10^2	4.2×10^2	1.4×10^{-3}	2.8×10^4	5.4×10^{-7}	6.3×10^3	5.1×10^{-4}
72	5.6×10^3	8.8×10^{-2}	2.8×10^3	3.9×10^{-3}	1.2×10^3	7.6×10^{-4}	1.1×10^3	2.5×10^{-3}

5.4.4　典型 7000 系航空铝合金腐蚀加速试验腐蚀行为与机理

1）腐蚀动力学分析

从图 5-21、表 5-9 中可以看出，某 7000 系铝合金在四种方案加速谱作用下腐蚀速率先下降（54 天前）后缓慢上升（54 天后）。试验初期，四种方案腐蚀速率均较高，铝合金表面钝化膜破裂，点蚀孕育萌生。随着加速试验的进行，点蚀在铝合金表面发生横向与纵向发展，铝合金表面逐渐被腐蚀产物覆盖，溶液离子扩散过程受阻，腐蚀速率下降。试验进行 54 天时，由腐蚀产物表面堆叠，产生大量裂纹，加速试验 54 天后腐蚀速率上升。方案三加速试验各个周期腐蚀速率皆高于其他方案，酸性环境下腐蚀产物防护性弱于其他腐蚀环境所产生的腐蚀产物；方案二加速试验前两个周期腐蚀速率高于方案一和方案零，珊瑚盐在铝合金表面覆盖，通过电偶腐蚀、腐蚀介质在珊瑚盐中积攒等效应，加速腐蚀。

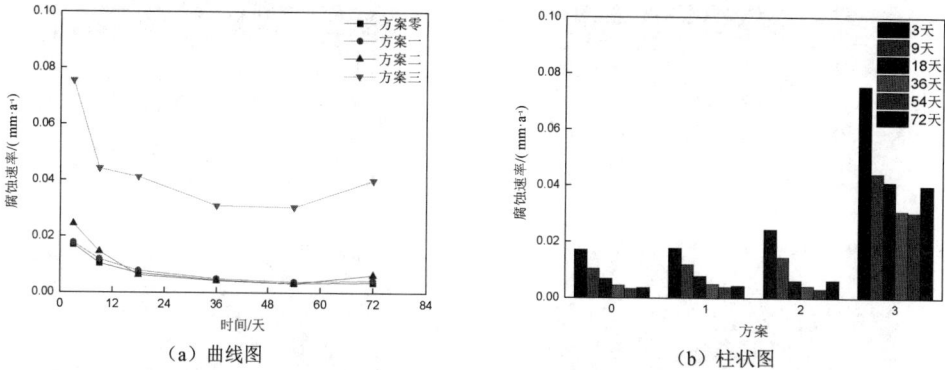

（a）曲线图   （b）柱状图

图 5-21　某 7000 系铝合金加速试验腐蚀速率曲线图与柱状图

表 5-9　某 7000 系铝合金加速谱作用下腐蚀速率数据

试验时间/天	腐蚀速率/（mm·a⁻¹）			
	方案零	方案一	方案二	方案三
3	5.28×10^{-2}	5.49×10^{-2}	7.54×10^{-2}	2.33×10^{-1}
9	3.2×10^{-2}	3.65×10^{-2}	4.48×10^{-2}	1.36×10^{-1}
18	2.12×10^{-2}	2.4×10^{-2}	1.91×10^{-2}	1.27×10^{-1}
36	1.38×10^{-2}	1.51×10^{-2}	1.31×10^{-2}	9.47×10^{-2}
54	1.01×10^{-2}	1.18×10^{-2}	9.93×10^{-3}	9.26×10^{-2}
72	1.10×10^{-2}	1.32×10^{-2}	1.91×10^{-2}	1.21×10^{-1}

2）宏观形貌分析

图 5-22～图 5-25 所示为某 7000 系铝合金在不同方案的加速谱作用下的宏观形貌。可以看出，方案零和方案一的试样的腐蚀行为大体一致，在腐蚀试验初期，铝合金表面很快发生局部腐蚀，表面上产生了众多小型块状腐蚀产物，铝合金表面失去金属原本带有的光泽。随着试验时间的延长，表面腐蚀产物增多。在方案二加速试验中，其前两个周期腐蚀情况明显比方案零和方案一严重。在方案三加速试验中，某 7000 系铝合金腐蚀情况比其他 3 种方案腐蚀情况更为严重，在试验进行了 3 天时，表面出现了大量的灰黑色腐蚀产物。

   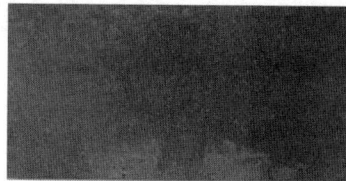

（a）试验 3 天   （b）试验 9 天

图 5-22　某 7000 系铝合金在方案零加速谱下的宏观形貌

（c）试验 18 天

（d）试验 36 天

（e）试验 54 天

（f）试验 72 天

图 5-22　某 7000 系铝合金在方案零加速谱下的宏观形貌（续）

（a）试验 3 天

（b）试验 9 天

（c）试验 18 天

（d）试验 36 天

（e）试验 54 天

（f）试验 72 天

图 5-23　某 7000 系铝合金在方案一加速谱下的宏观形貌

（a）试验 3 天

（b）试验 9 天

（c）试验 18 天

（d）试验 36 天

（e）试验 54 天

（f）试验 72 天

图 5-24　某 7000 系铝合金在方案二加速谱下的宏观形貌

（a）试验 3 天

（b）试验 9 天

（c）试验 18 天

（d）试验 36 天

（e）试验 54 天

（f）试验 72 天

图 5-25　某 7000 系铝合金在方案三加速谱下的宏观形貌

3）微观形貌

图 5-26～图 5-29 所示为某 7000 系铝合金在不同方案加速谱作用下的微观形貌。在方案零、一、二加速试验中，试验 18 天后，表面的钝化膜破裂，且弥散分布着颗粒状点蚀产物，随着腐蚀时间的延长，腐蚀产物不断生成且相互连接扩展。试验 72 天后，腐蚀产物出现较多裂纹。在方案三加速试验中，试验 18 天后，表面颗粒状物较多，且相互汇聚。试验 72 天后，出现大量裂纹与空洞。

（a）试验 18 天　　　　　　　（b）试验 36 天　　　　　　　（c）试验 72 天

图 5-26　某 7000 系铝合金在方案零加速谱下的微观形貌

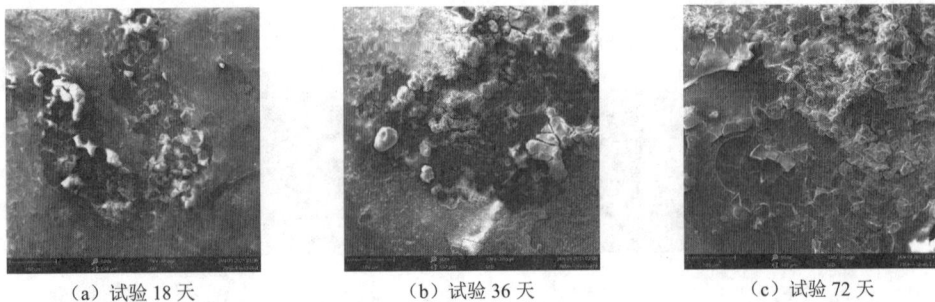

（a）试验 18 天　　　　　　　（b）试验 36 天　　　　　　　（c）试验 72 天

图 5-27　某 7000 系铝合金在方案一加速谱下的微观形貌

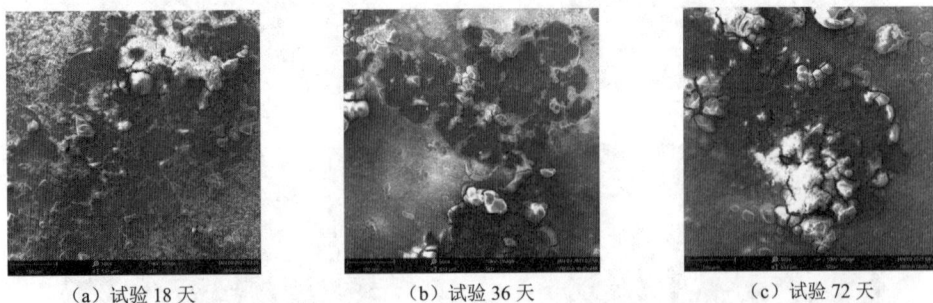

（a）试验 18 天　　　　　　　（b）试验 36 天　　　　　　　（c）试验 72 天

图 5-28　某 7000 系铝合金在方案二加速谱下的微观形貌

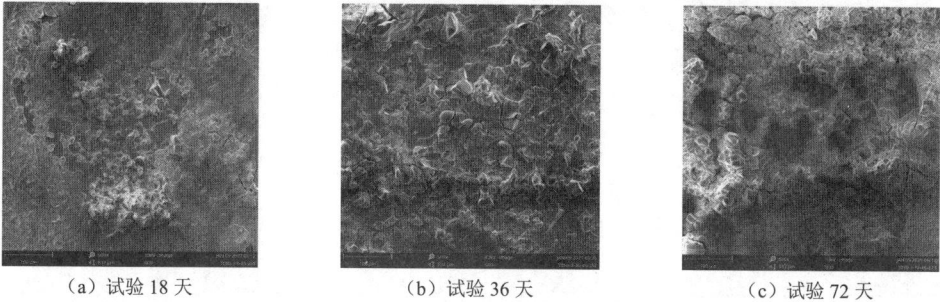

（a）试验 18 天　　　　　（b）试验 36 天　　　　　（c）试验 72 天

图 5-29　某 7000 系铝合金在方案三加速谱下的微观形貌

图 5-30～图 5-33 所示为某 7000 系铝合金在不同方案加速谱作用下的腐蚀产物能谱图。由表 5-10、表 5-11 可以看出，腐蚀产物主要为 O 元素和 Al 元素，说明腐蚀产物主要由 Al 的氧化物和氢氧化物组成。

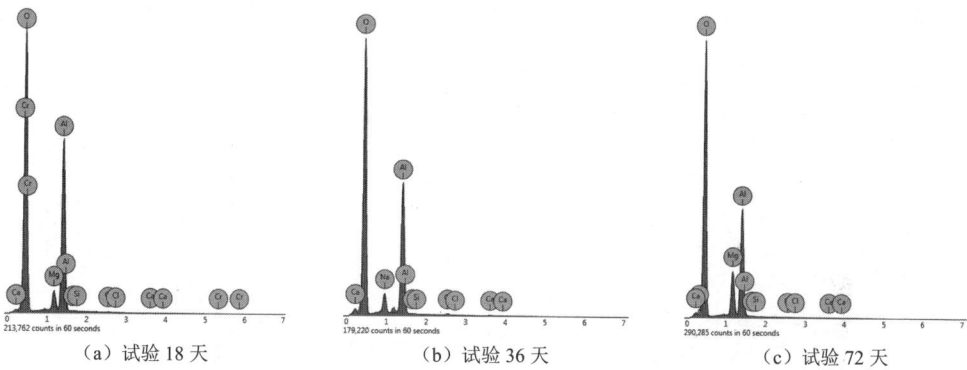

（a）试验 18 天　　　　　（b）试验 36 天　　　　　（c）试验 72 天

图 5-30　某 7000 系铝合金在方案零加速谱下的腐蚀产物能谱图

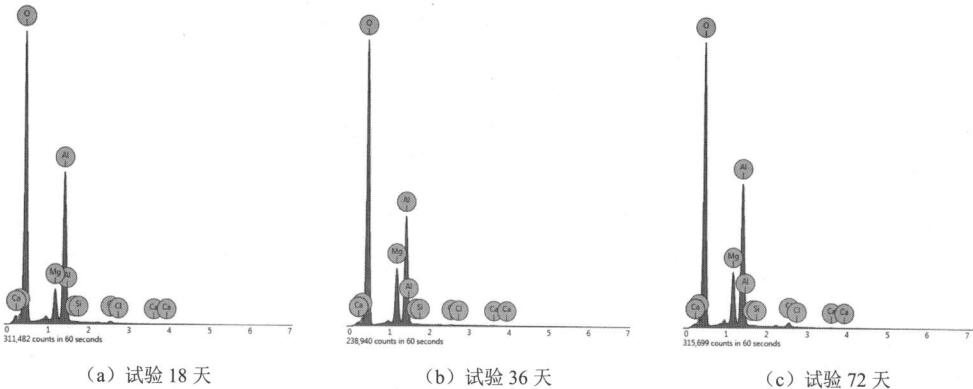

（a）试验 18 天　　　　　（b）试验 36 天　　　　　（c）试验 72 天

图 5-31　某 7000 系铝合金在方案一加速谱下的腐蚀产物能谱图

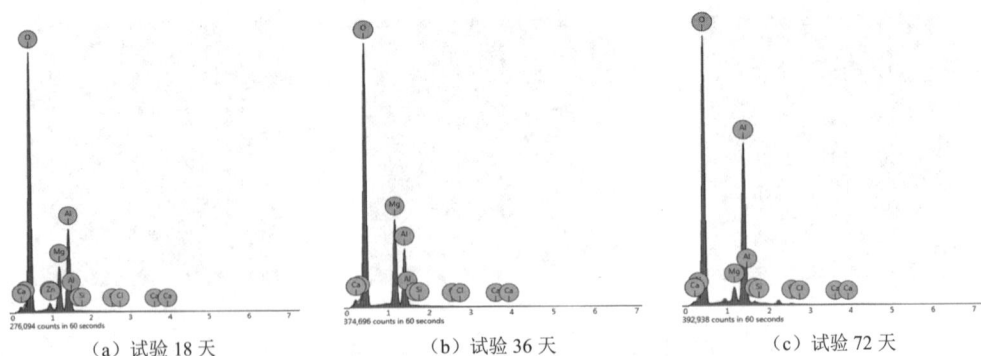

（a）试验 18 天　　　　　　（b）试验 36 天　　　　　　（c）试验 72 天

图 5-32　某 7000 系铝合金在方案二加速谱下的腐蚀产物能谱图

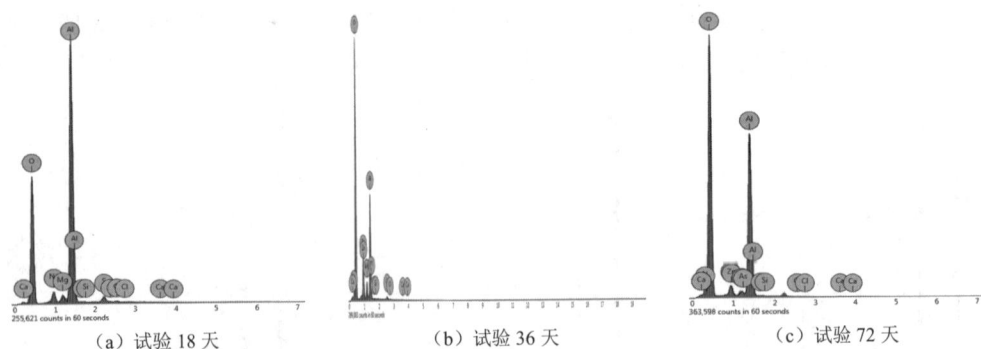

（a）试验 18 天　　　　　　（b）试验 36 天　　　　　　（c）试验 72 天

图 5-33　某 7000 系铝合金在方案三加速谱下的腐蚀产物能谱图

表 5-10　某 7000 系铝合金腐蚀产物的元素原子百分含量（单位为%）1

元素	方案零			方案一		
	18 天	36	72	18	36	72
O	60.45	63.45	62.82	60.62	61.91	58.42
Al	35.27	30.78	24.32	29.5	23.54	27.4
N	0	0	3.78	3.55	3.55	3.42
Mg	3.62	0	9.01	5.0	10.63	8.89
Ca	0.23	0.55	0	0	0.12	02
Cl	0.15	0.49	0.07	0.64	0.26	1.68

表 5-11　某 7000 系铝合金腐蚀产物的元素原子百分含量（单位为%）2

元素	方案二			方案三		
	18	36	72	18	36	72
O	63.34	62.65	60.05	37.04	51.99	56.69
Al	20.29	14.52	32.55	56.6	21.53	32.25

续表

元素	方案二			方案三		
	18	36	72	18	36	72
N	4.01	3.96	4.12	0	3.13	3.42
Mg	9.92	18.76	2.74	1.38	3.38	0
Ca	0.04	0.04	0.3	0.13	0.05	0.17
Cl	0.04	0.08	0.24	0.33	1.18	0

4）腐蚀产物成分分析

图 5-34 所示为某 7000 系铝合金在不同方案加速谱作用下的 XRD 谱图。从图中可以看出，在方案零、一、二加速谱作用下试样在腐蚀初期，其腐蚀产物主要成分为 AlOOH、Al_2O_3 和 $Al(OH)_3$，Al_2O_3 的形成是由于腐蚀初期钝化膜受表面 Cl^- 侵蚀，钝化膜局部区域发生破坏暴露出 Al 基体，活泼的 Al 基体与液膜中溶解氧发生反应从而形成 Al_2O_3，并逐渐转化成 AlOOH 的。$Al(OH)_3$ 来源于 Al 与水的电解。随着试验的进行，$Al(OH)_3$ 会与 Cl^- 发生反应，形成水溶性的 $AlCl_3$，故在加速腐蚀试验的 72 天后，腐蚀产物主要为 AlOOH、Al_2O_3。而在方案 3 加速谱作用下，试样早期无法检测到 $Al(OH)_3$，这是由于加速方案三中 pH 值较低。

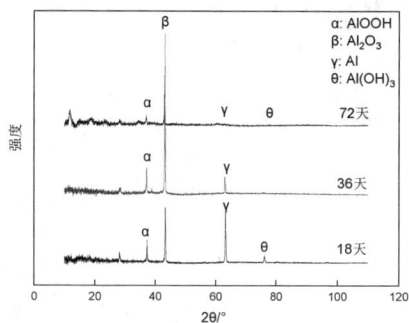

（a）方案零

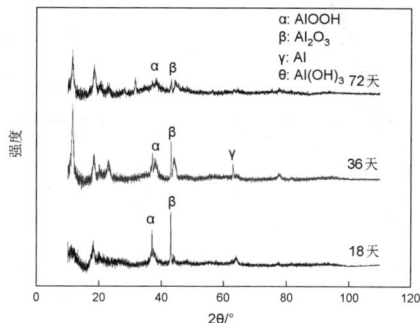

（b）方案一

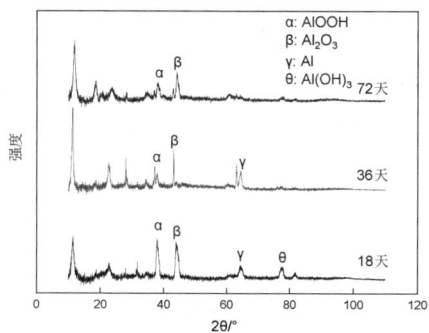

（c）方案二

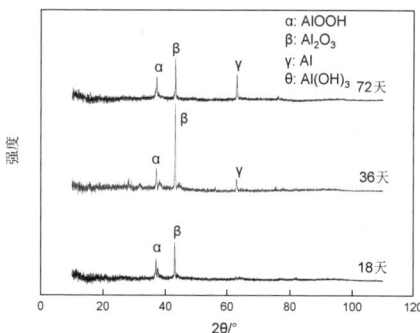

（d）方案三

图 5-34　某 7000 系铝合金在不同方案加速谱下的 XRD 谱图

5）电化学行为分析

图 5-35、图 5-36 所示为某 7000 系铝合金在不同方案加速谱作用下的电化学阻抗谱和阳极极化曲线。图 5-35 中只有一个容抗弧存在，且容抗弧半径随试验时间的延长先增大后减小，这一结果与阳极极化曲线上自腐蚀电位的变化趋势相同，两者共同反映了某 7000 系铝合金耐腐蚀性呈先增大后减少的变化过程。拟合后某 7000 系铝合金电化学阻抗谱参数如表 5-12 所示。某 7000 系铝合金在四种方案的加速谱作用下，R_t 随着试验时间的延长呈现先增大后减小的趋势，该变化过程与 Nyquist 图中容抗弧半径的变化趋势一致，进一步证实了锈层的耐腐蚀性先增强后减弱。其中，方案一和方案零的腐蚀电化学过程在试验初期存在一定差异，后期基本一致。

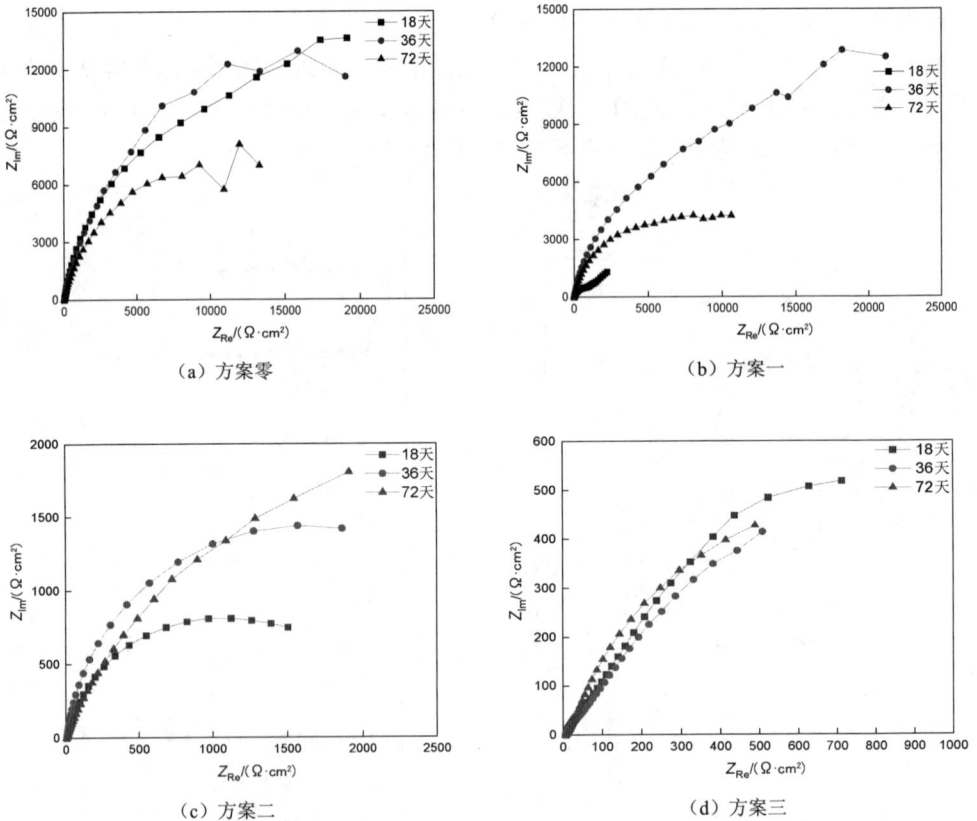

（a）方案零

（b）方案一

（c）方案二

（d）方案三

图 5-35　某 7000 系铝合金在不同方案加速谱下的电化学阻抗谱

（a）方案零

（b）方案一

（c）方案二

（d）方案三

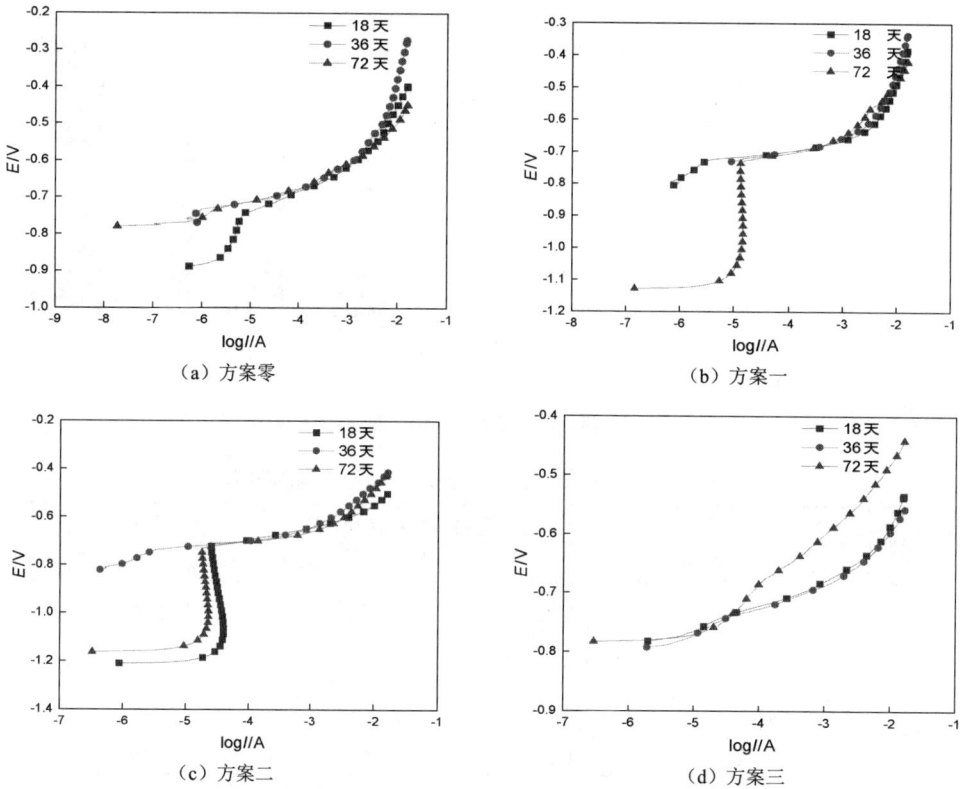

图 5-36　某 7000 系铝合金在不同方案加速谱下的阳极极化曲线

表 5-12　拟合后某 7000 系铝合金电化学阻抗谱参数

试验时间/天	方案零		方案一		方案二		方案三	
	$R_l/(\Omega \cdot cm^2)$	拟合误差	$R_l/(\Omega \cdot cm^2)$	拟合误差	$R_l/(\Omega \cdot cm^2)$	拟合误差	$R_l/(\Omega \cdot cm^2)$	拟合误差
18	3.1×10^4	2.3×10^{-3}	1.0×10^5	1.3×10^{-3}	1.9×10^3	4.2×10^{-4}	1.6×10^3	8.3×10^{-4}
36	3.3×10^4	7.1×10^{-4}	3.6×10^4	1.1×10^{-3}	3.4×10^4	1.9×10^{-4}	1.7×10^3	7.3×10^{-4}
72	2.4×10^4	6.9×10^{-4}	7.7×10^3	6.8×10^{-4}	4.9×10^3	6.6×10^{-3}	1.4×10^3	4.8×10^{-4}

5.4.5　典型不锈钢腐蚀加速试验腐蚀行为与机理

1）腐蚀动力学分析

由图 5-37、表 5-13 可以看出，某不锈钢在四种方案加速谱作用下，腐蚀速率的变化趋势大体一致，皆呈现不断下降的趋势。方案三中，某不锈钢腐蚀速率皆高于其他方案。

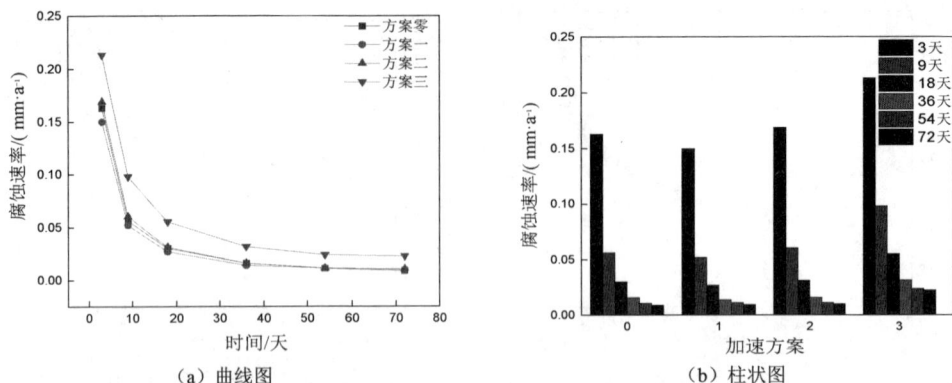

（a）曲线图　　　　　　　　　　　（b）柱状图

图 5-37　某不锈钢在四种方案加速谱下腐蚀速率曲线图和柱状图

表 5-13　某不锈钢在四种方案加速谱下的腐蚀速率

试验时间/天	腐蚀速率/（mm·a⁻¹）			
	方案零	方案一	方案二	方案三
3	0.163	0.15	0.169	0.213
9	0.0564	0.0522	0.0605	0.0981
18	0.0303	0.0271	0.0313	0.0553
36	0.0162	0.0141	0.0162	0.0318
54	0.0111	0.0115	0.0115	0.0240
72	0.0089	0.0099	0.0104	0.0227

2）宏观形貌分析

图 5-38～图 5-41 所示为某不锈钢在不同方案的加速谱作用下的宏观形貌。某不锈钢主要腐蚀形态为局部腐蚀。在方案零、一和二加速谱的作用下，某不锈钢的宏观形貌大体一致，试验 3 天，某不锈钢表面出现大量黄色锈点，未腐蚀区域仍保持原有金属光泽。随着试验的进行，锈层呈现褐黄色，金属光泽变暗。在方案三加速谱作用下，金属表面仅剩少量黑色点状腐蚀产物与褐色腐蚀块状腐蚀产物，这是因为在方案三加速试验中，pH 值为 3 的盐雾溶液起到了除锈剂的作用。

（a）试验 3 天　　　　　　　　　　　　　（b）试验 9 天

图 5-38　某不锈钢在方案零加速谱下的宏观形貌

(c) 试验 18 天

(d) 试验 36 天

(e) 试验 54 天

(f) 试验 72 天

图 5-38　某不锈钢在方案零加速谱下的宏观形貌（续）

（a）试验 3 天

（b）试验 9 天

（c）试验 18 天

（d）试验 36 天

（e）试验 54 天

（f）试验 72 天

图 5-39　某不锈钢在方案一加速谱下的宏观形貌

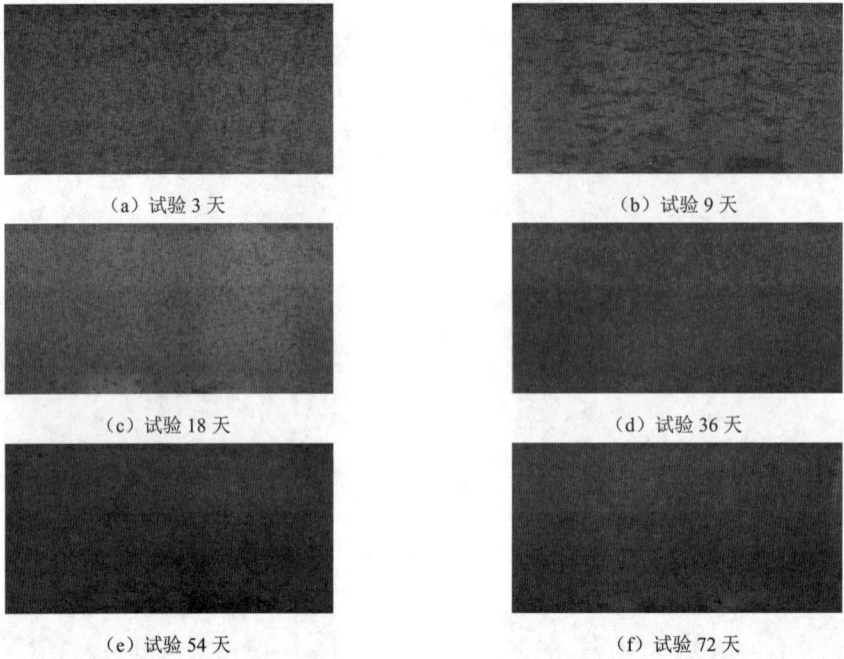

（a）试验 3 天

（b）试验 9 天

（c）试验 18 天

（d）试验 36 天

（e）试验 54 天

（f）试验 72 天

图 5-40　某不锈钢在方案二加速谱下的宏观形貌

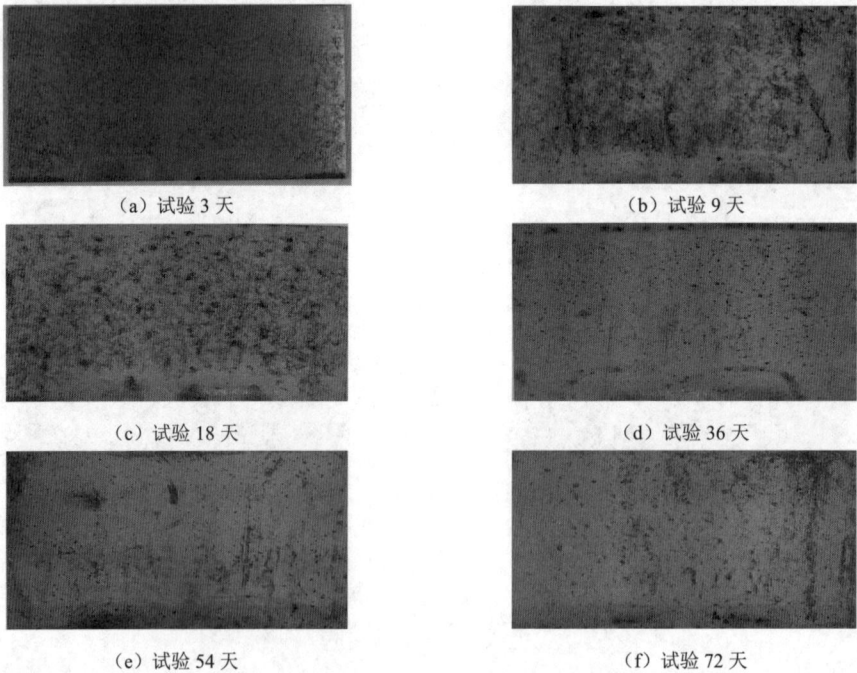

（a）试验 3 天

（b）试验 9 天

（c）试验 18 天

（d）试验 36 天

（e）试验 54 天

（f）试验 72 天

图 5-41　某不锈钢在方案三加速谱下的宏观形貌

3）微观形貌分析

图 5-42～图 5-45 所示为某不锈钢在不同方案加速谱下的微观形貌。在方案零、一、二加速试验中，某不锈钢表面弥散分布着颗粒状点蚀产物，其余大部分区域皆处于钝化状态，随着试验时间的延长，钝化膜致密且厚实。在方案三加速试验中，在酸性环境下，金属表面钝化膜并不致密，存在着较多裂缝。

（a）试验 18 天　　　　（b）试验 36 天　　　　（c）试验 72 天

图 5-42　某不锈钢在方案零加速谱下的微观形貌

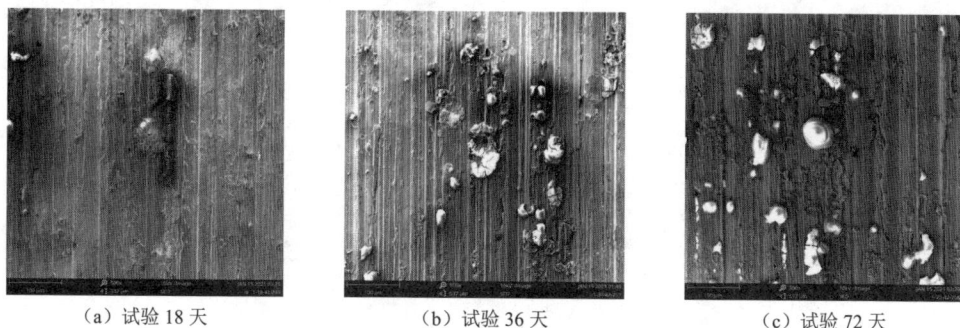

（a）试验 18 天　　　　（b）试验 36 天　　　　（c）试验 72 天

图 5-43　某不锈钢在方案一加速谱下的微观形貌

（a）试验 18 天　　　　（b）试验 36 天　　　　（c）试验 72 天

图 5-44　某不锈钢在方案二加速谱下的微观形貌

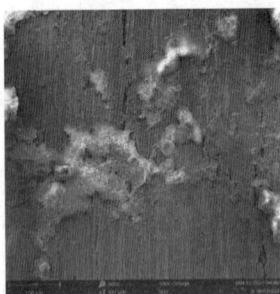  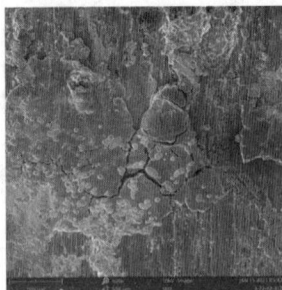

（a）试验 18 天　　　　　　（b）试验 36 天　　　　　　（c）试验 72 天

图 5-45　某不锈钢在方案三加速谱下的微观形貌

图 5-46～图 5-49 所示为某不锈钢在不同方案加速谱作用下的腐蚀产物能谱图。表 5-14、表 5-15 所示为某不锈钢在不同方案加速谱下的腐蚀产物元素原子百分含量。可以看出，不锈钢腐蚀产物主要元素为 Fe 与 O，并带有少量 Cr、Ni 元素。

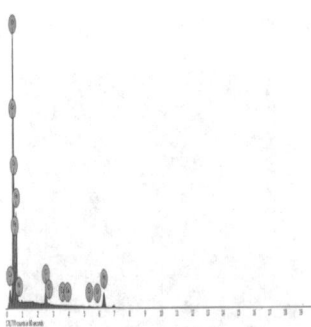 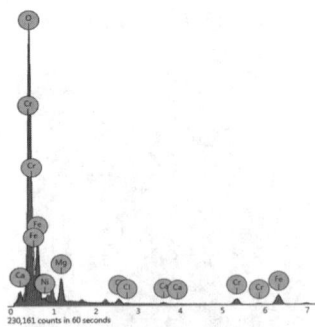 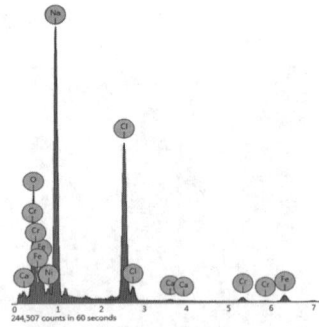

（a）试验 18 天　　　　　　（b）试验 36 天　　　　　　（c）试验 72 天

图 5-46　某不锈钢在方案零加速谱下的腐蚀产物能谱图

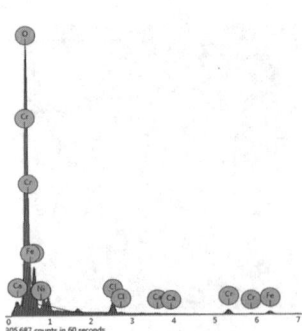 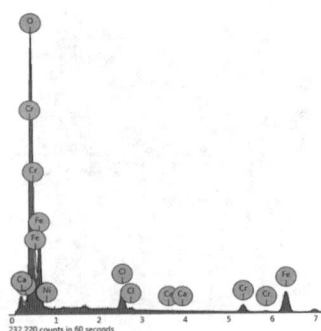 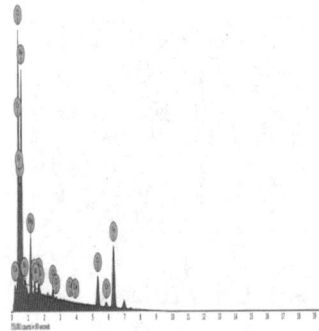

（a）试验 18 天　　　　　　（b）试验 36 天　　　　　　（c）试验 72 天

图 5-47　某不锈钢在方案一加速谱下的腐蚀产物能谱图

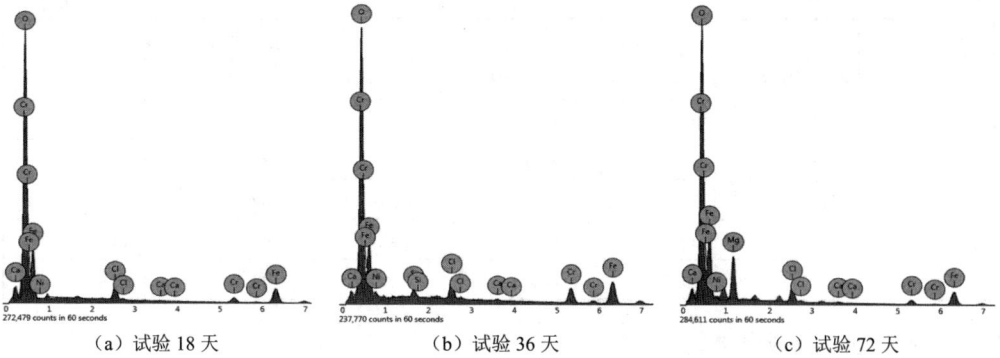

（a）试验 18 天　　　　　（b）试验 36 天　　　　　（c）试验 72 天

图 5-48　某不锈钢在方案二加速谱下的腐蚀产物能谱

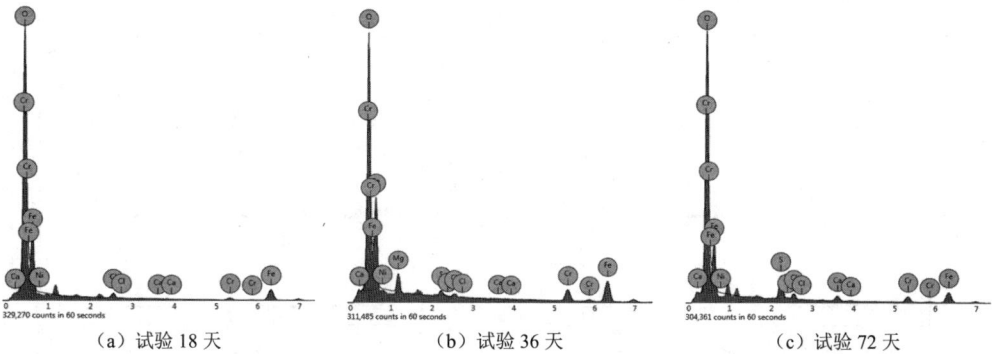

（a）试验 18 天　　　　　（b）试验 36 天　　　　　（c）试验 72 天

图 5-49　某不锈钢在方案三加速谱下的腐蚀产物能谱

表 5-14　某不锈钢腐蚀产物的元素原子百分含量（单位为%）1

元素	对比			方案一		
	18 天	36	72	18	36	72
Fe	30.17	20.13	59.3	8.34	43.49	55.58
Ni	3.72	1.51	2.54	0	6.51	0.46
Cr	0.85	4.85	14.17	5.64	8.38	10.72
Cl	4.17	0.98	0.61	3.34	1.46	0.87
Ca	0	0.48	0.08	0.26	0	0.06
O	35.61	67.01	21.59	82.63	35.52	26.35

表 5-15　某不锈钢腐蚀产物的元素原子百分含量（单位为%）2

元素	方案二			方案三		
	18	36	72	18	36	72
Fe	29.47	34.27	23.58	25.67	36.83	20.97

元素	方案二			方案三		
	18	36	72	18	36	72
Ni	0.26	0.9	1.19	0	0	0
Cr	3.65	9.47	3.09	1.94	8.17	4.72
Cl	3.15	3.48	3.32	1.26	0.64	1.18
Ca	0.12	0.3	0.2	0.03	0.11	1.6
O	63.35	50.67	60.47	71.09	49.75	66.97

4）腐蚀产物成分分析

图 5-50 所示为某不锈钢在不同方案加速谱作用下的 XRD 谱图。从图中可以看出，四种方案加速谱作用下某不锈钢的腐蚀产物主要为 NiO 与 $Fe(OH)_2$。

（a）方案零　　　　　　　　　　　　（b）方案一

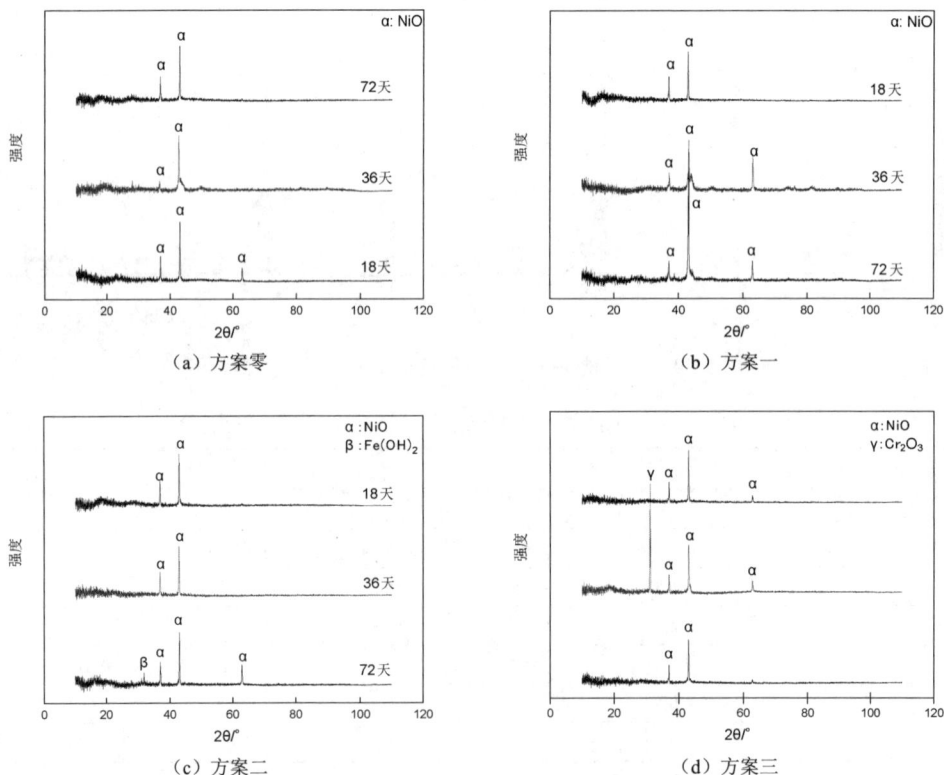

（c）方案二　　　　　　　　　　　　（d）方案三

图 5-50　某不锈钢在不同方案加速谱作用下的 XRD 谱图

5）电化学行为分析

图 5-51、图 5-52 所示为某不锈钢在不同方案的加速谱作用下的电化学阻抗谱和

阳极极化曲线。随着加速试验的进行，容抗弧的半径逐渐变大。根据表 5-16 中拟合数据可知，电荷转移，电阻值不断上升。

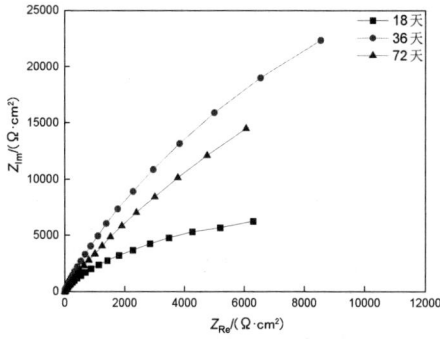
（a）方案零

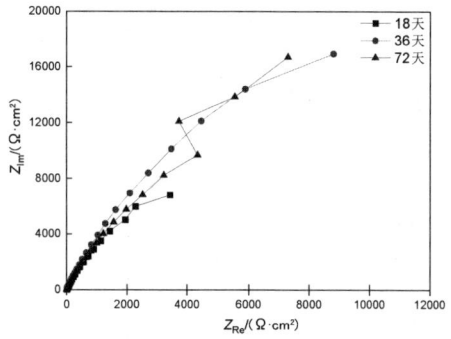
（b）方案一

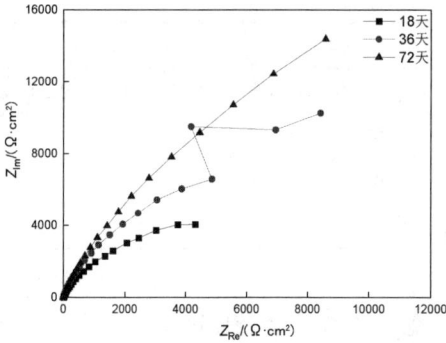
（c）方案二

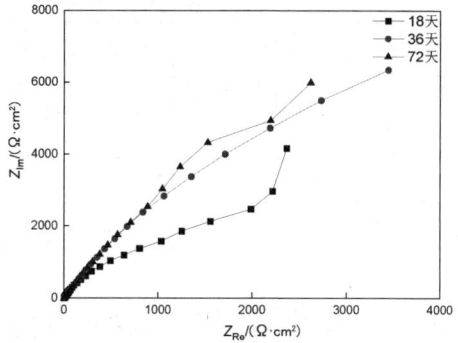
（d）方案三

图 5-51 某不锈钢在不同方案加速谱作用下的电化学阻抗谱

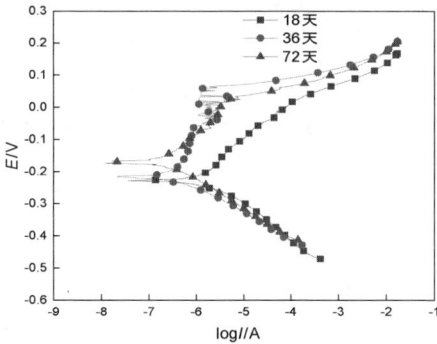
（a）方案零

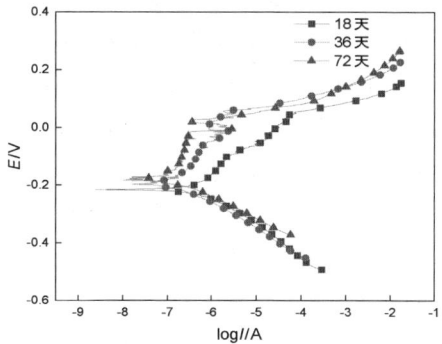
（b）方案一

图 5-52 某不锈钢在不同方案加速谱作用下的阳极极化曲线

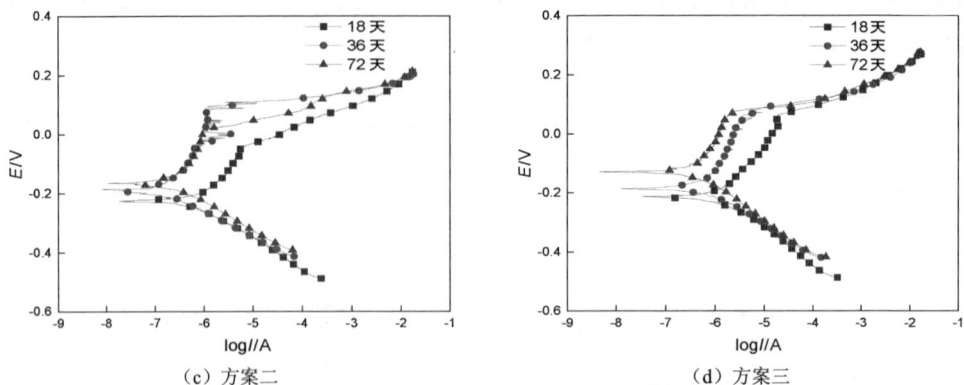

（c）方案二 　　　　　　　　　　（d）方案三

图 5-52　某不锈钢在不同方案加速谱作用下的阳极极化曲线（续）

表 5-16　拟合后的某不锈钢电化学阻抗谱参数

试验时间/天	方案零		方案一		方案二		方案三	
	$R_l/(\Omega \cdot cm^2)$	拟合误差	$R_l/(\Omega \cdot cm^2)$	拟合误差	$R_l/(\Omega \cdot cm^2)$	拟合误差	$R_l/(\Omega \cdot cm^2)$	拟合误差
18	1.7×10^4	3.8×10^{-4}	3.6×10^4	2.7×10^{-4}	1.1×10^4	4.5×10^{-4}	9.7×10^3	2.8×10^{-3}
36	1.9×10^5	4.7×10^{-4}	7.7×10^4	3.1×10^{-4}	1.7×10^4	1.1×10^{-3}	3.4×10^4	2.3×10^{-4}
72	7.2×10^5	2.2×10^{-4}	9.2×10^4	3.1×10^{-4}	3.7×10^4	1.3×10^{-3}	4.7×10^4	4×10^{-4}

5.4.6　典型航空涂层腐蚀加速试验腐蚀行为与机理

1）宏观形貌分析

图 5-53～图 5-56 为典型环氧涂层试样（基材 2000 系铝合金/硫酸阳极化）航空涂层在四种不同方案的加速谱作用下的宏观形貌，从图中可以看出，在整个加速腐蚀试验期间，在方案零、一、二加速谱的作用下，涂层试样表面并未发生锈点、鼓泡和裂纹等现象。在方案零加速谱作用下，涂层试样在整个试验周期内并未发生明显的变化，而在方案一、二加速谱作用下，涂层试样在腐蚀试验初期，试样表面并未发生任何变化，当加速试验进行到 18 天后，涂层出现粉化，表面逐渐被白色粉化产物覆盖，随着加速试验的进行，粉化现象越来越严重，白色腐蚀产物越明显。在方案三加速谱的作用下，加速试验初期，涂层试样表面并未发生明显的变化，随着腐蚀加速试验的进行，表面颜色发生明显变化，由一开始的绿色转变为棕黄色。当腐蚀加速试验进行到 54 天后，涂层试样表面出现了明显的白色粉化产物。

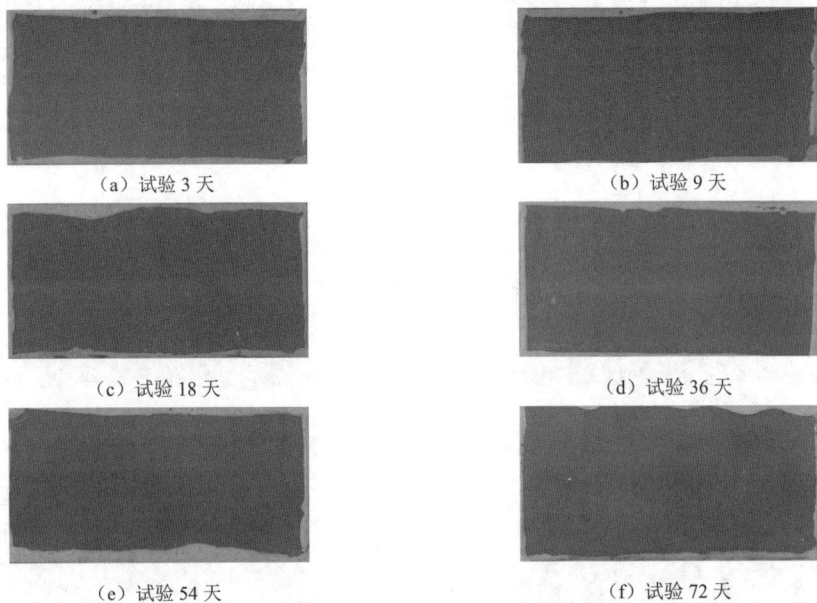

（a）试验 3 天

（b）试验 9 天

（c）试验 18 天

（d）试验 36 天

（e）试验 54 天

（f）试验 72 天

图 5-53　典型航空涂层在方案零加速谱下的宏观形貌

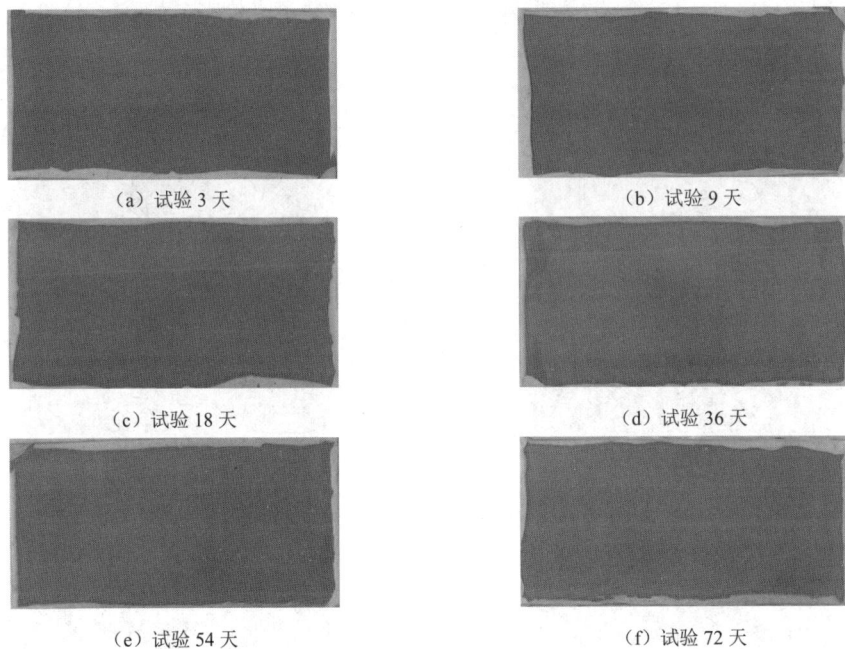

（a）试验 3 天

（b）试验 9 天

（c）试验 18 天

（d）试验 36 天

（e）试验 54 天

（f）试验 72 天

图 5-54　典型航空涂层在方案一加速谱下的宏观形貌

（a）试验 3 天　　　　　　　　　　　　（b）试验 9 天

（c）试验 18 天　　　　　　　　　　　（d）试验 36 天

（e）试验 54 天　　　　　　　　　　　（f）试验 72 天

图 5-55　典型航空涂层在方案二加速谱下的宏观形貌

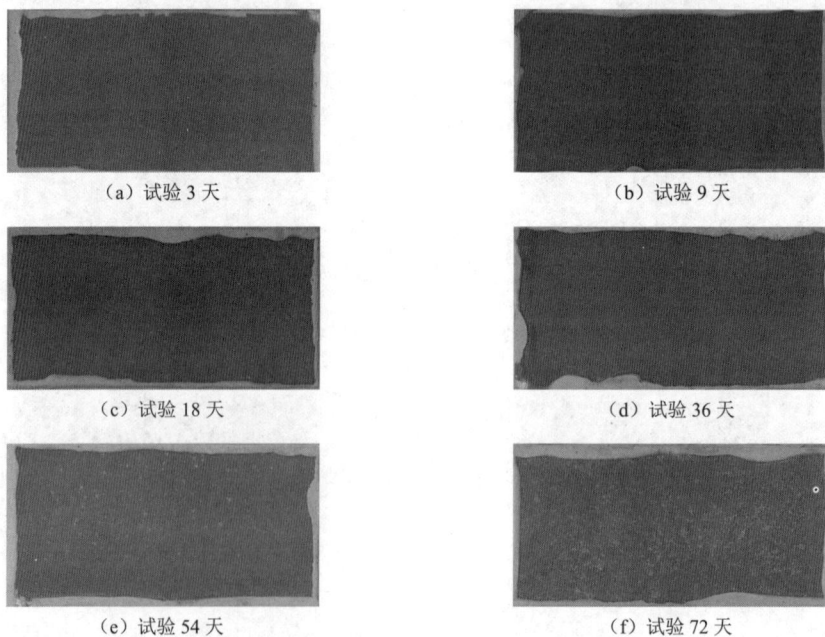

（a）试验 3 天　　　　　　　　　　　　（b）试验 9 天

（c）试验 18 天　　　　　　　　　　　（d）试验 36 天

（e）试验 54 天　　　　　　　　　　　（f）试验 72 天

图 5-56　典型航空涂层在方案三加速谱下的宏观形貌

2）光泽变化趋势

图 5-57 所示为典型航空涂层在不同方案的加速谱作用下的失光率变化曲线。由于涂层吸水作用，四种加速方案中涂层试样在加速试验前 18 天都表现出了不同程度的增光现象，而随着加速试验的进行，四种加速方案中涂层试样的失光率都表现出上升趋势。在方案零中，由于没有太阳辐射，涂层表面光泽几乎无变化，失光率接近于 0，而在其他加速方案中，由于太阳辐射，失光率皆高于方案零。试验 72 天后，加速方案一、二、三试样的失光率为 48.98%、58.16%、79.59%，皆高于方案零试样的 3.54%，说明涂层光泽变化与其接受的太阳辐射能量密切相关。

3）色差变化趋势

图 5-58 所示为典型航空涂层在不同方案的加速谱作用下的色差变化曲线。从图中可以看出，试验初期，四种方案下涂层色差值大体相当，数值为 7 左右。随着试验的进行，加速方案零作用下涂层色差值在 10 以内波动，而加速方案一、二作用下色差值逐渐上升。加速试验进行到 72 天后，在加速方案一、二作用下，涂层色差值上升到 29.91、36.16，太阳辐射在很大程度上影响了涂层色差变化趋势。

4）厚度变化

从图 5-59、表 5-17 中可以看出，方案零涂层试样粉化程度最低，而方案一、二、三粉化程度在加速试验 72 天后，分别达到 2 级、2 级、4 级，太阳辐射能在很大程度上影响到涂层试样的粉化程度。随着粉化程度的加深，涂层的厚度不断变薄。当加速试验 72 天后，方案零中涂层试样的粉化程度最低，其涂层厚度仍保持在 20 mm 以上，方案一与方案二厚度大体相近，分别为 13.99 mm 与 13.65 mm，低于方案零的涂层厚度，方案三厚度最低，只有 11.39 mm，酸性环境下涂层更容易粉化。

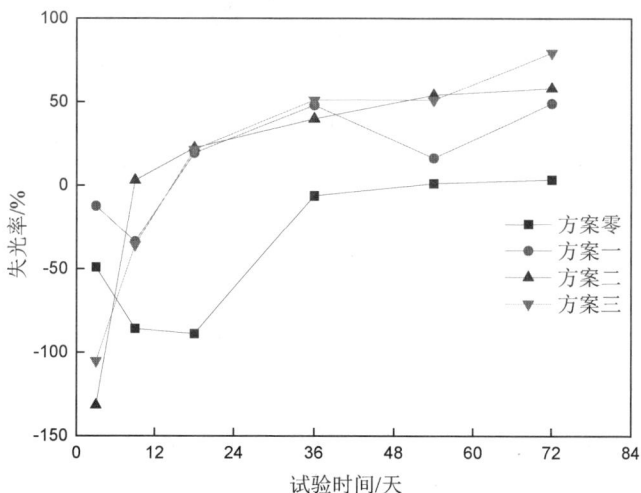

图 5-57　典型航空涂层在不同方案的加速谱作用下的失光率变化曲线

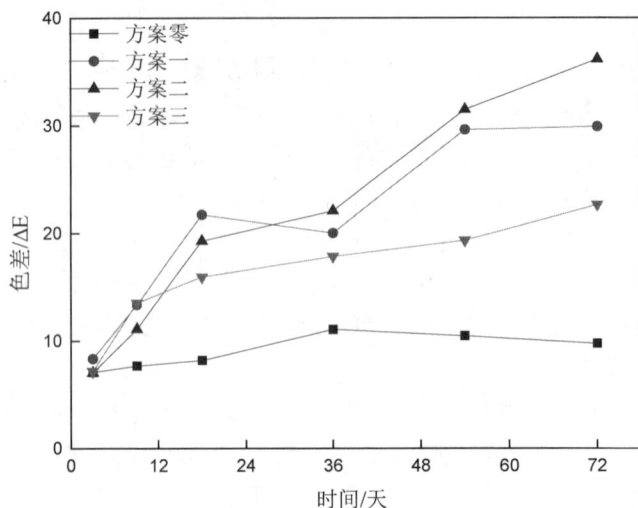

图 5-58 典型航空涂层在不同方案的加速谱作用下的色差变化曲线

表 5-17 典型航空涂层在不同方案加速谱作用下的粉化程度与厚度

| 试验时间/ | 方案零 | | 方案一 | | 方案二 | | 方案三 | |
天	粉化程度	厚度/mm	粉化程度	厚度/mm	粉化程度	厚度/mm	粉化程度	厚度/mm
3	0	22.65	0	20.99	0	20.36	0	19.68
9	0	22.1	0	20.11	0	19.87	1	18.58
18	0	21.86	1	16.85	1	16.32	1	15.22
36	0	21.46	2	15.36	1	14.11	2	13.98
54	0	21.01	2	14.32	2	13.98	3	11.41
72	0	20.86	2	13.99	2	13.65	4	11.39

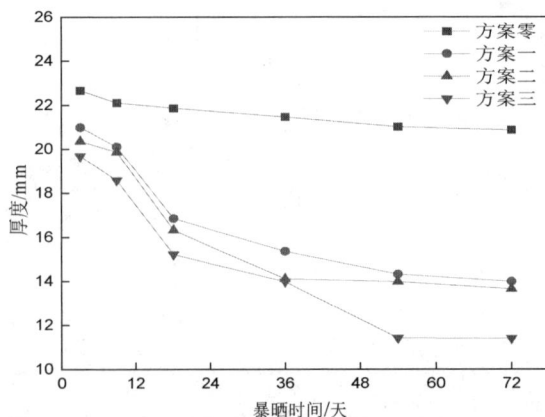

图 5-59 典型航空涂层在不同方案加速谱作用下的涂层厚度变化图

5）电化学行为分析

图 5-60 所示为典型航空涂层在不同方案的加速谱作用下的电化学阻抗谱。涂层试样电化学阻抗谱由两个容抗弧组成，随着加速试验的进行，容抗弧直径逐渐减少，四种加速方案作用下涂层的耐腐蚀性都随着试验时间的延长而开始下降。$|Z|_{0.01Hz}$ 数据统计如表 5-18 所示。

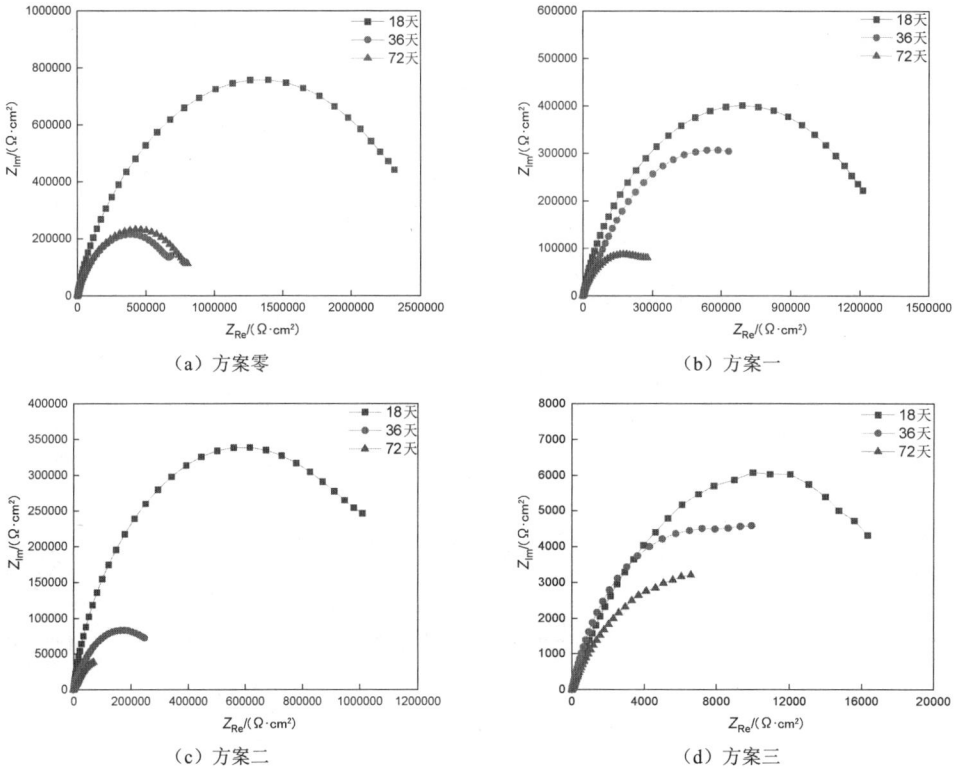

图 5-60　典型航空涂层在不同方案加速谱作用下的电化学阻抗谱

表 5-18　$|Z|_{0.01Hz}$ 数据统计

试验时间/天	方案零	方案一	方案二	方案三
18	2.69×10^6	1.37×10^6	1.59×10^6	1.69×10^4
36	8.93×10^6	1.14×10^6	4.8×10^5	9.2×10^3
72	9.8×10^5	4.3×10^5	2×10^5	7.3×10^3

第 6 章

当量关系构建与相关性分析

6.1 概述

本章介绍了加速试验典型当量关系与相关性分析方法，并在第 4 章和第 5 章试验数据的基础上，以第 5 章中构建的 4 种加速谱为代表，建立典型航空铝合金、不锈钢、涂层样件在典型加速谱作用下的当量关系模型，通过数值评价与机理分析相结合的方式确定相关性。综合当量关系与相关性分析结果，论述 4 种方案下加速谱对典型航空铝合金、不锈钢、涂层样件的适用性。

6.2 分析方法

6.2.1 加速谱适用性分析原则

1）当量关系高

在相关性优良的基础上，具有高的加速倍率。

2）相关性强

a. 相关系数不小于 0.7；

b. 腐蚀过程中的电化学特征和机理基本一致；

c. 试验形成的腐蚀形貌、锈层特征（宏观、微观腐蚀形貌、组成结构和腐蚀的二次过程及阻滞性能）基本一致；

d. 试样所处试验环境的作用机理基本一致；

e. 腐蚀动力学规律基本一致。

3）重现性好

在相同加速试验条件下，两次以上重复试验，结果无显著差异，一般采用方差分析或 T 检验分析。

6.2.2 当量关系分析方法

加速试验当量关系的建立一般要经过以下三个技术步骤：第一步，开展使用环境数据实测，在确定目标材料实际使用环境谱的基础上，转化加速谱；第二步，在加速谱下开展试验，由试验得到关键性能参数的腐蚀、老化、退化规律；第三步，开展目标材料实际使用情况调研，将实际结果作为加速试验当量关系建立的基础和验证依据。但是，在加速试验实际工作中，严格按照上述步骤开展往往会比较困难，其主要原因是目前可用于加速试验当量关系的验证数据较少，在有限科研经费和研制周期支持下，一般项目仅会按照已有周期进行样件规划，获得大量中短期试验成果，而缺乏长期、有规划性的试验数据，导致在开展航空装备环境适应性及加速试验时，很难找到完整、体系的数据供参考，增加了当量关系建立的难度。同时，由加速试验得出的结论，目前仍存在理论性、完整性不足等问题，仍需要在加速试验失效模式与失效规律、加速环境与使用环境之间的相关性等方面开展大量的试验与研究工作。

加速当量关系分析方法推荐采用退化趋势对比的方法，将加速试验节点数据与海洋大气环境试验数据分别绘图或制表，根据数据变化趋势，分析各趋势节点当量关系，建立当量模型。实施步骤（见图 6-1）：以时间为横坐标，腐蚀表征参数为纵坐标对曲线拟合，得到同一腐蚀特征参数下，两种试验环境下达到腐蚀特征参数所需要的时间值 T 和 t。以 t 为横坐标，T/t 为纵坐标，回归分析得到当量关系变化规律模型。

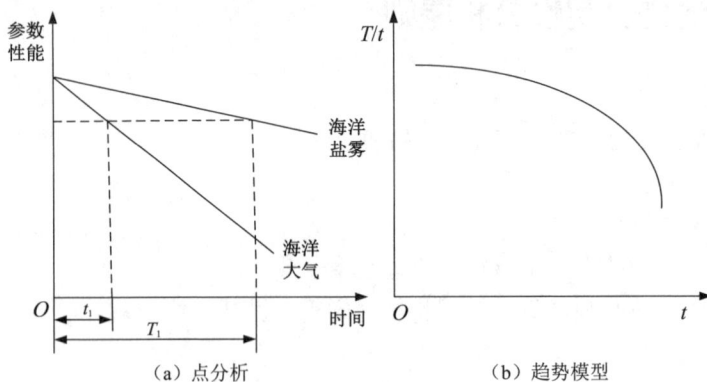

图 6-1 当量关系模型建立示意图

6.2.3 相关性分析方法

相关性评价一般采用数学评价和机理分析相结合的方法。数学评价有 Pearson 积距相关系数法、Spearman 秩相关系数法、灰色关联度分析法等。机理分析：分析两种试验条件下，样本的宏微观形貌、腐蚀产物组成及腐蚀动力学等，判别退化机理的一致性，确定两种试验的相关程度。

1）数学评价

通过回归分析、Pearson 积距相关系数法、Spearman 秩相关系数法或灰色关联度分析法等数学方法（见表 6-1）分析相关性。

表 6-1　典型相关性分析数学方法

序号	名称	数学方法
1	Pearson 积距相关系数法	判断两个数据集合是否符合线性关系。当相关系数接近 1 或-1 时，说明相关度越强。但该方法容易受到变量分布的影响，且对异常值非常敏感，一般情况下，只能用于当数据服从近似正态分布的情况
2	Spearman 秩相关系数法	Spearman 秩相关系数法属于非参数线性相关分析法，方法简单且易于掌握，与 Pearson 积距相关系数法相比，相关系数计算与数据的样本分布无关
3	灰色关联度分析法	对比随机因素序列之间的相关性，根据因素发展趋势相似度判断随机因素接近程度。用于多个加速试验方案对比，选最优试验方案。对样本量没有过多要求，也不需要样本服从典型分布规律，计算量小，相对于其他关联性分析方法，能较好地适用于加速试验相关性定量分析研究

a．Pearson 积距相关系数法。

度量两个变量 X 和 Y 之间的相关性（线性相关），其值为-1～1，该系数广泛用于度量两个变量之间的相关程度。计算步骤如下：

$$P_{(X,Y)} = \frac{\text{Cov}(X,Y)}{\sigma_X \sigma_Y} = \frac{E(XY) - E(X)E(Y)}{\sqrt{E(X^2) - E^2(X)}\sqrt{E(Y^2) - E^2(Y)}} \qquad (6\text{-}1)$$

式中，Cov（X,Y）代表两个连续变量（X,Y）之间的协方差，$\sigma_X\sigma_Y$ 代表它们各自标准差的乘积；$P_{(X,Y)}$ 是两组数列的 Pearson 相关系数，反映的是两组数据的关联性大小，该系数的取值为-1.0～1.0，接近 0 的变量被称为无相关性，接近 1 或者-1 被称为具有强相关性。

b．Spearman 秩相关系数法。

将两要素的样本值按数据大小排列位次，以各要素的样本值位次来代替实际数据而求得的一种统计量，是一种非参数线性相关分析方法。该方法适用范围广、简单、实用性强，具体计算方法如下：设 X_i、Y_i 分别为自然暴晒试验与实验室腐蚀加速试验后测得的性能数据，x_i、y_i 分别为 X_i、Y_i 的秩，d 为秩差。计算步骤如下。

秩差的计算：

$$d_i = x_i - y_i \qquad （6\text{-}2）$$

秩相关系数的计算：

$$r_s = 1 - \frac{6\sum_i^n d_i^2}{n(n^2 - 1)} \quad\quad (6\text{-}3)$$

式中，n 代表材料进行模拟加速腐蚀试验和自然暴晒试验下腐蚀试验的材料数量。秩相关系数值 $r_s \leqslant 1$，说明越接近 1 相关性越好。r_s 的大小反映了两种试验方法的结果对材料优劣顺序的差异规律的密切程度。

c. 灰色关联度分析法。

计算关联度来分析两个事物之间相关性程度的一种方法，其特点是可在少量的表面上无规律的数据样本基础上得到两个事物之间的关联规律。灰色关联度分析法不仅是灰色系统理论的重要组成部分之一，还是灰色系统分析、建模、预测、决策的基石。近几年的研究表明，灰色关联理论无疑是灰色系统理论最成熟、应用最广泛、最具活力的部分。灰色关联度分析法是对运行机制与物理原型不清或根本缺乏物理原型的灰关系序列化、模型化，进而建立灰色关联度分析法模型，使灰关系量化、序化、显化，能为复杂系统的建模提供重要的技术分析手段。其基本原理是通过对统计序列几何关系的比较来分清系统中多因素间的关联程度，序列曲线的几何形状越接近，它们之间的关联程度越大。灰色关联度分析法在自然科学、社会科学和经济管理等领域具有十分广泛的应用，特别是近几年来，该方法与系统科学和系统工程中的其他原理方法相结合，不仅解决了广泛存在与客观世界中具有灰色性的问题，也进一步拓宽了灰色关联度分析法的应用范围。

计算步骤如下。

确定参考数据列 $X_o(k)$ $(k=1,2,\cdots,n)$ 和比较数据列 $X_i(k)$ $(k=1,2,\cdots,n；i=1,2,\cdots,m)$，即

$$X_o(k) = \{x_o(k)\} = \{x_o(1), x_o(2), \cdots, x_o(n)\} \quad\quad (6\text{-}4)$$

$$X_i(k) = \{x_i(k)\} = \{x_i(1), x_i(2), \cdots, x_i(n)\} \quad\quad (6\text{-}5)$$

对各数据列分别进行初值化处理，得到标准化序列：

$$Y_o(k) = \left\{\frac{x_o(k)}{x_o(1)}\right\} = \{Y_o(1), Y_o(2), Y_o(3), \cdots, Y_o(n)\} \quad\quad (6\text{-}6)$$

$$Y_i(k) = \left\{\frac{x_i(k)}{x_i(1)}\right\} = \{Y_i(1), Y_i(2), Y_i(3), \cdots, Y_i(n)\} \quad\quad (6\text{-}7)$$

式中，$k=1,2,\cdots,n$；$i=1,2,\cdots,m$。

对初值化数列求出绝对差数据列：

$$\Delta_{oi} = \left| Y_o(k) - Y_i(k) \right| \tag{6-8}$$

求出两级最小差和最大差：

$$\min_{ik} = \left| Y_o(k) - Y_i(k) \right| \tag{6-9}$$

$$\max_{ik} = \left| Y_o(k) - Y_i(k) \right| \tag{6-10}$$

计算关联系数：

$$\xi_{oi}(k) = \frac{\min_{ik} \left| Y_o(k) - Y_i(k) \right| + \rho \max_{ik} \left| Y_o(k) - Y_i(k) \right|}{\left| Y_o(k) - Y_i(k) \right| + \rho \max_{ik} \left| Y_o(k) - Y_i(k) \right|} \tag{6-11}$$

式中，$\xi_{oi}(k)$ 为参考数据列 Y_o 和比较数据列 Y_i 在 k 时刻的灰色关联度系数；ρ 为分辨系数，$0 < \rho < 1$，一般取 0.5。

对参考数据列求解关联度：

$$\gamma_{oi} = \frac{1}{n} \sum_{k=1}^{n} \xi_{oi}(k) \tag{6-12}$$

式中，$\gamma_{oi}(Y_o, Y_i)$ 称为灰色关联度，数值的变化范围为 0～1。

2）机理分析

对试验后腐蚀形貌、腐蚀产物和腐蚀动力学进行分析，辅助数学评价结果，确定失效机理的基本一致性。机理分析方法可参考第 4 章、第 5 章中相关部分。

6.3 典型航空材料加速试验当量关系模型构建

在第 4 章和第 5 章试验数据的基础上，以第 5 章中构建的 4 种加速谱为代表，采用 6.2.2 节中介绍的计算方法，建立典型航空铝合金、不锈钢、涂层样件典型加速谱下当量关系模型。

1）某 2000 系铝合金

某 2000 系铝合金在海洋大气试验和加速试验作用下，腐蚀失重与试验时间遵循幂函数变化规律，对某 2000 系铝合金腐蚀失重数据进行幂函数模型 $D = At^n$ 拟合（t 单位为日历天），特征值及当量关系模型如表 6-2 所示。以 $t=360$ 为锚点，可以看出，加速倍率方案二<方案零 ≈方案一≪方案三。方案零和方案一加速倍率相近，且能达到 8 倍以上，说明基本的盐雾试验就能够使 2524 铝合金达到较高的加速性，太阳辐射因素对某 2000 系铝合金南海加速腐蚀基本没有影响。方案三加速倍率最高，说明酸性环境会极大提高某 2000 系铝合金的腐蚀加速性。方案二加速倍率最低，说明表

面固体颗粒的沉积，对某 2000 系铝合金腐蚀加速性起到弱化作用，固体颗粒对腐蚀的影响可详见本书 2.2.2 节。

表 6-2　某 2000 系铝合金腐蚀失重曲线拟合及当量模型表

方法	A	n	拟合曲线相关度	当量关系模型	$t=1$	$t=360$	$t=1080$	$t=3600$
					对应当量值（加速倍率）			
外场试验	3.19×10^{-5}	0.81	0.931	—	—	—	—	—
方案零	4.91×10^{-7}	1.90	0.975	$0.0154t^{1.09}$	0.0154	9.41	31.2	116
方案一	3.59×10^{-7}	1.94	0.974	$0.0113t^{1.13}$	0.0113	8.71	30.1	117
方案二	2.48×10^{-6}	1.50	0.957	$0.0777t^{0.69}$	0.0777	4.51	9.63	22.1
方案三	1.93×10^{-5}	1.43	0.982	$0.605t^{0.62}$	0.605	23.3	46	97

2）某 7000 系铝合金

某 7000 系铝合金在海洋大气试验和加速试验作用下，腐蚀失重与试验时间遵循幂函数变化规律，对某 7000 系铝合金腐蚀失重数据进行幂函数模型 $D = At^n$ 拟合，特征值及当量关系模型如表 6-3 所示。以 $t=360$ 为锚点，可以看出，加速倍率方案零≈方案一<方案二≪方案三。方案零和方案一加速倍率相近，但数值相对较低，说明基本的盐雾和太阳辐射因素难以使某 7000 系铝合金达到更高的加速性，方案二加速倍率达到 8 倍以上，说明表面固体颗粒的沉积，对某 2000 系铝合金腐蚀加速性起到强化作用。方案三加速倍率最高，说明酸性环境会极大提高某 7000 系铝合金的腐蚀加速性。

表 6-3　某 7000 系铝合金腐蚀失重曲线拟合及当量模型表

方法	A	n	拟合曲线相关度	当量关系模型	$t=1$	$t=360$	$t=1080$	$t=3600$
					对应当量值（加速倍率）			
外场试验	3.7×10^{-5}	0.470	0.954	—	—	—	—	—
方案零	6.39×10^{-5}	0.530	0.978	$1.73t^{0.06}$	1.73	2.46	2.63	2.82
方案一	6.21×10^{-5}	0.570	0.959	$1.68t^{0.1}$	1.68	3.02	3.37	3.81
方案二	1.44×10^{-5}	0.990	0.869	$0.39t^{0.52}$	0.39	8.31	14.7	27.5
方案三	6.00×10^{-5}	1.100	0.980	$1.62t^{0.63}$	1.62	66.1	132	282

3）某不锈钢

某不锈钢在海洋大气试验和加速试验作用下，电荷转移电阻与试验时间遵循幂函数变化规律，对某不锈钢腐蚀状态进行逆幂函数模型 $D = \dfrac{1}{A}t^{-n}$ 拟合，特征值及当量关系模型如表 6-4 所示。与腐蚀失重数据相比，电荷转移电阻是一个状态值，而不是累积值，电荷转移电阻的倒数在一定程度上代表的是该种材料耐腐蚀性能的高低。

以 $t=360$ 为锚点，可以看出，加速倍率方案零 $\ll$ 方案一≈方案二≈方案三，说明基本盐雾试验起到加速强化作用有限，太阳辐射因素可以使某不锈钢获得一定的南海腐蚀加速性。

表6-4　某不锈钢电荷转移电阻曲线拟合及当量模型表

方法	A	n	拟合曲线相关度	当量关系模型	$t=1$	$t=360$	$t=1080$	$t=3600$
					对应当量值（加速倍率）			
外场试验	13323	0.66	0.758	—	—	—	—	—
方案零	124.08	2.03	0.996	$107.52t^{-1.37}$	107.52	0.0338	0.0075	0.0014
方案一	8989.15	0.55	0.866	$1.48t^{0.11}$	1.48	2.83	3.2	3.65
方案二	559.24	0.98	0.986	$23.8t^{-0.32}$	23.8	3.62	2.55	1.73
方案三	1411.85	0.83	0.889	$9.43t^{-0.17}$	9.43	3.47	2.88	2.35

4）典型航空涂层

典型航空涂层在海洋大气试验和加速试验作用下，0.01Hz 对应低频阻抗模值与试验时间遵循幂函数变化规律，对典型航空涂层腐蚀状态进行逆幂函数模型 $D=\dfrac{1}{A}t^{-n}$ 拟合，特征值及当量关系模型如表6-5所示。与腐蚀失重数据相比，0.01Hz 对应低频阻抗模值是一个状态值，不是累积值，低频阻抗模值的倒数在一定程度上代表的是该种材料耐腐蚀性能的高低。以 $t=360$ 为锚点，可以看出，加速倍率方案一<方案零<方案二≪方案三，说明表面固体颗粒的沉积，对典型涂层腐蚀加速性起到明显强化作用。方案三加速倍率最高，说明酸性环境会极大提高典型涂层腐蚀加速性。

表6-5　典型航空涂层 0.01Hz 对应低频阻抗模值曲线拟合及当量模型表

方法	A	n	拟合曲线相关度	当量关系模型	$t=1$	$t=360$	$t=1080$	$t=3600$
					对应当量值（加速倍率）			
外场试验	1.59×10^{9}	-0.53	0.749	—	—	—	—	—
方案零	5.5×10^{7}	-1.05	0.864	$28.9t^{0.52}$	28.9	617	1090	2040
方案一	9.1×10^{6}	-0.64	0.842	$175t^{0.11}$	175	334	377	430
方案二	1.89×10^{8}	-1.65	0.997	$8.41t^{1.12}$	8.41	6140	2100	8090
方案三	1.18×10^{5}	-0.68	0.749	$1350t^{0.15}$	13500	32600	38400	46000

6.4　相关性分析

6.4.1　数据评价分析

在第 4 章和第 5 章试验数据的基础上，以第 5 章中构建的 4 种加速谱为代表，采用 6.2.3 节中介绍的 Pearson 积距相关系数法，计算典型航空铝合金、不锈钢、涂层样件在典型加速谱下的相关系数。

1）某 2000 系铝合金

某 2000 系铝合金加速试验相关系数计算结果（Pearson 方法）如表 6-6 所示，可以看出，与典型南海地区外场试验相比，在相关系数计算结果上，方案零≈方案一<方案二<方案三。其中，方案零≈方案一，说明太阳辐射因素对某 2000 系铝合金南海加速腐蚀基本没有影响。4 种方案相关系数计算结果均在 0.8 以上，且最高值为 0.85，相对差异较小，基本盐雾试验就能够使某 2000 系铝合金南海加速腐蚀达到一定相关性；方案一<方案二<方案三，说明表面固体颗粒、酸性状态对某 2000 系铝合金南海加速腐蚀相关性具有一定提升作用，但影响效果有限。

表 6-6　某 2000 系铝合金加速试验相关系数计算结果（Pearson 方法）

类别	外场试验		加速试验		相关系数计算结果
	试验天数/天	腐蚀失重/（g/cm²）	试验天数/天	腐蚀失重/（g/cm²）	
方案零	30	9.33×10^{-5}	3	1.03×10^{-4}	0.818291
	90	1.04×10^{-3}	9	1.40×10^{-4}	
	180	2.62×10^{-3}	18	2.43×10^{-4}	
	360	3.53×10^{-3}	36	3.44×10^{-4}	
方案一	30	9.33×10^{-5}	3	1.04×10^{-4}	0.815204
	90	1.04×10^{-3}	9	1.28×10^{-4}	
	180	2.62×10^{-3}	18	2.12×10^{-4}	
	360	3.53×10^{-3}	36	2.95×10^{-4}	
方案二	30	9.33×10^{-5}	3	1.91×10^{-4}	0.841316
	90	1.04×10^{-3}	9	2.37×10^{-4}	
	180	2.62×10^{-3}	18	2.70×10^{-4}	
	360	3.53×10^{-3}	36	4.19×10^{-4}	
方案三	30	9.33×10^{-5}	3	3.19×10^{-4}	0.856527
	90	1.04×10^{-3}	9	8.61×10^{-4}	
	180	2.62×10^{-3}	18	1.67×10^{-3}	
	360	3.53×10^{-3}	36	2.71×10^{-3}	

2）某 7000 系铝合金

某 7000 系铝合金加速试验相关系数计算结果（Pearson 方法）如表 6-7 所示。方案零≈方案一≈方案二≈方案三。4 种方案相关系数计算结果均在 0.9 以上，且相对差异极小，仅在数值分析上，基本盐雾试验已能够使某 7000 系铝合金南海加速腐蚀达到较高相关性。

表 6-7　某 7000 系铝合金加速试验相关系数计算结果（Pearson 方法）

类别	外场试验		加速试验		相关系数计算结果
	试验天数/天	腐蚀失重/(g/cm^2)	试验天数/天	腐蚀失重/(g/cm^2)	
方案零	30	-3.15×10^{-5}	3	1.23×10^{-4}	0.999806
	90	3.92×10^{-4}	9	2.24×10^{-4}	
	180	4.64×10^{-4}	18	2.98×10^{-4}	
	360	6.40×10^{-4}	36	3.87×10^{-4}	
方案一	30	-3.15×10^{-5}	3	1.27×10^{-4}	0.996769
	90	3.92×10^{-4}	9	2.55×10^{-4}	
	180	4.64×10^{-4}	18	3.37×10^{-4}	
	360	6.40×10^{-4}	36	4.26×10^{-4}	
方案二	30	-3.15×10^{-5}	3	1.75×10^{-4}	0.985297
	90	3.92×10^{-4}	9	3.13×10^{-4}	
	180	4.64×10^{-4}	18	2.68×10^{-4}	
	360	6.40×10^{-4}	36	3.69×10^{-4}	
方案三	30	-3.15×10^{-5}	3	5.42×10^{-4}	0.992571
	90	3.92×10^{-4}	9	9.53×10^{-4}	
	180	4.64×10^{-4}	18	1.78×10^{-3}	
	360	6.40×10^{-4}	36	2.67×10^{-3}	

3）某不锈钢

某不锈钢加速试验相关系数计算结果（Pearson 方法）如表 6-8 所示。方案零≈方案一≈方案二≪方案三，其中，方案零、方案一、方案二，其相关系数均在 0.8 以下，体现出较弱相关性。酸性状态对某 2000 系铝合金南海加速腐蚀相关性具有较强促进作用，其可能与某不锈钢点蚀酸化、闭塞电池效应相关。

表 6-8　某不锈钢加速试验相关系数计算结果（Pearson 方法）

类别	外场试验		加速试验		相关系数计算结果
	试验天数/天	电荷转移电阻	试验天数/天	电荷转移电阻	
方案零	90	1.58×10^{5}	18	1.70×10^{4}	0.791705
	180	5.56×10^{5}	36	1.90×10^{5}	
	360	6.33×10^{5}	72	7.20×10^{5}	

续表

类别	外场试验		加速试验		相关系数计算结果
	试验天数/天	电荷转移电阻	试验天数/天	电荷转移电阻	
方案一	90	1.58×10^5	18	3.60×10^4	0.793945
	180	5.56×10^5	36	7.70×10^4	
	360	6.33×10^5	72	9.20×10^4	
方案二	90	1.58×10^5	18	1.10×10^4	0.781699
	180	5.56×10^5	36	1.70×10^4	
	360	6.33×10^5	72	3.70×10^4	
方案三	90	1.58×10^5	18	9.70×10^3	0.980295
	180	5.56×10^5	36	3.40×10^4	
	360	6.33×10^5	72	4.70×10^4	

4）典型航空涂层

典型航空涂层加速试验相关系数计算结果（Pearson 方法）如表 6-9 所示。方案零≪方案一 ≈方案二≈ 方案三，其中方案三、方案零相关系数计算结果均在 0.8 以下，体现出较弱相关性。说明仅基本盐雾试验对典型航空涂层南海加速腐蚀试验的作用较弱，方案一、方案二、方案三，相关系数计算结果均在 0.9 以上，且相对差异极小，仅在数值分析上，盐雾+太阳辐射+固体颗粒组合已能够很好满足典型涂层南海加速腐蚀试验相关性需要。

表 6-9　典型航空涂层加速试验相关系数计算结果（Pearson 方法）

类别	外场试验		加速试验		相关系数计算结果
	试验天数/天	0.01Hz 对应低阻抗模值	试验天数/天	0.01Hz 对应低阻抗模值	
方案零	90	2.25×10^8	18	1376650	0.730513
	180	5.99×10^7	36	1139910	
	360	4.97×10^7	72	433427	
方案一	90	2.25×10^8	18	2696380	0.995561
	180	5.99×10^7	36	893810	
	360	4.97×10^7	72	980020	
方案二	90	2.25×10^8	18	1599880	0.990722
	180	5.99×10^7	36	480550	
	360	4.97×10^7	72	204014	
方案三	90	2.25×10^8	18	16903.3	0.990138
	180	5.99×10^7	36	9265.88	
	360	4.97×10^7	72	7328.75	

6.4.2 机理分析评价

典型航空材料内外场腐蚀行为与腐蚀机理分析结果,可详见 4.4 节和 5.4 节,此处不进行过多论述,仅以某 7000 系铝合金为例进行说明。

1)腐蚀宏观形貌对比分析

图 6-2 所示为某 7000 系铝合金内外场试验腐蚀宏观形貌对比图,从图中可以看出,某 7000 系铝合金在海洋大气试验和加速试验作用下,合金表面先是有局部点蚀发生,腐蚀产物尚未覆盖整个金属表面。随着暴露时间的增加,合金表面腐蚀产物数量逐渐增加,合金表面逐渐被灰色腐蚀产物覆盖,失去了原来金属光泽,形成了较厚的腐蚀产物层。从宏观形貌来看,各方案加速试验与外场试验相比,均具有较好的相似性。

2)腐蚀微观形貌对比分析

图 6-3 所示为某 7000 系铝合金内外场试验腐蚀微观形貌对比图。在海洋大气试验中,在暴露前期,某 7000 系铝合金表面的腐蚀产物生成物较少,大部分区域表面平整,未发生明显腐蚀。随着暴露时间的延长,合金表面腐蚀产物数量逐渐增加,由于干湿循环过程中的内应力作用,腐蚀产物出现明显微裂纹。在加速试验中,试验 18 天,某 7000 系铝合金表面钝化膜局部破裂,且弥散分布着颗粒状点蚀产物,表面点状腐蚀产物不断生成且相互连接扩展,逐渐覆盖了整个合金表面。从微观形貌来看,各方案加速试验与外场试验相比,均具有较好的相似性。

3)点蚀深度及分布对比分析

图 6-4、图 6-5 所示为某 7000 系铝合金内外场点蚀深度分布柱状图和点蚀深度累积概率分布统计图,从图中可以看出,某 7000 系铝合金海洋大气试验 3 个月后,点蚀深度主要集中在 30～60 μm,暴露 6 个月和 1 年后,出现多个 90 μm 以上点蚀。而某 7000 系铝合金加速试验 18 天后,点蚀深度主要集中在 20～50 μm,试验 36 天后点蚀深度主要集中在 40～70 μm,试验 72 天后的点蚀深度主要集中在 40～70 μm 内。这表明了某 7000 系铝合金在经历海洋大气试验与加速试验后其表面的点蚀深度发展趋势具有很好的相关性。

4)腐蚀产物对比分析

图 6-6 所示为某 7000 系铝合金内外场试验腐蚀产物 XRD 对比图,腐蚀产物主要由 $AlOOH$、Al_2O_3 及 $Al(OH)_3$ 组成。方案零、方案一、方案二的腐蚀产物主要为 $AlOOH$、Al_2O_3 及 $Al(OH)_3$,与外场相比,方案零中 Al_2O_3 含量相对更高;方案一、方案二中 $Al(OH)_3$ 含量相对较低,但差别不大。方案三中由于试验环境中 pH 值较低,未检出 $Al(OH)_3$。综上所述,方案一、方案二的腐蚀产物复现度较高。同时,在一定程度上,也说明了太阳辐射对腐蚀产物中 Al_2O_3 的产生存在一定抑制作用。

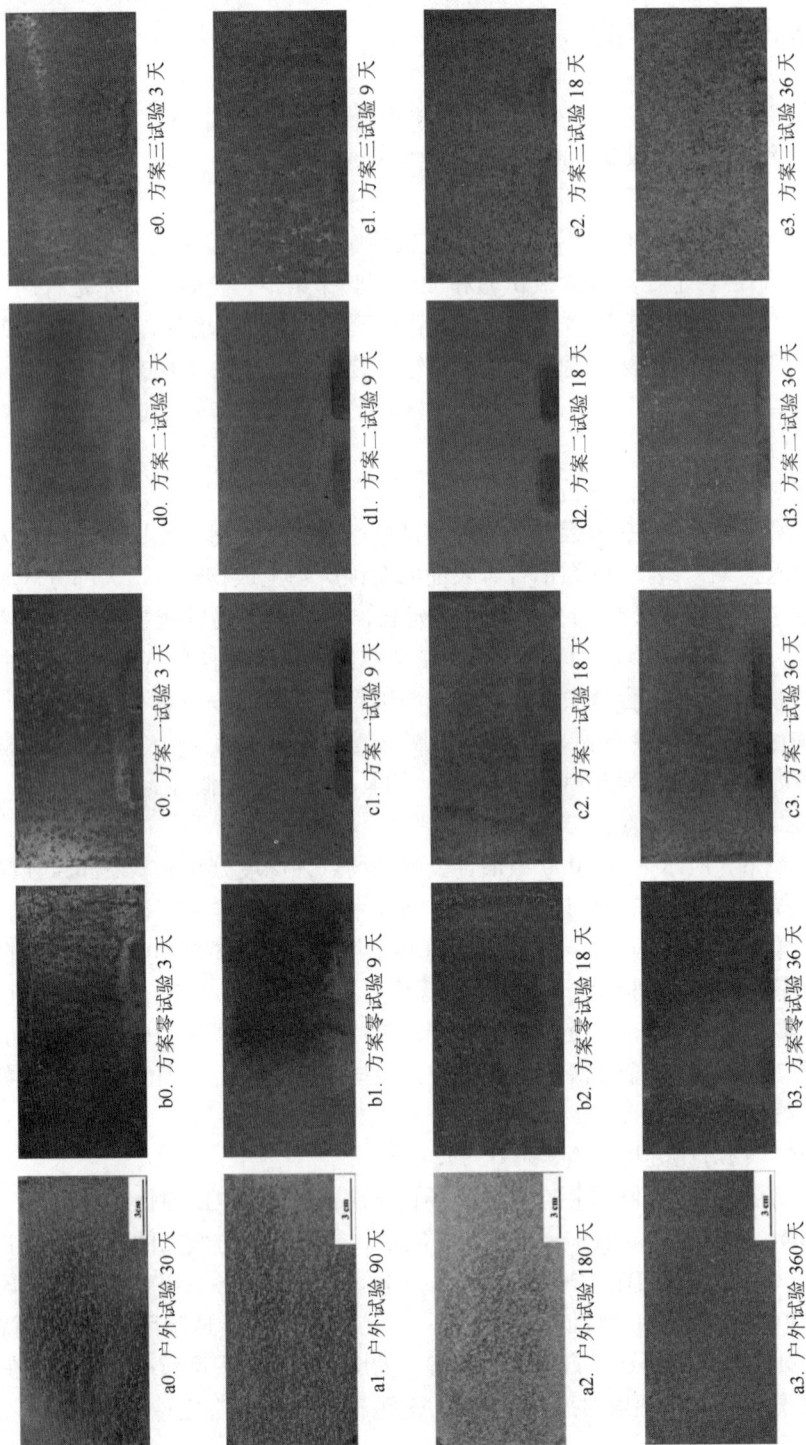

图 6-2　某 7000 系铝合金内外场试验腐蚀宏观形貌对比图

a0. 户外试验 30 天　　a1. 户外试验 90 天　　a2. 户外试验 180 天　　a3. 户外试验 360 天

b0. 方案零试验 3 天　　b1. 方案零试验 9 天　　b2. 方案零试验 18 天　　b3. 方案零试验 36 天

c0. 方案一试验 3 天　　c1. 方案一试验 9 天　　c2. 方案一试验 18 天　　c3. 方案一试验 36 天

d0. 方案二试验 3 天　　d1. 方案二试验 9 天　　d2. 方案二试验 18 天　　d3. 方案二试验 36 天

e0. 方案三试验 3 天　　e1. 方案三试验 9 天　　e2. 方案三试验 18 天　　e3. 方案三试验 36 天

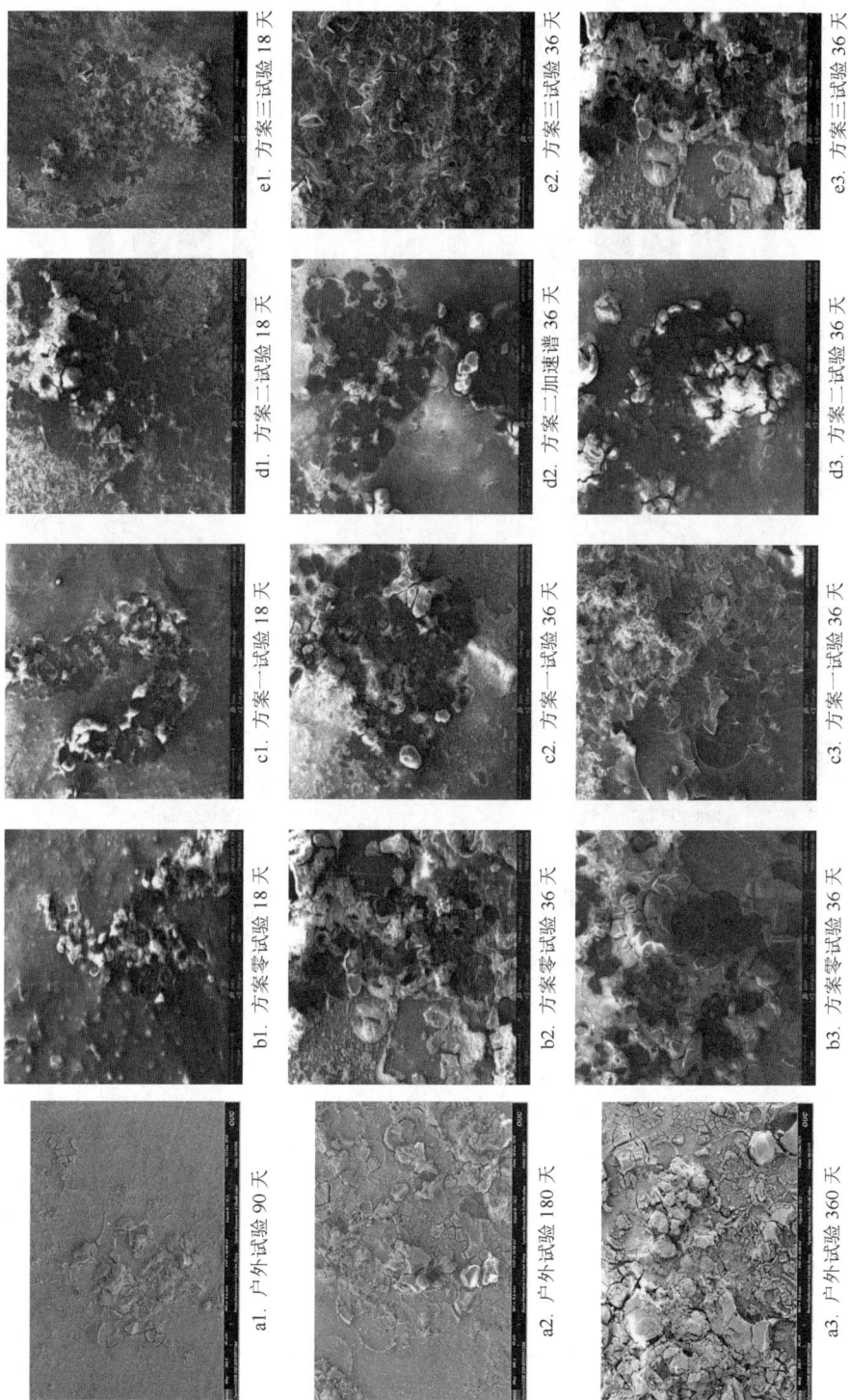

图 6-3　某 7000 系铝合金内外场试验腐蚀微观形貌对比图

e1. 方案三试验 18 天

e2. 方案三试验 36 天

e3. 方案三试验 36 天

d1. 方案二试验 18 天

d2. 方案二加速谱 36 天

d3. 方案二试验 36 天

c1. 方案一试验 18 天

c2. 方案一试验 36 天

c3. 方案一试验 36 天

b1. 方案零试验 18 天

b2. 方案零试验 36 天

b3. 方案零试验 36 天

a1. 户外试验 90 天

a2. 户外试验 180 天

a3. 户外试验 360 天

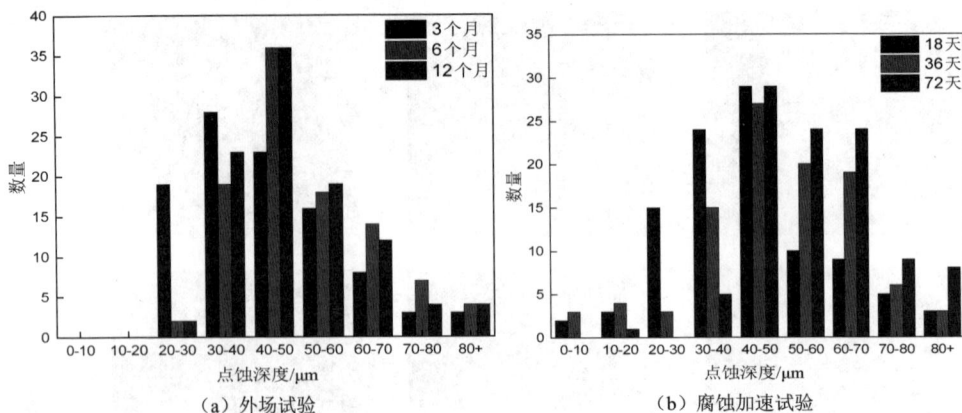

（a）外场试验　　　　　　　　　　（b）腐蚀加速试验

图 6-4　某 7000 系铝合金内外场点蚀深度分布柱状图

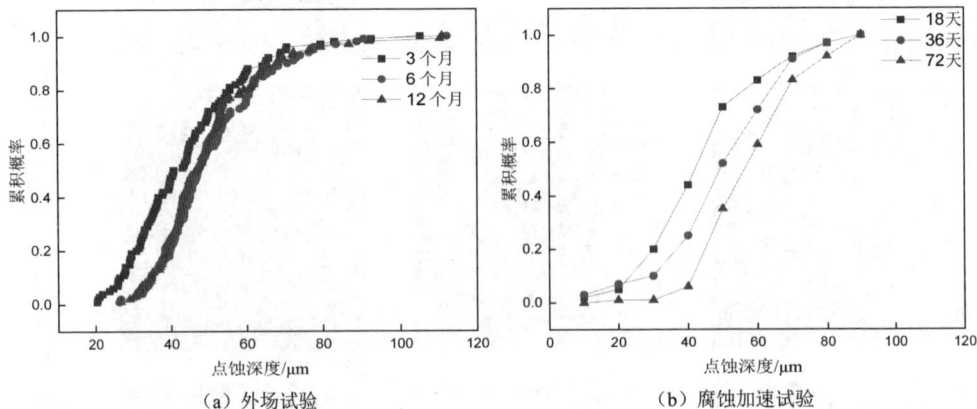

（a）外场试验　　　　　　　　　　（b）腐蚀加速试验

图 6-5　某 7000 系铝合金内外场点蚀深度累积概率分布统计图

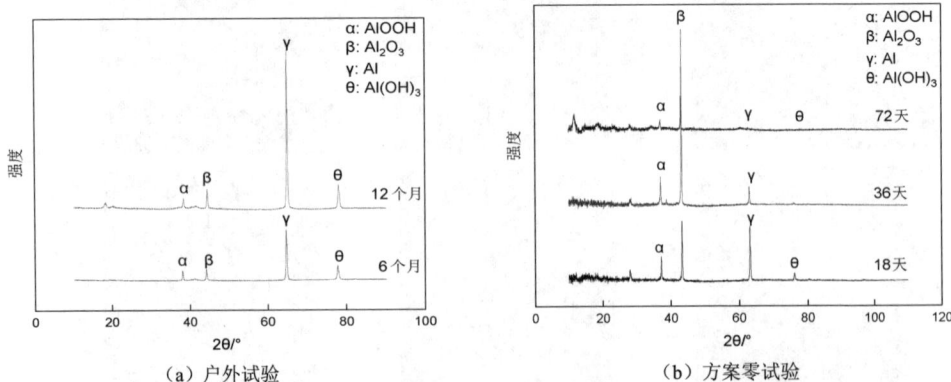

（a）户外试验　　　　　　　　　　（b）方案零试验

图 6-6　某 7000 系铝合金内外场试验腐蚀产物 XRD 对比图

（c）方案一试验

（d）方案二试验

（e）方案三试验

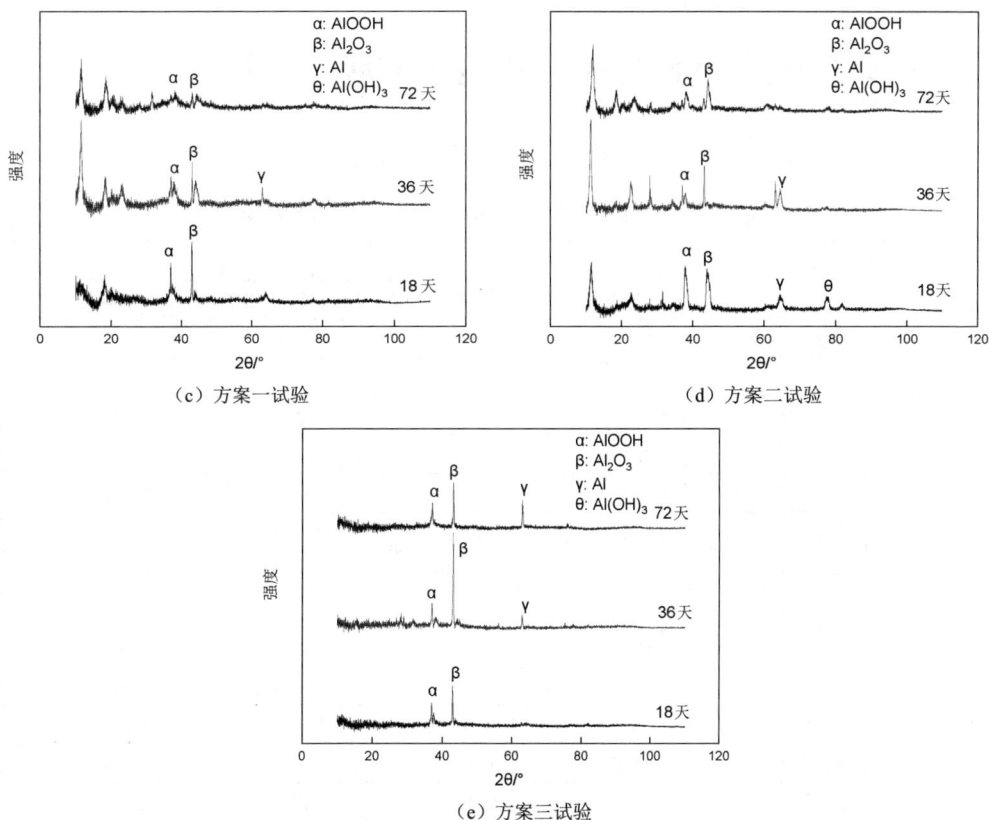

图 6-6 某 7000 系铝合金内外场试验腐蚀产物 XRD 对比图（续）

5）腐蚀动力学对比分析

某 7000 系铝合金在海洋大气试验和加速试验作用下，腐蚀失重与试验时间均遵循幂函数变化规律，对腐蚀失重数据进行幂函数模型 $D = At^n$ 拟合，特征值如表 6-10 所示，可以看出，各加速谱与外场腐蚀动力学规律大体一致。

表 6-10 腐蚀动力学特征值集合表

试验方法	A	n	拟合曲线的相关度
外场试验	3.7×10^{-5}	0.470	0.954
方案零	6.39×10^{-5}	0.530	0.978
方案一	6.21×10^{-5}	0.570	0.959
方案二	1.44×10^{-5}	0.990	0.869
方案三	6.00×10^{-5}	1.100	0.980

6.5 典型航空材料与典型加速谱适应性分析

加速试验当量关系与相关性综合分析结果如表 6-11 所示。

表 6-11　加速试验当量关系与相关性综合分析结果

项目		材料			
		某 2000 系	某 7000 系	某不锈钢	典型涂层
方案零	加速性（t=360）	9.41	2.46	0.0338	617
	相关系数	0.8182	0.9998	0.7917	0.7305
	腐蚀形貌	基本一致	基本一致	基本一致	有区别
	腐蚀产物	基本一致	有区别	—	—
方案一	加速性（t=360）	8.71	3.02	2.83	334
	相关系数	0.8152	0.9967	0.7939	0.9955
	腐蚀形貌	基本一致	基本一致	基本一致	基本一致
	腐蚀产物	有区别	基本一致	—	—
方案二	加速性（t=360）	4.51	8.31	3.62	6140
	相关系数	0.8413	0.9852	0.7816	0.9907
	腐蚀形貌	基本一致	基本一致	基本一致	基本一致
	腐蚀产物	有区别	基本一致	—	—
方案三	加速性（t=360）	23.3	66.1	3.47	32600
	相关系数	0.8565	0.9925	0.9802	0.9901
	腐蚀形貌	基本一致	基本一致	有区别	有区别
	腐蚀产物	有区别	有区别	—	—
适应性分析结论		方案零	方案一	方案二或三	方案二

第**7**章

典型航空材料海洋大气环境腐蚀数值模型

环境工程数据价值不言而喻，其应用范围广、需求量高。然而，环境数据种类繁多、波动变化频繁，较难预测和跟踪，其数据价值密度相对较低。如何对数据进行有效利用，以及如何利用现有数据推测未来变化趋势或寿命规律，是航空装备环境工程工作中亟需解决的问题。本章主要介绍基于模型、数据驱动、融合型三种典型性能退化预估方法，并以航空装备中常用的某 7000 系铝合金为代表，结合第 4 章和第 5 章的试验结果，基于灰色预测和 BP 神经网络预测方法构建腐蚀寿命预测模型。

7.1 数值分析方法

从目前主流技术应用现状来看，数值退化预估方法主要有基于模型、数据驱动、融合型三种方法（见图 7-1），各方法基本情况如下。

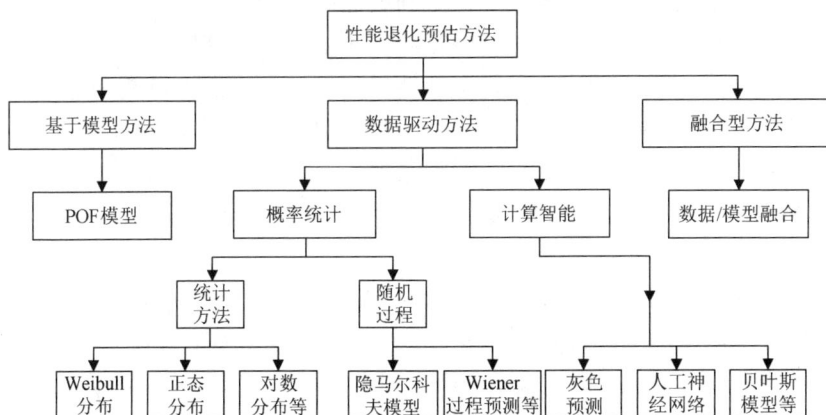

图 7-1 性能退化预估方法体系

7.1.1　基于模型方法

基于模型的性能退化预测方法需要建立在掌握失效模型基础上，根据性能退化过程中材料物理、化学行为的数学模型估计未来趋势。当失效类型明确，且各类失效退化机制可用建立的模型描述时，基于模型的方法是较为准确的。但是，实际航空产品材料、工艺种类繁多，失效机理复杂，往往不同材料、工艺失效对应着不同失效模型，很难建立起对系统的全面认识，导致其在实际应用中较难实现。

Ramakrishnan 和 M. pecht 将物理应力和物理失效模型结合起来，利用寿命损耗监控方法估算了产品的剩余寿命。Kacprzynski 等人通过高级故障物理模型对直升机变速箱上齿轮疲劳寿命进行了预测。海军工程大学杨自春等人利用 Basquin 公式和 Manson-Coffin 公式对舰船燃气轮机涡轮叶片疲劳寿命进行了预测。大连理工大学王健文等人对多轴疲劳方程进行了修正，给出了涡轮叶片疲劳寿命预测方法。

7.1.2　数据驱动方法

典型数据驱动方法分为两大类：基于概率统计的性能退化预估方法和基于计算智能的性能退化预估方法。基于概率统计的性能退化预估方法是通过大量试验得到产品失效数据，然后根据统计分析准则，选择恰当的分布模型对失效数据进行"拟合"，获得产品寿命特征分布的。常见的概率统计方法包括经典统计、随机过程两种，经典统计包括指数、对数、正态、Weibull 分布等；随机过程包括隐马尔科夫模型方法、Wiener 过程预测方法等。基于概率统计的性能退化预估方法与其他相比，需要的先验信息最少，是最简单、实用的经验方法。

基于计算智能的性能退化预估方法是利用已有数据，通过各种智能算法拟合性能退化规律，进而外推未来变化情况的方法。基于计算智能的性能退化预估方法主要有灰色预测模型、人工神经网络、贝叶斯模型等。该方法不需要知道材料、工艺的特殊知识，不需要建立在传递函数或状态空间模型的基础上，只需要掌握足够性能退化数据和特征值，利用数据分析方法处理数据，提取有用信息，进行性能退化预估，是目前工程中使用最为广泛的建模手段，但其预测结果过分依赖数据的可用性。

Klyatis 等人利用多变量 Weibull 分布模型对材料性能退化进行了描述，提高了模型精度，减少了测试成本和时间。Tang 等人提出了一种带有测量误差的 Wiener 过程模型，并将此方法应用到锂电池剩余寿命预测中。Gebraeel 等人以 Bayes 方法在线更新指数衰退模型参数，结合失效阈值得到剩余寿命分布，并将该方法应用于轴承加速寿命试验中。Yang 等人提出了基于动态 Bayes 模型的剩余寿命预测框架，利用已有钻头寿命数据对剩余寿命进行预测。电子科技大学凌丹等人利用三参数 Weibull 分布描述了零件疲劳寿命退化规律，采用解析法获得了疲劳寿命分布参数点估计值。王小林等人采用线性 Wiener 过程对金属膜电容器性能退化过程进行了预测，利用性能退化数据更新了模型参数。刘玉兵等人利用人工神经网络建立了磨损寿命预测模型。北京科技大学李晓钢等人利用人工神经网络对碳钢腐蚀退化规律进行了预估。华中科技大学徐佳佳等人通过对已有埋地管线腐蚀速率和腐蚀深度数据进行分析，建立了埋地管线土壤腐蚀寿命模型。西北工业大学杨乐等人利用灰色理论对海底管线剩余腐蚀寿命进行了预测；曹营军等人利用已有弹药储存退化数据，通过人工神经网络进行了预测。何庆飞等人利用非等间距灰色 GM(1,1)模型，预测了某型液压泵剩余寿命，预测精度达到 95.8%。

7.1.3 融合型方法

根据被预测对象的特性，借鉴不同预测方法特性和适用范围，将两种及两种以上预测方法结合，构造融合型预测方法，进而实现更高精度的预测。该方法主要可分为模型方法数据驱动方法融合和不同数据驱动方法融合两大类。在国内外研究方面，Saha 等人采用等效电路模型作为锂离子电池的性能退化模型，分别采用相关向量机和粒子滤波方法作为预测方法，实现锂离子电池的剩余寿命预测。王浩伟等人利用数据驱动融合方法，将导弹电连接器衰退过程看成一个带漂移的 Wiener 过程，提出用 Bayes 统计推断更新参数后验分布，预测产品剩余寿命。国防科技大学彭宝华等人针对性能退化具有 Wiener 过程的产品，采用 Bayes 融合的方法获得产品的剩余寿命分布。

在数学分析方法上，优先考虑基于计算智能的性能退化预估方法进行评估。首先，对已有数据进行预处理，剔除或替代数据异常点，进行初值化变换、均值化变换或归一化变换等去噪处理，随后合理选用灰色预测模型、人工神经网络、贝叶斯模型、统计模型等数据工具进行预测。

当选用灰色预测模型时，具体工作将涉及数据统计分析、级比检验、累加计算、发展系数检验、性能退化预估等步骤。利用灰色生成或序列算子作用对原始数据进行处理，降低随机性，生成有较强规律的数据序列，建立动态微分方程，进而预测对象系统未来发展趋势。该方法优势在于适合解决"小样本""贫信息"等不确定问题。

当选用人工神经网络时，具体工作将涉及网络结构、学习过程、训练过程等参数选取步骤。人工神经网络是基于单神经元模型构建的计算系统，通常由输入层、输出层和若干隐含层构成，每层由若干结点组成，每一个结点表示一个神经元，上层结点与下层结点之间通过权联接，同一层结点之间没有联系。人工神经网络具有良好的非线性拟合能力，可实现高维空间线性可分问题，能够逼近任意非线性函数。

当选用贝叶斯模型时，具体将涉及知识先验、网络训练、趋势预测等步骤。贝叶斯模型采用数学公式或系统映射来表示系统，通过将历史数据与经验相结合的方式，解决诸多具有不确定性和不完整性特点的问题。

此外，当腐蚀退化规律较为明显时，还可合理选择其他经验模型数学方法进行分析，如适用于磨损、老化失效的 Weibull 分布、适用于电子产品失效的指数分布、适用于疲劳失效的对数正态分布等。

7.2　优化后的灰色预测模型的构建及检验

灰色预测模型是一种对含有不确定因素的系统进行预测的方法，首先通过对原始数据进行生成处理来寻找系统变动的规律，弱化原始时间序列数据的随机因素，生成较强规律性的数据，建立相应的微分方程，从而预测事物未来的发展趋势。灰色预测模型虽然具有建模时所需数据样本较少、计算简单且预测精度较高等优点，但同时存在着模型单一、初值取值单一、背景值计算不准确等问题，这些问题很容易导致灰色预测模型的适应性和预测精度下降。随着灰色预测模型研究的发展，现有多种方法可用于灰色预测模型的改进与优化，包括残差校正法、背景值构造法、等维信息替代法、中心法、时间响应法等，这些方法都可以提高灰色预测模型的预测性能，这对丰富和完善灰色预测模型理论体系具有重要的理论意义和应用价值。

本书采用背景值优化及遗传算法结合灰色预测模型，构建优化的灰色预测模型，利用优化的灰色预测模型预测某 7000 系铝合金腐蚀失重。

7.2.1　传统灰色预测模型的构建

1）验证原始数据的光滑性

首先建立原始数据列 $X^{(0)}(k)$：

$$X^{(0)}(k) = \left\{ X^{(0)}(1), X^{(0)}(2), \cdots, X^{(0)}(n) \right\}, (k = 1, 2, \cdots, n) \tag{7-1}$$

然后通过计算数据集比来验证原始数据的光滑度：

$$\sigma(k) = \frac{X^{(0)}(k-1)}{X^{(0)}(k)} \tag{7-2}$$

经过式（7-2）的计算后，对比其计算结果是否都在($e^{-2/n+1}$, $e^{2/n+1}$)范围内。若满足光滑检验标准则即可对原始数据直接进行灰色模型预测，反之，则需要对原始数据进行预处理，使其满足光滑性的要求。目前，经常使用的数据预处理方法有数据开 n 方、数据取对数、数据的平滑处理。

2）确定累加数列 $X^{(1)}(k)$

当原始数据达到光滑性标准后，进行累加生成步骤：

$$X^{(1)}(k) = \sum_{j=1}^{k} X^{(0)}(j), k = (1, 2, \cdots, n) \tag{7-3}$$

3）确定背景值 $Z^{(1)}(k)$

$$Z^{(1)}(k) = \frac{1}{2}\left(X^{(1)}(k) + X^{(1)}(k-1)\right), (k = 2, 3, 4, \cdots, n) \tag{7-4}$$

4）确定预测模型

$X^{(1)}(k)$ 相应的微分方程为

$$\frac{\mathrm{d}X^{(1)}(k)}{\mathrm{d}t} + \alpha X^{(1)}(k) = \beta, (k = 2, 3, 4, \cdots, n) \tag{7-5}$$

式中，α 和 β 为待定模型参数，可用最小二乘法原理求出：

$$\hat{\boldsymbol{u}} = [\alpha, \beta]^{\mathrm{T}} = \left(\boldsymbol{B}^{\mathrm{T}}\boldsymbol{B}\right)^{-1}\boldsymbol{B}^{\mathrm{T}}\boldsymbol{Y} \tag{7-6}$$

式中，$\boldsymbol{B}$ 和 $\boldsymbol{Y}$ 分别为

$$\boldsymbol{B} = \begin{bmatrix} -\frac{1}{2}\left(X^{(1)}(2) + X^{(1)}(1)\right) & 1 \\ -\frac{1}{2}\left(X^{(1)}(3) + X^{(1)}(2)\right) & 1 \\ \cdots & \cdots \\ -\frac{1}{2}\left(X^{(1)}(n) + X^{(1)}(n-1)\right) & 1 \end{bmatrix} \tag{7-7}$$

$$\boldsymbol{Y} = \begin{bmatrix} X^{(0)}(2) \\ X^{(0)}(3) \\ \cdots \\ X^{(0)}(n) \end{bmatrix} \tag{7-8}$$

5）求出 $X^{(1)}(k)$、$X^{(0)}(k)$ 的模拟值

最后得到微分响应方程：

$$\hat{X}^{(1)}(k) = \left(X^{(0)}(1) - \frac{\beta}{\alpha} \right) e^{-\alpha(k-1)} + \frac{\beta}{\alpha}, (k = 2, 3, \cdots, n) \tag{7-9}$$

还原原始数据列：

$$\hat{X}^{(0)}(k) = \hat{X}^{(1)}(k) - \hat{X}^{(1)}(k-1), (k = 2, 3, \cdots, n) \tag{7-10}$$

将式（7-9）代入式（7-10）得

$$\hat{X}^{(0)}(k) = \left(X^{(0)}(1) - \frac{\beta}{\alpha} \right) e^{-\alpha(k-1)} (1 - e^{\alpha}) \tag{7-11}$$

6）误差检验

采用残差检验和后验差检验方法对预测的精度进行检验，残差检验的定义为

$$\varepsilon(i) = X^{(0)}(i) - \hat{X}^{(0)}(i), (i = 1, 2, \cdots, n) \tag{7-12}$$

残差数列的均值定义为

$$\overline{\varepsilon} = \frac{1}{n} \sum_{i=1}^{n} X^{(0)}(i) \tag{7-13}$$

原始数列的均值定义为

$$\hat{X}^{(0)} = \frac{1}{n} \sum_{i=1}^{n} X^{(0)}(i) \tag{7-14}$$

原始数列的标准差定义为

$$S_1 = \sqrt{\frac{\sum_{i=1}^{n} \left(X^{(0)}(i) - \overline{X}^{(0)} \right)^2}{n}} \tag{7-15}$$

残差数列的标准差定义为

$$S_2 = \sqrt{\frac{\sum_{i=1}^{n} \left(\varepsilon(t) - \overline{\varepsilon} \right)^2}{n}} \tag{7-16}$$

后验差比值定义为

$$C = \frac{S_2}{S_1} \tag{7-17}$$

后验指标小误差概率定义为

$$P = p\{|\varepsilon(i) - \overline{\varepsilon}| < 0.6745 S_1\} \tag{7-18}$$

通过对比残差值、后验差比的值及小误差概率值检验灰色预测模型的精度，由 C 和 P 判定预测模型的精度，通常将模型精度分为 4 级（见表 7-1），预测精度等级越

小，说明预测效果越好。

表 7-1　灰色预测模型精度分级

精度等级	1 级（好）	2 级（合格）	3 级（勉强）	4 级（不合格）
P	$P \geqslant 0.95$	$0.8 \leqslant P < 0.95$	$0.70 \leqslant P < 0.80$	$P < 0.70$
C	$C \geqslant 0.35$	$0.35 < C \leqslant 0.5$	$0.50 < C \leqslant 0.65$	$0.65 < C$

7.2.2　灰色预测模型的优化

1）背景值优化

灰色预测模型的背景值 $Z^{(1)}(k)$ 是一个平滑公式，当原始数据的变化较平稳时，传统的背景值构造方法适用性强，预测结果较为精确。然而，当原始数据的变化出现非规律性波动时，根据传统背景值构造方法所得出预测结果就会出现较大的偏差。因此，对背景值的构造方法进行合理的改进，可以使灰色预测模型的预测精度得到适当的提高。由于灰色预测模型背景值计算方法为 $Z^{(1)}(k) = \dfrac{1}{2}\left(X^{(1)}(k) + X^{(1)}(k-1)\right)$，而 $X^{(1)}(k)$ 与原始数据 $X^{(0)}(k)$ 相关，因此，可以通过对灰色预测模型的原始数据 $X^{(0)}(k)$ 进行合理的变换处理来实现模型的背景值进行优化。

本书采用对数变换的方法对原始数据进行变换，实现对灰色预测模型的背景值优化，其过程如下：

$$\overline{X}^{(0)}_{(k)} = \ln X^{(0)}_{(k)}, (k = 1, 2, \cdots, n) \tag{7-19}$$

对数变换后，得到新的输入值序列，可进行预测，最终得到的预测结果，再进行反转变化，还原为原形式数据，得到更精确的预测结果。

2）遗传算法

遗传算法是一种模拟生物进化过程的搜索算法。该算法通过数学的方式，利用计算机仿真运算，将问题的求解过程转换成类似生物进化中的染色体基因的选择、交叉、变异等过程。遗传算法的建立很好地解决了计算模型搜索最优解的问题，为许多数学模型的参数求解方法提供了新思路。灰色模型的调和参数就是一种求最优解的过程，遗传算法使用起来计算简单，并且具有很强的功能性，是灰色预测模型求解方法的有效替代模型。遗传算法的模型算法过程如下。

a. 参数编码。

使用遗传算法时，首先得进行参数编码，即把所求问题的解从解空间转换到遗传算法的搜索空间中。本书主要采用实数编码。

b．种群初始化。

初始种群的产生方法主要有完全随机产生和根据先决条件产生两种，后者能比前者更快地到达最优解。种群规模的大小直接影响遗传算法的收敛性或计算性。如果种群规模过小，则遗传算法的搜索空间过小，很容易收敛到局部最优解；如果种群规模过大，则找到最优解的机会增大，但会导致计算效率低。本书初始种群的产生用完全随机产生，初始种群规模为 200。

c．适应度计算。

适应度函数是根据目标函数确定的用于区分群体中个体好坏的标准，是遗传算法演化过程的驱动力。本书采用的适应度函数为

$$F = \sum_{i=1}^{n}\left(1000 \times \left(x_{实际值} - x_{预测值}\right)\right)^2$$

d．遗传算子的选择。

遗传算子主要包括选择、交叉、变异算子。选择算子主要用来对群体中的个体进行优胜劣汰的操作。交叉算子主要用来扩展新的搜索空间，从而达到全局搜索的目的。变异算子主要用来产生新的个体，提供初始种群不含的基因，或找回选择操作中丢失的基因，为种群提供新的内容。本书采用轮盘赌选择、算术交叉及均匀变异来进行遗传算法运算。

7.2.3　优化后的灰色预测模型的构建

首先对原始数据进行对数变换，实现对灰色预测模型的背景值优化，然后使用进行了背景值优化后的原始数据进行灰色预测模型建模。之后，导出模型中的 α、β 值并对其进行遗传算法操作。最后结合背景值优化后的原始数据及遗传算法优化过的 α、β 值进行建模，构造优化后的灰色预测模型。优化后灰色预测模型流程图如图 7-2 所示。

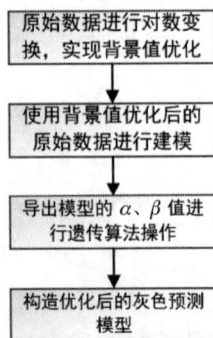

图 7-2　优化后灰色预测模型流程图

7.2.4　优化后的灰色预测模型的检验

1）传统的灰色预测模型的运算

下面以某 7000 系铝合金腐蚀失重作为原始数据序列来构造 GM(1,1)模型，其在不同试验时间得到的腐蚀失重数据如表 7-2 所示。

表 7-2　某 7000 系铝合金单位面积腐蚀失重值

序号	试验时间/d	单位面积腐蚀失重/（g/cm²）
1	3	1.27×10^{-4}
2	9	2.55×10^{-4}
3	18	3.37×10^{-4}
4	36	4.26×10^{-4}
5	54	4.98×10^{-4}
6	72	7.51×10^{-4}

a．验证原始数据的光滑性：

首先构建原始数据 $x^{(0)}(k) = \{1.27 \times 10^{-4}, 2.55 \times 10^{-4}, 3.37 \times 10^{-4}, 4.26 \times 10^{-4}, 4.98 \times 10^{-4}, 7.51 \times 10^{-4}\}$，然后根据式（7-2）对原始数据进行光滑性检验，其计算结果如表 7-3 所示。

表 7-3　原始数据光滑性检验结果

k	$\alpha(k)$
2	0.4980
3	0.7567
4	0.7911
5	0.8554
6	0.6631

由表 7-3 数据可知，原始数据的光滑度值 $\sigma(k)$ 并不是全部满足 $\sigma(k) \in (0.7515, 1.3307)$，因此，我们需要对原始数据进行平滑处理，先采用适当的常数 c 做平移变换，即 $X^{(0)}(k) = x^{(0)}(k) + 0.0003, (k = 1, 2, \cdots, n)$。确定原始数据 $X^{(0)}(k) = \{4.27 \times 10^{-4}, 5.55 \times 10^{-4}, 6.37 \times 10^{-4}, 7.26 \times 10^{-4}, 7.98 \times 10^{-4}, 1.05 \times 10^{-3}\}$。

b．确定累加数列 $X^{(1)}(k)$：

$$X^{(1)}(k) = \left\{X^{(1)}(1), X^{(1)}(2), X^{(1)}(3), X^{(1)}(4), X^{(1)}(5), X^{(1)}(6)\right\}$$
$$= \left(4.27 \times 10^{-4}, 9.59 \times 10^{-4}, 1.583 \times 10^{-3}, 2.314 \times 10^{-3}, 3.171 \times 10^{-3}, 4.175 \times 10^{-3}\right)$$

c. 确定背景值 $Z^{(1)}(k)$：

$$Z^{(1)}(k) = \left\{ Z^{(1)}(2), Z^{(1)}(3), Z^{(1)}(4), Z^{(1)}(5), Z^{(1)}(6) \right\}$$

$$= \left(7.04 \times 10^{-4}, 1.3 \times 10^{-3}, 1.982 \times 10^{-3}, 2.744 \times 10^{-3}, 3.668 \times 10^{-3} \right)$$

d. 预测模型的构建。

首先，构建数据矩阵 $\boldsymbol{B}$ 及数据向量 $\boldsymbol{Y}$：

$$\boldsymbol{B} = \begin{bmatrix} Z^{(1)}(2) & 1 \\ Z^{(1)}(3) & 1 \\ Z^{(1)}(4) & 1 \\ Z^{(1)}(5) & 1 \\ Z^{(1)}(6) & 1 \end{bmatrix} = \begin{bmatrix} -7.040 \times 10^{-4} & 1 \\ -1.300 \times 10^{-3} & 1 \\ -1.982 \times 10^{-3} & 1 \\ -2.744 \times 10^{-3} & 1 \\ -3.668 \times 10^{-3} & 1 \end{bmatrix} \quad \boldsymbol{Y} = \begin{bmatrix} X^{(0)}(2) \\ X^{(0)}(3) \\ X^{(0)}(4) \\ X^{(0)}(5) \\ X^{(0)}(6) \end{bmatrix} = \begin{bmatrix} 5.55 \times 10^{-4} \\ 6.37 \times 10^{-4} \\ 7.26 \times 10^{-4} \\ 7.98 \times 10^{-4} \\ 1.05 \times 10^{-3} \end{bmatrix}$$

然后，对参数列 $\hat{\boldsymbol{u}} = [\alpha, \beta]^{\mathrm{T}}$ 进行最小二乘估计，得

$$\hat{\boldsymbol{u}} = [\alpha, \beta]^{\mathrm{T}} = \left(\boldsymbol{B}^{\mathrm{T}} \boldsymbol{B} \right)^{-1} \boldsymbol{B}^{\mathrm{T}} \boldsymbol{Y} = \begin{bmatrix} -0.158706 \\ 0.000423 \end{bmatrix}$$

最后，确定预测模型：

$$\frac{\mathrm{d}X^{(1)}}{\mathrm{d}t} - 0.158706 X^{(1)} = 0.000423$$

e. 求出 $X^{(1)}(k)$、$X^{(0)}(k)$、$x^{(0)}(k)$ 的模拟值。

$$\hat{X}^{(1)}(k) = 0.003092 \mathrm{e}^{-0.158706(k-1)} - 0.002665, (k = 1, 2, \cdots, n)$$

$$\hat{X}^{(0)}(k) = 0.000008 \mathrm{e}^{-0.158706(k-1)}, (k = 1, 2, \cdots, n)$$

$$\hat{x}^{(0)}(k) = \hat{X}^{(0)}(k) - 0.0003$$

f. 模型检验。

灰色预测模型的计算结果及误差如表 7-4 所示。

表 7-4　灰色预测模型的计算结果及误差表

序号	实际数据 $x^{(0)}(k)$	模拟数据 $\hat{x}^{(0)}(k)$	残差 $x^{(0)}(k) - \hat{x}^{(0)}(k)$	相对误差 $\Delta_k = \lvert x(k) \rvert / x^{(0)}(k)$
1	2.55×10^{-4}	2.32×10^{-4}	2.3×10^{-5}	0.0894
2	3.37×10^{-4}	3.24×10^{-4}	1.3×10^{-5}	0.0394
3	4.26×10^{-4}	4.31×10^{-4}	5×10^{-6}	0.0117
4	4.98×10^{-4}	5.57×10^{-4}	5.9×10^{-5}	0.1179
5	7.51×10^{-4}	7.04×10^{-4}	4.7×10^{-5}	0.0625
后验差比值		$C = 0.164566$		
小误差概率		$P = 1$		

通过对比残差值、后验差比值及小误差概率值检验灰色预测模型的精度，由 C 和 P 判定预测模型的精度。由表 7-4 的结果可知，后验差比 $C<0.35$，小误差概率 $P=1$，故该模型的精度等级为 1 级，不需要进行残差修正，可直接使用预测模型进行预测。

2）优化后的灰色预测模型的运算

首先，对原始数据进行背景值优化，即 $X^{(0)}(k)=\lg\left(x^{(0)}(k)\right),(k=1,2,\cdots,n)$。确定背景值优化后的原始数据 $X^{(0)}(k)=\{-3.8962, -3.5935, -3.4724, -3.3706, -3.303, -3.124\}$。然后根据式（7-2）对背景值优化后的原始数据进行光滑性检验，其计算结果如表 7-5 所示。

表 7-5 背景值优化后的原始数据光滑性检验结果

k	$\alpha(k)$
2	1.0842
3	1.0349
4	1.0302
5	1.0205
6	1.0571

由表 7-5 数据可知，原始数据的光滑度值 $\sigma(k)$ 全部满足 $\sigma(k)\in(0.7515,1.3307)$，这结果基本符合灰色预测模型的预测条件，可以直接使用背景值优化后的原始数据进行灰色预测模型建模。

然后，使用遗传算法对灰色预测模型中的 α、β 参数进行寻优，遗传算法的种群规模取值 200，选择算子采用罗盘赌选择法，变异算子采用均匀变异，交叉算子采用算术交叉。求出 $\alpha=0.032757$，$\beta=-3.783792$。

表 7-6 优化后的灰色预测模型的计算结果及误差表

序号	实际数据 $X^{(0)}(k)$	模拟数据 $\hat{x}^{(0)}(k)$	残差 $x^{(0)}(k)-\hat{x}^{(0)}(k)$	相对误差 $\Delta_k=\lvert x(k)\rvert/x^{(0)}(k)$
1	2.55×10^{-4}	2.41×10^{-4}	1.4×10^{-5}	0.0557
2	3.37×10^{-4}	3.21×10^{-4}	1.6×10^{-5}	0.0467
3	4.26×10^{-4}	4.24×10^{-4}	2×10^{-6}	0.0038
4	4.98×10^{-4}	5.55×10^{-4}	5.7×10^{-5}	0.1148
5	7.51×10^{-4}	7.2×10^{-4}	3.1×10^{-5}	0.0418
后验差比值		$C=0.142058$		
小误差概率		$P=1$		

将优化后的灰色预测模型预测值与传统灰色预测模型预测值使用折线图表示，

进行分析对比，如图 7-3 所示。

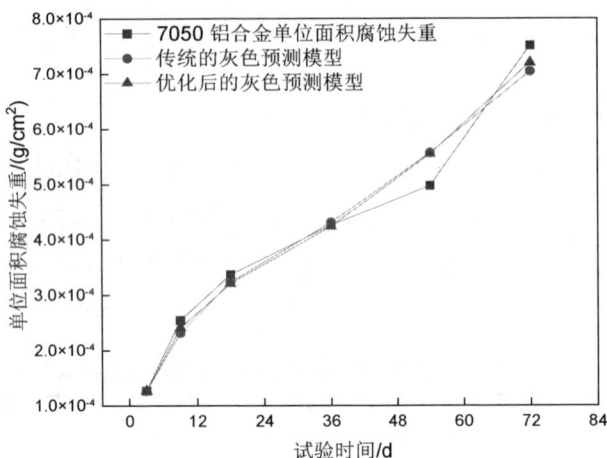

图 7-3　预测模型效果对比图

由图 7-3 中可以看出，传统的灰色预测模型和优化后的灰色预测模型都能很好地反映某 7000 系铝合金腐蚀失重的发展趋势，而优化后的灰色预测模型由于在背景值和参数求解等方面都进行了改进，使得优化后的灰色预测模型预测值和实际值更加贴切，拟合程度更高，也使得模型预测精度得到了提高。

7.3　优化后的 BP 神经网络预测模型的构建及检验

人工神经网络是一种以现代神经生物学为基础，能够模拟人脑神经网络结构和功能的一种计算结构。它具有非线性映射能力、分布式信息存储能力、大规模并行信息处理能力和自学习、自组织、自适应能力。目前，BP 神经网络是一种导师型的学习算法，是人工神经网络中最常用、最成熟的神经网络之一，已被广泛地运用于教学、科研和工业生产等领域。但由于 BP 算法属于误差梯度下降法，在进行全局搜索时，不可避免地存在收敛速度慢、易出现"平台效应"及易陷入局部极小值等缺点。而遗传算法是一种模拟生物进化过程的搜索算法，是目前理论上最成熟、运用最广泛、效果最好及最优发展前景的全局搜索方法。利用遗传算法优化 BP 神经网络的权值与阈值，可以改进 BP 神经网络的预测性能、克服局部极小值，实现全局收敛，提高网络学习精度、泛化能力及网络的稳定性。

本书将遗传算法和传统 BP 神经网络相结合，建立 GA-BP 神经网络，利用 GA-BP 神经网络预测某 7000 系铝合金腐蚀速率。

7.3.1 BP 神经网络预测模型的构建

1）样本集的准备

a. 输入/输出样本的选择。

输出变量的选择代表模型要实现的目标。

输入变量的选择相对复杂，需要遵守两条基本原则：一是要选择那些对输出变量影响较大且相对容易检测或提取的量；二是所选择的输入量之间无不相关或关联性很小。按照输入变量的性质可将其分成两类：数值变量和语言变量。数值变量就相当于分散或者连续的数值，语言变量就是自然语言表达事物的各种属性。

在本书中，根据某 7000 系铝合金腐蚀影响条件和试验数据的可测量性，输入变量选为影响腐蚀的 3 种因素：试验时间、太阳辐射和盐雾的 pH 值。其中，试验时间为数值变量，太阳辐射和盐雾的 pH 值为语言变量，1 代表试验中有太阳辐射，0 代表试验中无太阳辐射。1 代表试验中 pH 值为 3，0 代表试验中 pH 值为 7。

将试验数据随机分成三组，训练样本、验证样本和测试样本。训练样本是用来训练模型的，而验证样本在建模过程中用来检验模型。测试样本在建模过程中用来测试模型。本书中采用 8:1:1 的比例来划分，即 80%的数据用来训练样本集，10%的数据用来验证样本集，10%的数据用来测试样本集。

b. 归一化处理。

归一化处理是通过变换式将输入/输出变量转换为 0～1 的数，归一化处理的意义是在开始进行网络训练时，使每个输入变量同等重要。当各输入/输出变量的量纲不同时，应在其各自的数据范围内进行预处理；当输入/输出变量的量纲相同时，应在整个数据范围内进行归一化处理。归一化处理的变换式如下：

$$\overline{x_i} = \frac{x_i - x_{\min}}{x_{\max} - x_{\min}} \tag{7-20}$$

式中，x_i 表示输入或输出数据，$x_{\max}$ 和 $x_{\min}$ 分别表示数据中的最大值和最小值。

运用式（7-20）对样本数据中试验时间进行归一化处理，处理结果如表 7-7、表 7-8 所示。

表 7-7　归一化处理后的腐蚀速率训练样本

腐蚀时间	pH 值	太阳辐射	腐蚀速率/（mm·a⁻¹）
0.000000	0	1	2.33×10^{-1}
0.086957	0	1	1.36×10^{-1}
0.217391	0	1	1.27×10^{-1}
0.478261	0	1	9.47×10^{-2}

续表

腐蚀时间	pH 值	太阳辐射	腐蚀速率/（mm·a⁻¹）
0.739130	0	1	9.26×10^{-2}
0.000000	1	0	5.28×10^{-2}
0.086957	1	0	3.2×10^{-2}
0.217391	1	0	2.12×10^{-2}
0.478261	1	0	1.38×10^{-2}
0.739130	1	0	1.01×10^{-2}
0.000000	1	1	5.49×10^{-2}
0.086957	1	1	3.65×10^{-2}
0.217391	1	1	2.4×10^{-2}
0.478261	1	1	1.51×10^{-2}
0.739130	1	1	1.1×10^{-2}

表 7-8　归一化处理后的腐蚀速率测试样本

腐蚀时间	pH 值	太阳辐射	腐蚀速率/（mm·a⁻¹）
1.000000	0	1	1.21×10^{-1}
1.000000	1	0	1.10×10^{-2}
1.000000	1	1	1.32×10^{-2}

2）网络结构设计

由于由输入层、隐含层和输出层组成的三层神经网络可以逼近任何复杂函数，因此本书选择建立三层的 BP 神经网络模型。其中，输入层有 3 个节点，分别对应试验时间、有无太阳辐射和盐雾溶液的 pH 值；输入值有 1 个节点，对应某 7000 系铝合金的腐蚀速率；隐含层节点数的确定根据以下经验公式求得。

$$h = \sqrt{n + l} + \alpha \tag{7-21}$$

式中，h 为隐含层节点数；n 为输入层节点数；l 为输出层节点数；α 为 1～10 的常数。在经过多次试验后采用 8 个节点。

输出层转换函数采用 logsig 型函数，隐含层采用 tansig 函数。

7.3.2　BP 神经网络预测模型的优化及模型的构建

遗传算法对 BP 神经网络有三种结合方式：遗传算法对 BP 神经网络权值阈值的优化、遗传算法对 BP 神经网络结构的优化及遗传算法对 BP 神经网络学习规则的优化。本书主要采用遗传算法对 BP 神经网络权值阈值进行优化，其具体过程如下。

（1）采用某种编码方案对获得的权值阈值进行编码；

（2）计算 BP 神经网络的误差函数，确定其适应度的函数值；

（3）选择若干适合的个体直接遗传给下一代，其余按适配值确定的概率遗传；

（4）利用交叉、变异等操作处理当前种群，产生下一代种群；

（5）重复（2）、（3）直到取得满意解。

GA-BP 神经网络流程图如图 7-4 所示。

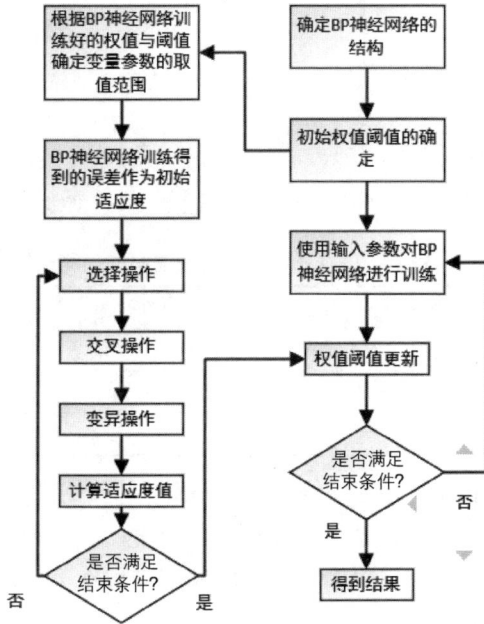

图 7-4　GA-BP 神经网络流程图

7.3.3　优化后的 BP 神经网络预测模型的检验

首先，利用表 7-7 的输入/输出样本对 7.3.1 节中构建的 BP 神经网络预测模型进行训练，在训练过程中，输入样本输入到模型中，产生与之对应的输出数据。预测数据与实测数据越接近，网络越成功，反之亦然。模型的相关系数 R 越接近 1，性能函数 MSE 越接近 0，说明网络的鲁棒性越强。当 BP 神经网络预测模型的训练满足其训练要求时，训练过程结束。其训练结果如图 7-5 和图 7-6 所示。

利用表 7-8 的输入/输出样本检验训练好的 BP 神经网络，其预测结果如表 7-9 所示。由表 7-9 可以看出，BP 神经网络能比较准确得模拟出各个因素与腐蚀速率之间的关系。

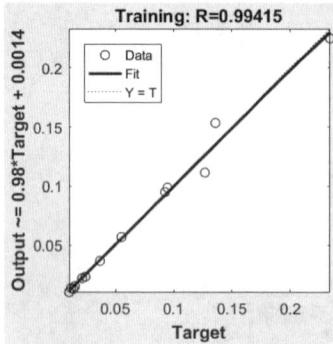

图 7-5 神经网络拟合结果

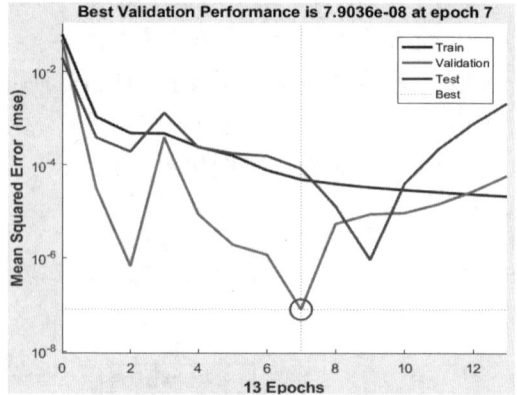

图 7-6 网络训练误差曲线

表 7-9 某 7000 系铝合金腐蚀速率的预测结果

实际值/(mm · a⁻¹)	预测值/(mm · a⁻¹)	误差/%
0.121	0.135	12.6
0.011	0.007	36.4
0.013	0.014	7.7

然后，导出训练好的 BP 神经网络的权值与阈值，开始进行遗传算法操作。首先，对权值与阈值进行实数编码，确定染色体的长度即变化参数的个数为 $S = R \times S_1 + S_1 \times S_2 + S_1 + S_2$，其中 R、S_1、S_2 分别为输入层、隐含层、输出层神经元个数，即 $S = 3 \times 6 + 6 \times 1 + 6 + 1 = 31$；然后，确定适应度函数，使用 BP 神经网络的输出值与期望值之间的误差平方和作为个体适应度值 F：

$$F = \sum_i \left(y_i - o_i\right)^2 \tag{7-21}$$

式中，y_i 为 BP 神经网络第 i 个节点的期望输出；o_i 为第 i 个节点的预测输出。同时，根据式（7-21）计算出 BP 神经网络的适应度值 F_0 作为初始适应度值，$F_0=0.0036$；之后，确定选择算子采用轮盘赌选择法，变异算子采用均匀变异，交叉算子采用算术交叉；最后得出一组权值和阈值数据，该组权值阈值数据的适应度值 $F=0.0027$，低于初始适应度值 $F_1=0.0036$。

最后，在对 BP 神经网络进行训练前，先将使用遗传算法求出的权值与阈值导入 BP 神经网络中，然后使用表 7-7 输入/输出样本对 BP 神经网络进行训练，其训练结果如图 7-7、图 7-8 所示。

在该种情况下训练好的 BP 神经网络即 GA-BP 神经网络。利用表 7-8 的输入/输出样本检验训练好的 GA-BP 神经网络，其预测结果与 BP 神经网络的预测结果对比如表 7-10、图 7-9 所示。

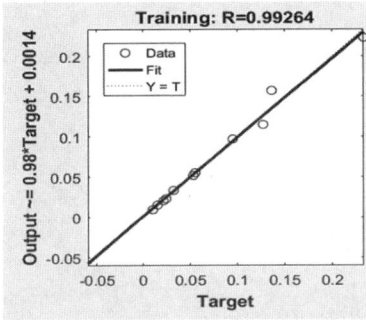

图 7-7　神经网络拟合结果

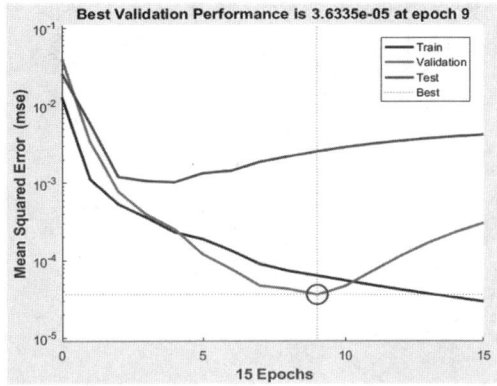

图 7-8　网络训练误差曲线

表 7-10　某 7000 系铝合金腐蚀速率的预测结果

实际值/(mm · a⁻¹)	BP 神经网络 预测值/(mm · a⁻¹)	误差/%	GA-BP 神经网络 预测值/(mm · a⁻¹)	误差/%
0.121	0.135	12.6%	0.127	0.6
0.011	0.007	36.4%	0.006	45.5
0.013	0.014	7.7%	0.013	0

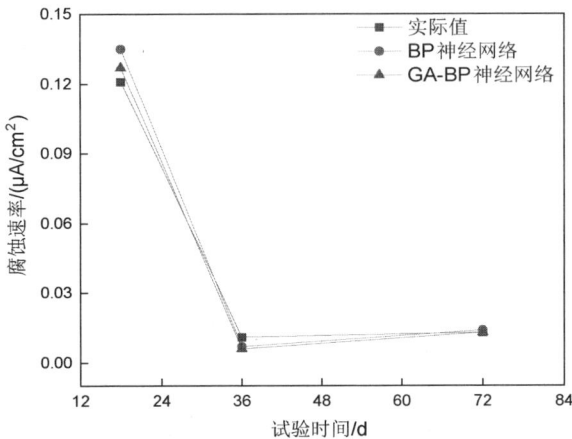

图 7-9　GA-BP 神经网络及 BP 神经网络预测集对比图

由表 7-10 可以看出，GA-BP 神经网络得到的预测值与实际值之间的误差较低，其平均误差仅为 15.4%。而 BP 神经网络得到的预测值与实际值之间的误差则相对较高，其平均误差为 18.9%。BP 神经网络与 GA-BP 神经网络相比，其误差增加了 3.5%。

综上所述，GA-BP 神经网络与传统的 BP 神经网络相比，其模型的计算精度得到了增加且预测的结果具有较高的可信度。

参考文献

[1] GJB 4239—2001. 装备环境工程通用要求[S]. 中国人民解放军总装备部，2001.

[2] 刘文珽，贺小帆. 飞机结构腐蚀/老化控制与日历延寿技术[M]. 北京：国防工业出版社，2010.

[3] 陈群志，王逾涯. 老龄飞机结构的腐蚀问题与对策[J]. 装备环境工程，2014，11（6）：1-9.

[4] 蔡建平，刘建华. 材料延寿与可持续发展-材料环境适应性工程[M]. 北京：化学工业出版社，2014.

[5] 李金贵. 腐蚀控制设计手册[M]. 北京：化学工业出版社，2006.

[6] GB/T 2705—2003. 涂料产品分类、命名和型号[S]. 2003.

[7] 曹楚南. 中国材料的自然环境腐蚀[M]. 北京：化学工业出版社，2004.

[8] 杨伟光，马骎. 电子设备三防技术手册[M]. 北京：兵器工业出版社，2000.

[9] 陈循，张春华，汪亚加. 速寿命试验技术与应用[S]. 国防工业出版社，2013.

[10] 钟耳顺，宋关福，汤国安，等. 大数据地理信息系统：原理、技术与应用[S]. 北京：清华大学出版社，2020.

[11] 安筱鹏. 重构 数字化转型的逻辑[S]. 北京：电子工业出版社，2019.

[12] 华为公司数据管理部. 华为数据之道[S]. 北京：机械工业出版社，2020.

[13] 钟华. 数据中台：让数据用起来[S]. 北京：机械工业出版社，2017.

[14] 杨春晖，谢克强，黄卫东，等. 企业软件化[S]. 北京：电子工业出版社，2020.

[15] 陈亚丰. 结构设计对镁合金零部件腐蚀性能的研究和仿真[D]. 上海交通大学，2020.

[16] 孙文. 腐蚀产物沉积对局部腐蚀行为的数值模拟[D]. 大连理工大学，2013.

[17] 刘安强. 严酷海洋大气环境腐蚀模拟与加速试验方法研究[D]. 北京科技大学，2012.

[18] 中国航空材料手册编辑委员会. 中国航空材料手册[S]. 北京：清华大学出版社，2013.

[19] 贾思奇，郗彦辉，李煜彤. 基于遗传—神经网络算法的含均匀腐蚀缺陷油气管线爆破压力预测研究[J]. 中国安全生产科学技术，2020，16（12）：105-110.

[20] 李昕，王原嵩，陈严飞. GA-BP 人工神经网络应用于海底腐蚀管道极限承载力的研究[J]. 中国海洋平台，2009，24（4）：43-49.

[21] 向乃瑞，闫海，王炜. GA-BP 神经网络预测金属腐蚀速率[J]. 电力学报，2018，33（1）：48-54.

[22] 李昊，杨国明，辛靖. 基于神经网络与遗传算法的常压塔顶油气系统腐蚀预测[J]. 石油化工腐蚀与防护，2018，35（2）：34-37.

[23] 商杰，朱战立. 基于遗传算法的神经网络在预测油管钢腐蚀速率中的应用[J]. 腐蚀科学与防护技术，2007，19（3）：225-228.

[24] 李海涛，袁森. 基于遗传算法和 BP 神经网络的海洋工程材料腐蚀预测研究[J]. 海洋科学，2020，44（10）：33-38.

[25] 王枭. 典型常减压装置腐蚀分析及腐蚀预测技术研究[D]. 北京化工大学，2020.

[26] 王冠兰. 循环冷却水系统腐蚀预测研究[D]. 天津理工大学，2016.

[27] 杨国华，颜艳，杨慧中. GM(1,1)灰色预测模型的改进与应用[J]. 南京理工大学学报，2020，44（5）：575-582.

反侵权盗版声明

电子工业出版社依法对本作品享有专有出版权。任何未经权利人书面许可，复制、销售或通过信息网络传播本作品的行为；歪曲、篡改、剽窃本作品的行为，均违反《中华人民共和国著作权法》，其行为人应承担相应的民事责任和行政责任，构成犯罪的，将被依法追究刑事责任。

为了维护市场秩序，保护权利人的合法权益，我社将依法查处和打击侵权盗版的单位和个人。欢迎社会各界人士积极举报侵权盗版行为，本社将奖励举报有功人员，并保证举报人的信息不被泄露。

举报电话：（010）88254396；（010）88258888

传　　真：（010）88254397

E-mail：　dbqq@phei.com.cn

通信地址：北京市万寿路173信箱

　　　　　电子工业出版社总编办公室

邮　　编：100036